Das große Ideenbuch für Weihnachten

Hanna Fischer

5 x 24 Unterrichtsvorschläge für die Sekundarstufe

Verlag an der Ruhr

Impressum

Titel
Das große Ideenbuch für Weihnachten
5 x 24 Unterrichtsvorschläge für die Sekundarstufe

Autor
Hanna Fischer

Titelbildmotiv
© electriceye/Fotolia.com, © rubysoho/Fotolia.com

Illustrationen
Astrid Wilkesmann (S. 135–137)

Layout
ebene N, Mülheim an der Ruhr

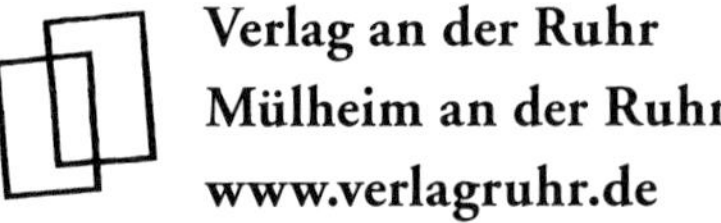

Verlag an der Ruhr
Mülheim an der Ruhr
www.verlagruhr.de

Geeignet für die Klassen 5–13

Unser Beitrag zum Umweltschutz:
Wir sind seit 2008 ein ÖKOPROFIT®-Betrieb und setzen uns damit aktiv für den Umweltschutz ein. Das ÖKOPROFIT®-Projekt unterstützt Betriebe dabei, die Umwelt durch nachhaltiges Wirtschaften zu entlasten. Unsere Produkte sind grundsätzlich auf chlorfrei gebleichtes und nach Umweltschutzstandards zertifiziertes Papier gedruckt.

ISBN 978-3-8346-2272-3

Printed in Germany

Inhaltsverzeichnis

Vorwort – Advent und Weihnachten in der Sekundarstufe thematisieren

Advent und Weihnachten lassen die Kassen vernehmlicher klingeln als die Kirchenglocken, und immer weniger junge Leute denken darüber nach, warum eigentlich Weihnachten gefeiert wird. Advent heißt Ankunft – wer weiß das heute noch? Christliche Werte und Traditionen wurden ausgehöhlt, und an ihre Stelle treten Marktinteressen: „Man" beschenkt sich gegenseitig, wenn man dazugehören will. Die Vorweihnachtszeit artet schnell in Stress aus, und die Werbung verbreitet ihre „Heilsbotschaft" auf ganz eigene Weise mit Geschenkideen und Kaufanreizen. Hauptsache, die Kasse stimmt. Gerade junge Leute sind ein beliebtes Klientel. Denen kann man schon gar nicht mit der Weihnachtsgeschichte und weihnachtlichen Bräuchen kommen – oder?

Ganz im Gegenteil: Umso dringlicher ist es, in der Schule Alternativen aufzuzeigen und die Vorweihnachtszeit mit sinnvollen Inhalten zu füllen. Da gibt es für die Schüler* eine Menge Interessantes zu entdecken!

Dies gilt natürlich nicht nur für die Kleinen – auch in der Sekundarstufe lässt sich das Thema Advent und Weihnachten abwechslungsreich und spannend in den Schulalltag einbringen. Diese jugendgerechten Ideen und Anregungen für die 5. bis 13. Klasse wollen einerseits motivieren, die Advent- und Weihnachtszeit zu entdecken und alte Bräuche ins Bewusstsein zu rücken, andererseits zum Nachdenken herausfordern – vor allem auch darüber, welche Rolle das Weihnachtsfest bei uns in der Gegenwart spielt. Außerdem werden durch kreatives Tun auf der Bühne, an der Nähmaschine und der Werkbank, in der Küche und im Freien alle Sinne angesprochen und mit einbezogen. Freude am Lernen entsteht durch Neugier. Diese soll geweckt und den Lernenden die Möglichkeit gegeben werden, den Dingen forschend auf den Grund zu gehen. Die Ursprünge des Weihnachtsfestes, seine Bräuche und die dahinterstehende Symbolik bieten dazu reichlich Gelegenheit. Auch für Schüler mit anderen religiösen Prägungen mag dies von Interesse und Anlass zu gegenseitigem Austausch sein. Nicht zuletzt führt das Nachdenken über Weihnachten zur vertiefenden Beschäftigung mit Themen, die „an der Oberfläche kratzen" und „unter die Haut" gehen wollen.
Der Band spricht allerdings keineswegs nur religiöse oder ethische Themen an – stattdessen ist das Material ebenso für den Deutsch-, Kunst- oder Musikunterricht geeignet. >

* Aus Gründen der besseren Lesbarkeit haben wir in diesem Buch durchgehend die männliche Form verwendet. Natürlich sind damit auch immer Frauen und Mädchen gemeint, also Lehrerinnen, Schülerinnen etc.

Vorwort – Advent und Weihnachten in der Sekundarstufe thematisieren

Mit seinen 5 x 24 Ideen und Lernimpulsen von „**A**dvent“ bis „**Z**imtstern“ bietet Ihnen dieser Band einen großen Fundus, der Ihnen Jahr für Jahr ein wertvoller Unterrichtsbegleiter durch die Vorweihnachtszeit sein soll. Viele der Materialien sind ohne große Vorbereitung einsetzbar, und die verschiedenen Themen lassen sich flexibel in den Unterricht – sei es in eine Reststunde kurz vor den Ferien oder auch in regelmäßige „Weihnachtsstunden“ den ganzen Advent hindurch – integrieren.

Ich wünsche Ihnen und Ihren Schülern viel Freude mit dem Material und eine schöne Adventszeit!

Hanna Fischer

Zum Umgang mit dem Material – Advent und Weihnachten mit allen Sinnen erleben

Worum geht es?
Die hier zusammengestellten Lernimpulse auf der Tour durch den Advent ermöglichen es Ihnen, einen Akzent zum oft hektischen Alltagsgeschäft in der Schule zu setzen. Die Sammlung umfasst ein breites Themen-Spektrum von weihnachtlichen Ursprüngen und der heutigen Bedeutung des Weihnachtsfests über traditionelle Bräuche, Musik, Texte und Spiele bis hin zu Basteleien und Leckereien aus der Weihnachtsbäckerei. Bei der Arbeit mit Texten und Gedichten sowie den abwechslungsreichen Gesprächs-, Diskussions- und Spielanlässen sind die Schüler durch zahlreiche handlungsorientierte Aufgabenstellungen dazu aufgefordert, selbst aktiv zu werden. Sei es beim kreativen Schreiben, bei der Internetrecherche oder beim Einstudieren eines modernen Krippenspiels – die Lernenden sollen dazu angeregt werden, Eigeninitiative und Kreativität zu entwickeln. Dabei werden alle Sinne angesprochen, denn dieses Tun kann sehr unterschiedlich sein: handwerklich, musikalisch, spielerisch, gestaltend, lecker, hilfreich, wortreich, in der Stille, allein oder in der Gruppe.

Einsatz im Unterricht
Die vorgeschlagenen Aktivitäten sind **vielseitig im Unterricht einsetzbar**: Sie können z.B. im Klassenverband ein tägliches Ritual im Advent, ein „Adventszeitfenster“ sozusagen, einrichten. Genauso hilft Ihnen der Band, wenn Sie einfach schnell einen sinnvollen Inhalt suchen, um eine Reststunde vor den Weihnachtsferien zu füllen.

Hinweis auf Klassenstufen auf den Lehrerseiten

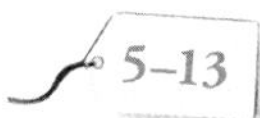

Hinweis auf Klassenstufen auf den Arbeitsblättern

Um schnell die passende Idee herauszusuchen, können Sie im Inhaltsverzeichnis nach bestimmten Themen suchen oder auch in der **nach Klassenstufen gegliederten Übersicht** im Anhang nachsehen. Den Hinweis auf die Klassen, für die ein Thema geeignet ist, finden Sie auch direkt auf den Seiten. Diese Hinweise sind als Vorschlag zu verstehen – Sie kennen Ihre Schüler am besten und wissen, was passend ist.

Die Unterrichtsideen lassen sich **beliebig variieren und kombinieren**. In einigen Fällen finden Sie direkte Querverweise auf andere Kapitel, wenn sich eine Verknüpfung zweier Themen anbietet. Darüber hinaus bietet Ihnen die Sammlung an **Literaturangaben und thematisch geordneten Linktipps** im Anhang die Möglichkeit, nach Hintergrundinformationen oder weiteren Ideen und Anregungen zu stöbern. >

Zum Umgang mit dem Material – Advent und Weihnachten mit allen Sinnen erleben

Lehrerhinweise

Aufgabenvorschläge

Arbeitsblätter

Aufbau der Materialien
Zu einigen Themen gibt es nur eine Seite mit **Lehrerhinweisen**, auf denen Sie neben der thematischen Anregung auch praktische Hinweise auf benötigtes Material und Werkzeug oder die nötigen Vorbereitungen sowie Anweisungen zur Umsetzung im Unterricht nachlesen können. Häufig beinhalten diese Seiten auch konkrete Aufgabenvorschläge für die Schüler, die Sie, wenn Sie möchten, auf Folie ziehen und mit dem OHP an der Wand für die ganze Klasse präsentieren können. Dies ist in der Regel aber nicht zwingend nötig. Darüber hinaus gibt es häufig Recherchetipps, die Sie ggf. den Schülern an die Hand geben können, weiterführende Ideen oder Varianten und Lösungshinweise.

Zu vielen Themen liefert der Band zusätzlich zu den Lehrerhinweisen auch passende **Arbeitsblätter**, die Sie an die Schüler geben können. Sie folgen immer ein bis zwei Seiten nach den Lehrerhinweisen – ein Seitenverweis gibt Ihnen genau an, wo Sie suchen müssen. Die Arbeitsblätter enthalten Erzählungen, Infotexte, Gedichte, Abbildungen oder auch Anleitungen sowie abwechslungsreiche Aufgaben, die zum Teil in Einzelarbeit, häufig aber auch als Partnerarbeit oder in Gruppen durchführbar sind. Die Dekorationen in Kapitel 4 sind der Mode unterworfen, hier liegt der Schwerpunkt bewusst auf traditionellen Formen und Farben sowie auf überlieferten Anleitungen. Zu den einzelnen Werkstücken gibt es – soweit möglich – Hintergrundinformationen, z.B. zur Symbolik und zur Geschichte. Ebenso verhält es sich mit der weihnachtlichen Küche und ihren traditionellen Zutaten in Kapitel 5.

In einigen Fällen – vor allem in den Kapiteln zu weihnachtlichen Basteleien und Rezepten – gibt es zu den Arbeitsblättern keine gesonderten Lehrerhinweise.

24 x Weihnachtliche Ursprünge und Weihnachten bis heute

Advent – Was heißt das eigentlich?

5–8

Darum geht es

Heutzutage wissen viele Schüler gar nicht mehr, was Advent überhaupt bedeutet. Das Wort kommt vom lateinischen „adventus“ und heißt übersetzt so viel wie „Ankunft“. Es beschreibt die Zeit vom 1. Adventssonntag bis Weihnachten und bezieht sich auf die Erwartung der Ankunft des im Alten Testament verheißenen Messias.
Die Schüler schreiben hier ihre Wünsche auf, die die Erwartungen und Hoffnungen verdeutlichen, die die Menschen an einen Erlöser haben bzw. in ihn setzen.

Material/Vorbereitung

Schreiben Sie „Advent“, „Ankunft“, „Retter“, „Messias“, „Friedefürst“ groß auf **fünf Karteikarten**. Außerdem können Sie **einige Lexika** bereitstellen und für einen **Internetzugang** sorgen.

Durchführung

Legen Sie die Karteikarten umgedreht auf den Boden. Lassen Sie die Schüler eine nach der anderen umdrehen und vorlesen. Zu jedem Begriff können die Schüler eigene Gedanken äußern. Folgende Stichwörter können die Schüler im Lexikon oder im Internet für ihre Recherche nachschlagen bzw. eingeben: Advent, Messias, Jesus von Nazaret.
Anschließend lassen Sie die Schüler Wunschzettel schreiben, auf denen sie notieren, was sie sich von einem Erlöser und Friedefürsten wünschen würden (s. Aufgabe). Die Zettel werden in einer Kiste gesammelt, gemischt und dann vorgelesen. Anregung zur Diskussion: Was wurde häufig aufgeschrieben, was ist ein besonderer/ausgefallener Wunsch?

Schüleraufgaben

Die Menschen erwarten die Ankunft von einem, der als „Retter“, „Erlöser“ und „Friedefürst“ bezeichnet wird. Schreibe auf einen Zettel, was du dir von einem Erlöser und Friedefürsten wünschen würdest.

Ankündigungen im Alten Testament

Darum geht es

Im Alten Testament stehen bei den Propheten Hinweise auf Christi Geburt, die es zu finden und zu vergleichen gilt.

Material/Vorbereitung

Schreiben Sie folgende **Bibelstellen** als Recherchehilfe an die Tafel: Micha 5,1–3; 1. Mose 49,10; 4. Mose 24,17; Jesaja 7,14; Jesaja 8,23; Jesaja 9,1 und 5–6; Jesaja 11,1–4; Jesaja 59,20; Jesaja 62,11; Sacharja 9,9–10. Legen Sie **ausreichend Bibeln** bereit. Falls die Schüler im Internet recherchieren sollen, müssen ausreichend **PC-Arbeitsplätze mit Internetzugang** zur Verfügung stehen. Hierbei ist folgender Suchbegriff hilfreich: „Ankündigungen Christi Geburt Altes Testament“. Darüber hinaus benötigen Sie **DIN-A4-Zettel** für jeden Schüler.

Schüleraufgaben

1. Finde im Alten Testament Hinweise der Propheten auf das Erscheinen von Jesus Christus auf der Welt. Lies die hierfür angegebenen Bibelstellen, oder finde im Internet unter dem Suchbegriff „Ankündigungen Christi Geburt, Altes Testament“ etwas heraus.
2. Schreibe die Texte aus der Bibel auf ein separates Blatt ab, die dich am meisten ansprechen. Hängt eure Texte anschließend sichtbar im Klassenzimmer auf.

Tipps

- Folgende Erklärung können Sie den Schülern vorab an die Hand geben: Das Alte Testament bezieht sich auf die Geschichte des Volkes Israel vor Christi Geburt. Die Schriften des Neuen Testaments beginnen mit der Geburt Jesu.
- Lassen Sie die Schüler die Suchergebnisse aus dem Internet in der Bibel nachprüfen.

Weihnachtliche Texte aus der Bibel

9–13

Darum geht es

Hier sollen sich die Schüler Weihnachten über die Schlüsselbegriffe „Licht", „Frieden", „Liebe" annähern. Dazu wählen sie Texte aus der Bibel aus, die gut zur Weihnachtsbotschaft passen. Z.B. wird bei Lukas 11 ab Vers 33 das Gleichnis vom scheinenden Licht erzählt: „Niemand aber, der eine Leuchte angezündet hat, stellt sie ins Versteck [...], sondern auf das Lampengestell, damit die Hereinkommenden den Schein sehen."

Material/Vorbereitung

Sie benötigen **ausreichend Bibeln** sowie **Computerarbeitsplätze** mit **Internetzugang** und ggf. einen Drucker.

Schüleraufgaben

1. Teilt euch in drei Gruppen auf. Jede Gruppe wählt einen der Suchbegriffe „Licht", „Frieden", „Liebe" aus und findet dazu Texte aus der Bibel. Ihr könnt entweder im Stichwortverzeichnis nachlesen oder auch im Internet recherchieren (gebt dabei z.B. den Suchbegriff „Bibeltext Licht" ein).

2. Schreibt Bibeltexte, die zu Weihnachten passen, ab, oder druckt sie in ansprechender Form aus, um sie im Klassenraum aufzuhängen. Tragt sie anschließend den anderen Gruppen vor. Erklärt dabei auch, worin die Verbindung zu Weihnachten bestehen kann.

Tipps

- Folgende Stellen können Sie den Schülern als Hilfe an die Hand geben: Johannes 8,12, Matthäus 5,14–16 vom Licht der Welt, Epheser 2, 14–17 über Frieden, 1. Korinther 13.
- Im Internet finden sich Bibelstellen z.B. unter www.bibelkommentare.de und www.bibel-online.net; speziell zum Thema „Licht" auch unter www.scoutnet.de/friedenslicht/material/bibelstellen; zum Thema „Frieden" unter www.friedenslicht.de/materialien/arbeitshilfen/bibelstellen, zum Thema „Liebe" unter www.die-bibel.de.
- Die Schüler sollten die Suchergebnisse aus dem Internet in der Bibel nachprüfen.

Vom 1. Advent bis Epiphanias – Das Kirchenjahr beginnt

s. AB auf S. 12/13

5–13

Darum geht es

Die Schüler lernen das Kirchenjahr mit dem Weihnachtskreis kennen.

Material/Vorbereitung

Besorgen Sie einen möglichst großen **Jahreswandkalender** (falls nicht sowieso einer im Klassenzimmer hängt), kopieren Sie die **Arbeitsblätter** und halten Sie **Buntstifte** in den Farben Violett, Rot und Grün bereit. Für weitergehende Recherchen sind ein **Internetzugang oder Kirchengesangbücher** mit Beschreibung des Kirchenjahres hilfreich, außerdem Wortkarten zum Aufschreiben der besonderen Weihnachtsfesttage.

Lösung

Die Schüler können unter http://de.wikipedia.org/wiki/Kirchenjahr selbst kontrollieren, ob sie die Festtage im Kirchenjahreskreis richtig verteilt bzw. die Farben richtig zugeordnet haben. Für beide Konfessionen ist dort je eine Abbildung zu finden.

Tipp

Idee für den Kunstunterricht: Die Schüler können den Kirchenjahreskreis sehr groß zeichnen und die einzelnen „Tortenstücke" ideenreich gestalten, z.B. mit aufgeklebten textilen Materialien, farbigen Abbildungen, Stichwörtern, Zeichnungen usw. Das Ergebnis kann im Kunstraum oder Klassenzimmer aufgehängt werden.

Vom 1. Advent bis Epiphanias – Das Kirchenjahr beginnt (1/2)

AB

5–13

Steckbrief zum Kirchenjahr

Beginn
1. Advent

Ende
Ewigkeitssonntag (Sonntag vor dem 1. Advent, auch Totensonntag genannt)

Besondere Tage
1.–4. Advent, Weihnachten, Epiphanias, Aschermittwoch, Gründonnerstag, Karfreitag, Ostern, Himmelfahrt, Pfingsten, Erntedanktag, Reformationstag und Buß- und Bettag (nur in der ev. Kirche), Ewigkeitssonntag, Allerheiligen und Allerseelen (nur in der kath. Kirche)

Liturgische Farben
weiß (steht für Licht) > Mariä Empfängnis, Weihnachten (Geburt bis Taufe des Herrn), Mariä Verkündigung, Gründonnerstag, Ostern bis Christi Himmelfahrt, Dreifaltigkeitssonntag, Fronleichnam, Trinitatis, Johannis, Michaelistag, Allerheiligen
violett (für Buße und während der Vorbereitung auf hohe Feste) > Advent, Aschermittwoch, Fastenzeit, Passionszeit, Allerseelen, Buß- und Bettag
rot (steht für das Pfingstfeuer und das Blut der christlichen Märtyrer) > Palmsonntag, Karfreitag (auch schwarz), Pfingsten, Reformationstag
grün (steht für die aufgehende Saat) > Epiphaniaszeit (Sonntage vor der Passionszeit), Zeit zwischen Trinitatis und Johannis, Sonntage nach Trinitatis, Erntedanktag
schwarz (steht für Trauer) > Karfreitag (auch rot)

Geschichte
Der Ablauf des Kirchenjahres erinnert die christliche Gemeinde seit den ersten Jahrhunderten christlicher Zeitrechnung an das Leben und Wirken Christi.

Aufgaben

1. Lies den Steckbrief zum Kirchenjahr, und male die Kirchenjahreskreise auf der zweiten Seite in den entsprechenden Farben aus.
2. Findet gemeinsam die besonderen Tage zu Beginn des Kirchenjahres im Wandkalender, und tragt auch dort die liturgischen Farben ein.
3. Welche besonderen Tage beinhaltet der Weihnachtsfestkreis, und was bedeuten sie? In kirchlichen Gesangbüchern oder auch im Internet kannst du nähere Informationen zu diesen besonderen Tagen des Kirchenjahres herausfinden, wenn du sie nachschlägst bzw. in einer Suchmaschine eingibst, z.B. „Epiphanias“.
4. Teilt euch in Gruppen auf. Jede bearbeitet einen Festtag aus dem Weihnachtskreis und trägt die Ergebnisse vor.

Vom 1. Advent bis Epiphanias – Das Kirchenjahr beginnt (2/2)

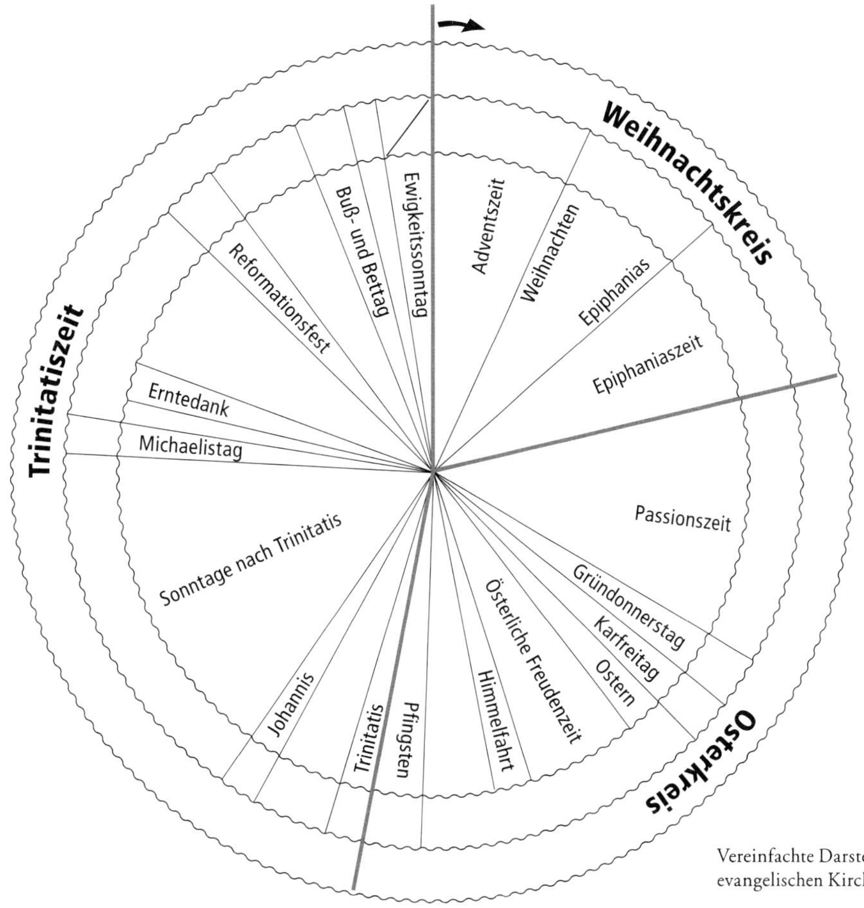

Vereinfachte Darstellung des evangelischen Kirchenjahres

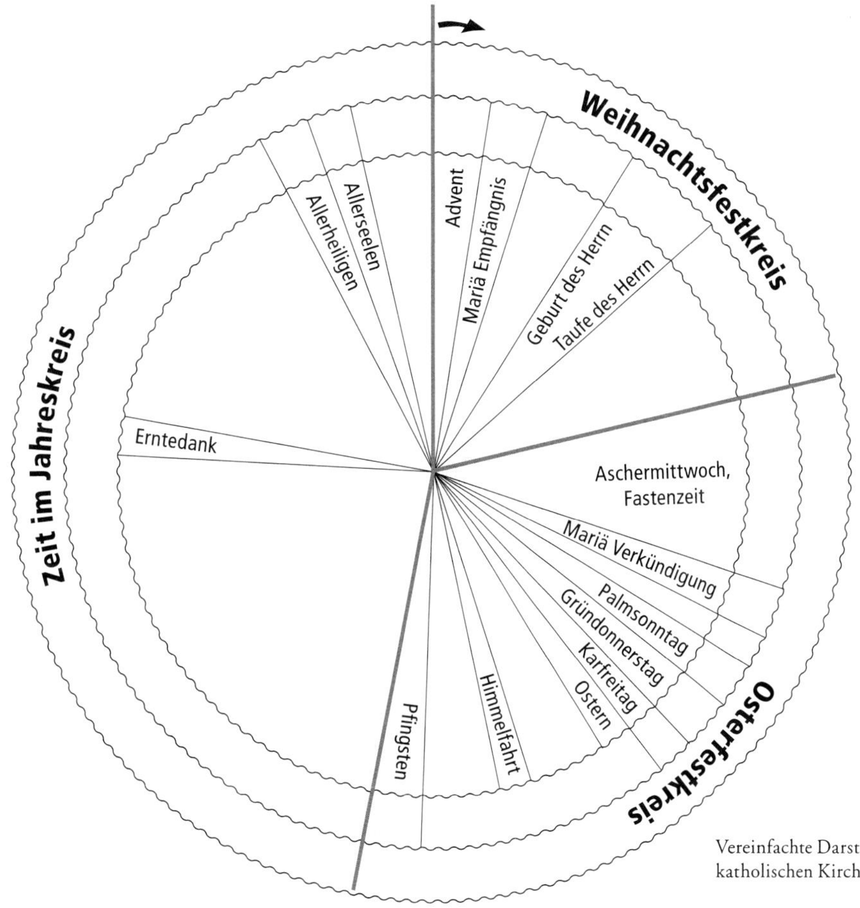

Vereinfachte Darstellung des katholischen Kirchenjahres

Die Weihnachtsgeschichte bei Matthäus und Lukas

5–13

Darum geht es

Die Schüler finden im Neuen Testament zwei Stellen, bei denen über die Geburt Jesu geschrieben wird (Mt 1,18–25 und 2,1–12; Lk 2,1–20), lernen die Evangelisten Matthäus und Lukas kennen und vergleichen die unterschiedlichen Berichte.

Material/Vorbereitung

Legen Sie **ausreichend Bibeln** bereit. Die Schüler benötigen **Zettel und Stifte**, um sich Notizen zu machen.

Schüleraufgaben

1. Partnerarbeit: Findet die Weihnachtsgeschichte in der Bibel.
   a) In welchem Teil der Bibel ist sie zu finden?
   b) Gibt es noch einen zweiten Bericht? Wo steht er?
   c) Wie heißen die Verfasser?
   d) Schreibt auf, an welchen Stellen sich die beiden Berichte unterscheiden.
2. Schreibt die Weihnachtsgeschichte neu auf, indem ihr alle Informationen aus beiden Geschichten zu einer zusammenfasst, und tragt sie anschließend der Klasse vor.

Tipp

Im Internet können die Schüler weitere Informationen über Matthäus und Lukas herausfinden. Dazu sind bspw. die Suchmaschinen www.ecosia.org oder www.wikipedia.org geeignet.

Die Weihnachtsgeschichte in verschiedenen Übersetzungen

5–13

s. AB auf S. 15 und S. 16–21

Darum geht es

Zu jeder Zeit hat es Bestrebungen gegeben, die Inhalte der Bibel in eine verständliche Sprache zu übersetzen. Die bekannteste ist von Luther, der sie aus dem Lateinischen für seine Landsleute ins Deutsche übersetzte. Danach gab es immer wieder sogenannte zeitgemäße Übersetzungen in unsere moderne Sprache oder auch verschiedene Mundarten, wie z.B. das Niederdeutsche. Die Schüler lernen hier verschiedene Übersetzungen nach Lukas kennen, vergleichen und bewerten diese.

Material/Vorbereitung

Kopieren Sie die **Arbeitsblätter** „Voll krass – die Weihnachtsgeschichte in verschiedenen Bibelübersetzungen“ und „Von Luther bis heute …“ in Klassenstärke.

Durchführung

Lassen Sie die Schüler zunächst den Beginn der Weihnachtsgeschichte bei Lukas in drei sehr verschiedenen Übersetzungen lesen. Das AB „Voll krass …“ macht auf die dort sehr deutlichen Unterschiede aufmerksam und bietet einen gemeinsamen Einstieg ins Thema. Danach können sich die Schüler in Gruppen mit sechs weiteren Übersetzungen beschäftigen und anschließend gemeinsam darüber diskutieren.

Schüleraufgaben

1. Lest euren Text, und besprecht anschließend in eurer Gruppe gemeinsam die Besonderheiten dieser Übersetzung.
2. Tragt den Text und eure Gesprächsergebnisse den anderen Gruppen vor, und hört euch ihre Texte an.
3. Diskutiert alle zusammen: Worin bestehen die Unterschiede der Übersetzungen?
4. Macht ein Ranking: Welche Texte findet ihr am verständlichsten? Welche Übersetzung ist sprachlich am schönsten?

Voll krass – die Weihnachtsgeschichte in verschiedenen Übersetzungen

5–13

Luther war der erste, der die Bibel in eine Sprache übersetzte, die die normalen Leute in Deutschland auch verstanden. Es gibt aber auch viele andere Übersetzungen. Lies die drei Anfänge der Weihnachtsgeschichte aus dem Lukasevangelium, und vergleiche sie miteinander.

Luther-Bibel

Es begab sich aber zu der Zeit, dass ein Gebot von dem Kaiser Augustus ausging, dass alle Welt geschätzt würde. Und diese Schätzung war die allererste und geschah zur Zeit, da Quirinius Statthalter in Syrien war. Und jedermann ging, dass er sich schätzen ließe, ein jeder in seine Stadt. Da machte sich auf auch Josef aus Galiläa, aus der Stadt Nazareth, in das jüdische Land zur Stadt Davids, die da heißt Bethlehem, weil er aus dem Hause und Geschlechte Davids war, damit er sich schätzen ließe mit Maria, seinem vertrauten Weibe; die war schwanger. Und als sie dort waren, kam die Zeit, dass sie gebären sollte. Und sie gebar ihren ersten Sohn und wickelte ihn in Windeln und legte ihn in eine Krippe; denn sie hatten sonst keinen Raum in der Herberge. Und es waren Hirten in derselben Gegend auf dem Felde bei den Hürden, die hüteten des Nachts ihre Herde. Und der Engel des Herrn trat zu ihnen, und die Klarheit des Herrn leuchtete um sie; und sie fürchteten sich sehr.

Bibel in gerechter Sprache

In jenen Tagen aber erließ Kaiser Augustus den Befehl, dass sich der ganze Weltkreis registrieren lassen sollte. Diese Eintragung war die erste und geschah, als Quirinius Statthalter in Syrien war. Alle machten sich in ihre Heimatstadt auf, um sich eintragen zu lassen. Auch Josef ging aus Nazareth in Galiläa hinauf nach Bethlehem in Judäa, in die Stadt Davids, weil er aus dem Haus und dem Geschlecht Davids war, um sich mit Maria, seiner Verlobten, eintragen zu lassen. Sie war schwanger, und als sie dort waren, erfüllte sich die Zeit ihrer Schwangerschaft, sodass sie gebären sollte. Und sie gebar ihren ersten Sohn, wickelte ihn in Windeln und legte ihn in eine Futterkrippe. Denn sie hatten keine Unterkunft.
In jener Gegend gab es auch Hirten und Hirtinnen, die draußen lebten und über ihre Herde in der Nacht wachten. Da trat ein Engel der Lebendigen zu ihnen und der Feuerglanz der Lebendigen umhüllte sie. Sie aber fürchteten sich sehr.

Volxbibel

In dieser Zeit verordnete der römischer Kaiser, dass sich alle Leute, die in den römisch besetzten Gebieten lebten, mal bei 'ner staatlichen Behörde melden sollten. Eine solche Volkszählung hatte es bis zu dem Zeitpunkt noch nie gegeben. Quirinius war gerade der Statthalter von dieser Gegend, die Syrien hieß. Darum mussten alle Menschen in den Ort zurückgehen, in dem sie geboren waren, um sich dort in Listen einzutragen. Weil Josef aus der Familie von David kam, musste er nach Bethlehem reisen, denn da kam seine Familie ursprünglich her. Er machte sich also von Nazareth (das liegt in Galiläa) nach dorthin auf den Weg. Maria, seine Verlobte, nahm er einfach mit. Maria hatte da schon einen ziemlich dicken Bauch. In Bethlehem war es dann so weit, und sie bekam ihr erstes Kind. Weil sie keinen anständigen Pennplatz mehr gefunden hatten (die Hotels waren alle voll), musste die Geburt in einem Stall stattfinden. In dieser Nacht hatten ein paar Hirten kurz vor dem Dorf ihr Lager aufgeschlagen, um dort auf die Schafe aufzupassen. Plötzlich war da ein riesengroßer Engel, der auf sie zukam.
Ein helles weißes Licht war um ihn rum, so ein Licht, das nur von Gott kommen konnte, so krass war es.
Die Hirten bekamen voll die Panik.

Quelle: www.welt.de/print-welt/article699815/Der_Beginn_der_Weihnachtsgeschichte_Lukas_2_Verse_1_9_in_drei_Uebersetzungen.html

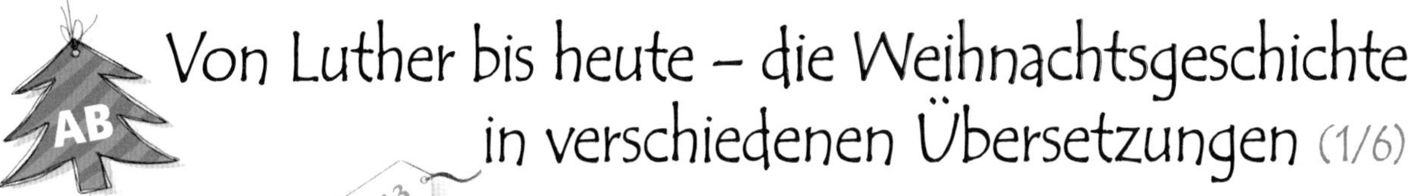

Von Luther bis heute – die Weihnachtsgeschichte in verschiedenen Übersetzungen (1/6)

5–13

Version 1 – So übersetzte Luther den Text 1545

1 ES begab sich aber zu der zeit / Das ein Gebot von dem Keiser Augusto aus-
gieng / Das alle Welt geschetztSchetzen ist hie / das ein jglicher hat müssen ein
Ort des gülden geben von jglichem Heubt. würde. 2 Vnd diese Schatzung war
die allererste / vnd geschach zur zeit / da Kyrenius Landpfleger in Syrien war.
3 Vnd jederman gieng / das er sich schetzen liesse / ein jglicher in seine Stad.
4 Da machet sich auff auch Joseph / aus Galilea / aus der stad Nazareth / in das
Jüdischeland / zur stad Dauid / die da heisst Bethlehem / Darumb das er von
dem Hause vnd geschlechte Dauid war / 5 Auff das er sich schetzen liesse mit
Maria seinem vertraweten Weibe / die war schwanger. 6 Vnd als sie daselbst
waren / kam die zeit / das sie geberen solte. 7 Vnd sie gebar jren ersten Son /
vnd wickelt jn in Windeln / vnd leget jn in eine Krippen / Denn sie hatten sonst
keinen raum in der Herberge. Mat. 1. 8 VND es waren Hirten in der selbigen
gegend auff dem felde / bey den Hürten / die hüteten des nachts jrer Herde.
9 Vnd sihe / des HERRN Engel trat zu jnen / vnd die Klarheit des HERRN leuchtet vmb sie / Vnd sie furchten sich seer. 10 Vnd der Engel sprach zu jnen. Fürchtet euch nicht / Sihe / Jch verkündige euch grosse Freude / die allem Volck
widerfaren wird / 11 Denn Euch ist heute der Heiland gebörn / welcher ist Christus der HErr / in der stad Dauid. 12 Vnd das habt zum Zeichen / Jr werdet finden
das Kind in windeln gewickelt / vnd in einer Krippen ligen. 13 Vnd als bald ward
da bey dem Engel die menge der himelischen Herrscharen / die lobten Gott /
vnd sprachen / 14 Ehre sey Gott in der Höhe / Vnd Friede auff Erden / Vnd den
Menschen ein wolgefallenDas die menschen dauon lust vnd liebe haben werden / gegen Gott vnd vnternander. Vnd dasselb mit danck annemen / vnd darüber alles mit freuden lassen vnd leiden. 15 VND da die Engel von jnen gen Himel
furen / sprachen die Hirten vnternander / Lasst vns nu gehen gen Bethlehem /
vnd die Geschicht sehen / die da geschehen ist / die vns der HERR kund gethan
hat. 16 Vnd sie kamen eilend / vnd funden beide Mariam vnd Joseph / dazu das
Kind in der krippen ligen. 17 Da sie es aber gesehen hatten / breiteten sie das
wort aus / welchs zu jnen von diesem Kind gesagt war. 18 Vnd alle / fur die es
kam / wunderten sich der Rede / die jnen die Hirten gesagt hatten. 19 Maria
aber behielt alle diese wort / vnd beweget sie in jrem hertzen. 20 Vnd die Hirten
kereten widerumb / preiseten vnd lobten Gott vmb alles / das sie gehöret vnd
gesehen hatten / wie denn zu jnen gesagt war.

Quelle: www.bibel-online.net/text/luther_1545_letzte_hand/lukas/2/#1

Von Luther bis heute – die Weihnachtsgeschichte in verschiedenen Übersetzungen (2/6)

5–13

Version 2 – Scofield Bibel, Elberfelder Übersetzung von 1905

Die Geburt Jesu

1 Es geschah aber in jenen Tagen, daß eine Verordnung vom Kaiser Augustus
ausging, den ganzen Erdkreis einzuschreiben. 2 Die Einschreibung selbst
geschah erst, als Kyrenius Landpfleger von Syrien war. 3 Und alle gingen hin,
um sich einschreiben zu lassen, ein jeder in seine eigene Stadt. 4 Es ging aber
auch Joseph von Galiläa, aus der Stadt Nazareth, hinauf nach Judäa, in Davids Stadt, welche Bethlehem heißt, weil er aus dem Hause und Geschlecht
Davids war, 5 um sich einschreiben zu lassen mit Maria, seinem verlobten
Weibe, welche schwanger war. 6 Und es geschah, als sie daselbst waren,
wurden ihre Tage erfüllt, daß sie gebären sollte; 7 und sie gebar ihren erstgeborenen Sohn und wickelte ihn in Windeln und legte ihn in eine Krippe,
weil in der Herberge kein Raum für sie war.

Besuch der Hirten

8 Und es waren Hirten in selbiger Gegend, die auf freiem Felde blieben und
des Nachts Wache hielten über ihre Herde. 9 Und siehe, ein Engel des Herrn
stand bei ihnen, und die Herrlichkeit des Herrn umleuchtete sie, und sie fürchteten sich mit großer Furcht. 10 Und der Engel sprach zu ihnen: Fürchtet euch
nicht, denn siehe, ich verkündige euch große Freude, die für das ganze Volk
sein wird; 11 denn euch ist heute, in Davids Stadt, ein Erretter geboren, welcher ist Christus, der Herr. 12 Und dies sei euch das Zeichen: Ihr werdet ein
Kind finden, in Windeln gewickelt und in einer Krippe liegend. 13 Und plötzlich war bei dem Engel eine Menge der himmlischen Heerscharen, welche
Gott lobten und sprachen: 14 Herrlichkeit Gott in der Höhe, und Friede auf
Erden, an den Menschen ein Wohlgefallen! 15 Und es geschah, als die Engel
von ihnen hinweg in den Himmel fuhren, daß die Hirten zueinander sagten:
Laßt uns nun hingehen nach Bethlehem und diese Sache sehen, die geschehen ist, welche der Herr uns kundgetan hat. 16 Und sie kamen eilends und
fanden sowohl Maria als Joseph, und das Kind in der Krippe liegend. 17 Als
sie es aber gesehen hatten, machten sie überall das Wort kund, welches über
dieses Kindlein zu ihnen geredet worden war. 18 Und alle, die es hörten, ver-
wunderten sich über das, was von den Hirten zu ihnen gesagt wurde. 19 Maria aber bewahrte alle diese Worte und erwog sie in ihrem Herzen. 20 Und die
Hirten kehrten um, indem sie Gott verherrlichten und lobten über alles, was
sie gehört und gesehen hatten, so wie es ihnen gesagt worden war.

Quelle: www.bibel-online.net/text/elberfelder_1905/lukas/2/#1

Von Luther bis heute – die Weihnachtsgeschichte in verschiedenen Übersetzungen (3/6)

AB

5–13

Version 3 – Gute Nachricht für Sie, NT 68, eine Übersetzung von 1967

Die Geburt von Jesus

Zu jener Zeit schickte Kaiser Augustus allen Untertanen im Reich den Befehl, sich zu einer Volkszählung in Listen eintragen zu lassen. Zur Zeit dieser ersten Volkszählung war Quirinius Gouverneur der Provinz Syrien. So zog jeder in die Heimat seiner Vorfahren, um sich dort zu melden. Auch Josef wanderte von Nazareth in Galiläa nach Bethlehem in Judäa, dem Geburtsort von König David. Er mußte dorthin, weil er von David abstammte. Er nahm seine Verlobte Maria mit, die ein Kind erwartete. Während des Aufenthalts in Bethlehem kam für Maria die Zeit der Entbindung. Sie brachte ihren ersten Sohn zur Welt, wickelte ihn in Windeln und legte ihn in einen Stall in die Futterkrippe. Im Gasthaus war nämlich kein Platz mehr.

Die Hirten und die Engel

Es gab einige Schäfer in der Gegend. Die blieben über Nacht draußen und bewachten ihre Herden. Ein Bote Gottes kam zu ihnen, und die Männer spürten die Nähe Gottes. Sie fürchteten sich sehr, aber der Bote sagte: Ihr braucht euch nicht zu fürchten! Ich bringe gute Nachricht für euch, über die sich alle Menschen freuen werden. Heute Nacht wurde in der Stadt Davids euer Retter geboren – Christus, der Herr! Ihr könnt euch überzeugen: Ihr werdet ein Kind finden, eingewickelt in Windeln. Es liegt in einer Futterkrippe.
Plötzlich stand eine große Schar Engel neben dem Boten, und sie sangen Loblieder auf Gott:
Gelobt sei Gott dort oben im Himmel!
Friede allen Menschen, die er liebt!
Als die Engel zu Gott zurückgekehrt waren, sprachen die Schäfer miteinander: Gehen wir doch nach Bethlehem und sehen uns an, was Gott uns bekannt machen ließ. Sie machten sich unverzüglich auf den Weg und fanden Maria und Josef. Sie sahen das Kind in der Krippe liegen. Da berichteten sie, was ihnen der Bote von dem Kind gesagt hatte. Alle Zuhörer staunten über ihre Worte. Maria merkte sich alles genau und dachte immer wieder darüber nach. Die Schäfer kehrten zurück und dankten Gott für alles, was sie gesehen und gehört hatten. Es war alles so gewesen, wie es ihnen der Bote beschrieben hatte.

Quelle: Gute Nachricht für Sie, NT 68: „Die Berichte, Briefe und Zeugnisse des Neuen Testaments in heutigem Deutsch", Württembergische Bibelanstalt, Stuttgart 1967, S. 124/125

Von Luther bis heute – die Weihnachtsgeschichte in verschiedenen Übersetzungen (4/6)

5–13

Version 4 – die Einheitsübersetzung von 1981

1 In jenen Tagen erließ Kaiser Augustus den Befehl, alle Bewohner des Reiches
in Steuerlisten einzutragen. 2 Dies geschah zum ersten Mal; damals war Quirinius Statthalter von Syrien. 3 Da ging jeder in seine Stadt, um sich eintragen zu
lassen. 4 So zog auch Josef von der Stadt Nazaret in Galiläa hinauf nach Judäa
in die Stadt Davids, die Betlehem heißt; denn er war aus dem Haus und Geschlecht Davids. 5 Er wollte sich eintragen lassen mit Maria, seiner Verlobten,
die ein Kind erwartete. 6 Als sie dort waren, kam für Maria die Zeit ihrer Nie-
derkunft, 7 und sie gebar ihren Sohn, den Erstgeborenen. Sie wickelte ihn in
Windeln und legte ihn in eine Krippe, weil in der Herberge kein Platz für sie
war. 8 In jener Gegend lagerten Hirten auf freiem Feld und hielten Nachtwache
bei ihrer Herde. 9 Da trat der Engel des Herrn zu ihnen und der Glanz des Herrn
umstrahlte sie. Sie fürchteten sich sehr, 10 der Engel aber sagte zu ihnen: Fürchtet euch nicht, denn ich verkünde euch eine große Freude, die dem ganzen Volk
zuteil werden soll: 11 Heute ist euch in der Stadt Davids der Retter geboren; er
ist der Messias, der Herr. 12 Und das soll euch als Zeichen dienen: Ihr werdet ein
Kind finden, das, in Windeln gewickelt, in einer Krippe liegt. 13 Und plötzlich
war bei dem Engel ein großes himmlisches Heer, das Gott lobte und sprach: 14
Verherrlicht ist Gott in der Höhe / und auf Erden ist Friede / bei den Menschen
seiner Gnade. 15 Als die Engel sie verlassen hatten und in den Himmel zurückgekehrt waren, sagten die Hirten zueinander: Kommt, wir gehen nach Betlehem, um das Ereignis zu sehen, das uns der Herr verkünden ließ. 16 So eilten sie
hin und fanden Maria und Josef und das Kind, das in der Krippe lag. 17 Als sie
es sahen, erzählten sie, was ihnen über dieses Kind gesagt worden war. 18 Und
alle, die es hörten, staunten über die Worte der Hirten. 19 Maria aber bewahrte
alles, was geschehen war, in ihrem Herzen und dachte darüber nach. 20 Die Hirten kehrten zurück, rühmten Gott und priesen ihn für das, was sie gehört und
gesehen hatten; denn alles war so gewesen, wie es ihnen gesagt worden war.

Quelle: www.bibelwerk.de/shop/erweiterte_suche/einheitsuebersetzung?mode=bibelstelle

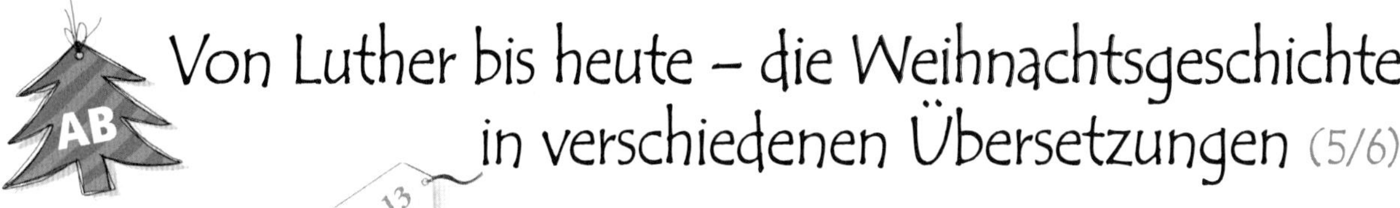

Von Luther bis heute – die Weihnachtsgeschichte in verschiedenen Übersetzungen (5/6)

5–13

Version 5 – die neue evangelische Übersetzung von 2003

1 Damals befahl der Kaiser Augustus, alle Bewohner des Römischen Reiches
zu zählen und in Steuerlisten einzutragen. 2 Es war das erste Mal, dass solch
eine Volkszählung durchgeführt wurde. Sie geschah, als Quirinius Statthalter
der Provinz Syrien war. 3 So ging jeder in die Stadt, aus der er stammte, um
sich eintragen zu lassen. 4 Auch Josef machte sich auf den Weg. Er gehörte
zur Nachkommenschaft Davids und musste deshalb aus der Stadt Nazaret in
Galiläa nach der Stadt Bethlehem in Judäa reisen, 5 um sich dort mit Maria,
seiner Verlobten, eintragen zu lassen. Maria war schwanger, 6 und als sie in
Bethlehem waren, kam für sie die Zeit der Entbindung. 7 Sie brachte ihr erstes
Kind zur Welt. Es war ein Sohn. Sie wickelte ihn in Windeln und legte ihn
dann in eine Futterkrippe, weil in der Unterkunft kein Platz für sie war. 8 In
der gleichen Nacht hielten ein paar Hirten draußen auf dem freien Feld Wa-
che bei ihren Herden. 9 Plötzlich trat ein Engel des Herrn zu ihnen, und das
Licht der Herrlichkeit Gottes umstrahlte sie. Sie erschraken sehr und hatten
Angst, 10 aber der Engel sagte zu ihnen: „Ihr müsst euch nicht fürchten, denn
ich bringe euch eine gute Nachricht, über die sich das ganze Volk freuen
wird. 11 Heute Nacht ist in der Stadt Davids euer Retter geboren worden.
Es ist der Messias, der Herr. 12 Ihr werdet ihn daran erkennen, dass ihr ein
Kind findet, das in Windeln gewickelt in einer Krippe liegt." 13 Plötzlich waren
sie von ganzen Heerscharen des Himmels umgeben, die alle Gott lobten und
riefen: 14 „Ehre und Herrlichkeit Gott in der Höhe / und Frieden den Menschen im Land, / auf denen sein Gefallen ruht." 15 Als die Engel in den Himmel zurückgekehrt waren, sagten die Hirten zueinander: „Kommt, wir gehen
nach Bethlehem! Sehen wir uns an, was da geschehen ist, was der Herr uns
sagen ließ." 16 Schnell brachen sie auf und fanden Maria und Josef und auch
das Kind, das in der Futterkrippe lag. 17 Als sie es gesehen hatten, erzählten
sie, was ihnen über dieses Kind gesagt worden war. 18 Und alle, mit denen sie
sprachen, wunderten sich über das, was ihnen die Hirten berichteten. 19 Maria aber bewahrte das Gehörte in ihrem Herzen und dachte immer wieder
darüber nach. 20 Die Hirten gingen dann wieder zu ihren Herden zurück. Sie
priesen und lobten Gott für alles, was sie gehört und gesehen hatten. Es war
genauso gewesen, wie der Engel es ihnen gesagt hatte.

Quelle: www.bibel-online.net/text/neue_evangelistische/lukas/2/#1

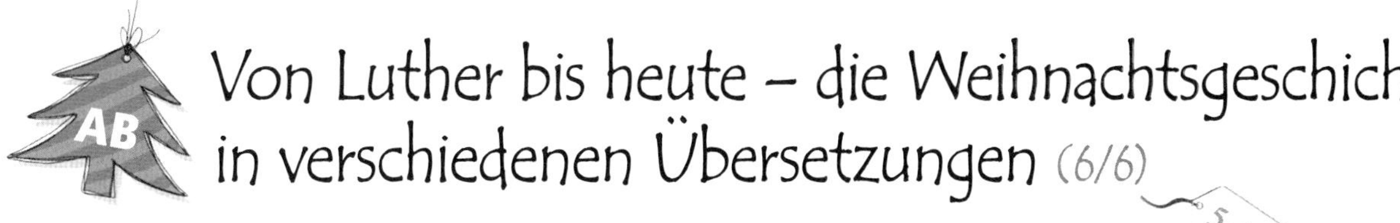

Von Luther bis heute – die Weihnachtsgeschichte in verschiedenen Übersetzungen (6/6)

5–13

Version 6 – Alsterdorfer Kinderbibel, von Schülern übersetzt 2007

Eines Tages wollte Kaiser Augustus wissen, wie viele Menschen in seinem großen Reich wohnten. Aus diesem Grunde gab er den Befehl, dass alle Menschen sich in ihrer Heimatstadt eintragen lassen sollten. Denn so konnte er sicherstellen, dass alle Menschen ihre Steuergelder im Römischen Reich bezahlten. Weil Josefs Familie aus der Stadt Bethlehem stammte, musste er mit Maria dorthin reisen.

Maria war inzwischen hochschwanger, und die Zeit der Geburt rückte immer näher. Die lange und anstrengende Reise verbrachte sie auf dem Rücken eines Esels. Nach vielen Tagen und Nächten kamen sie in Bethlehem an. In der Stadt suchten sie sich eine Unterbringung, denn Maria merkte, dass das Kind bald zur Welt kommen würde. Aber überall, wo sie fragten, bekamen sie eine Absage. Die Gasthäuser waren alle voll, es gab kein freies Zimmer mehr. Voller Mitleid bot ein Wirt der erschöpften Maria und dem müden Josef seinen Stall an. Mitten in der Nacht zwischen den Stalltieren gebar Maria ihren Sohn. Vorsichtig wurde der neugeborene Jesus in Tücher gewickelt und zum Schlafen in eine Futterkrippe gelegt. Außerhalb der Stadt hüteten Hirten ihre Schafe. Auf dem Feld sahen sie plötzlich die Engel Gottes, die ihnen die frohe Botschaft verkündeten, dass der König, der Heiland, in einem Stall geboren wurde. Sie sangen voller Freude: „Gelobt sei Gott. Friede den Menschen auf Erden." Schnell liefen die Hirten nach Bethlehem, dort fanden sie Maria und Josef mit ihrem Kind im Stall. Voller Freude und Glück beteten sie und sahen sich den schlafenden Jesus an. Sie wussten, dass dieses Kind von Gott kam.

Quelle: Bugenhagen-Schulen der Evangelischen Stiftung Alsterdorf (Hg.): „Die Alsterdorfer Kinderbibel – von Schülerinnen und Schülern der Bugenhagen-Schulen", alsterdorf verlag, Hamburg 2007, S. 102–105

Engel – eine besondere Art? (1/2)

8–13

Engel
von Hilde Roth

Engel?

Gesehen nie.

Gehört einiges.

Manchmal –

öfter schon

wenn's mich gerade

so im letzten Moment

zurückhält von was,

das schlimm verkehrt wär,

dann frag ich mich doch:

Ob das ein Engel war?

Oder was sonst?

Was denn?

Etwas war's.

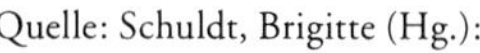

Quelle: Schuldt, Brigitte (Hg.):
„Das große Weihnachtsbuch", Rowohlt, Reinbek bei Hamburg 1996, S. 17

Bestimmt ist es euch schon aufgefallen: In der Adventszeit bevölkern Engel aller Art Wohnungen, Häuser, Schulen, Kindergärten, andere öffentliche Einrichtungen und Geschäfte. Man könnte meinen, sie sind aus den Kirchen ausgeflogen, um näher zu den Menschen zu kommen. Das Geschäft mit den Engeln boomt: Engelfiguren, Engelbücher, Engelkarten, Engelbilder, Engelbettwäsche, Engeltischdecken, Engeltassen, Engelregenschirme, Engelschlüsselanhänger – den Ideen sind keine Grenzen gesetzt. Schutzengel sind „in". Meistens sind sie niedlich, kitschig oder spirituell verklärt. Doch – anstatt über die Engelflut zu spotten, sollte man darüber nachdenken, warum die Himmelsboten so in Mode sind.

Engel – eine besondere Art? (2/2)

8–13

In einem Gedicht von Rudolf Otto Wiemer heißt es über Engel: „Es müssen nicht Männer mit Flügeln sein." Und richtig, sofort fallen mir Männer und Frauen ein, die mir wie Engel erschienen sind, genau zum richtigen Zeitpunkt, ganz ohne Flügel: ein beruhigender Narkosearzt vor der ersten Operation, ein aufbauendes Lob von Mitschülern, ein geistesgegenwärtiger Autofahrer, der einen Crash verhinderte, ein Freund, der anrief, während ich mich in einer hoffnungslosen Situation befand, ein unterstützendes Angebot, als ich fix und fertig allein vor einem Berg Arbeit stand.

Engel sind auch ein beliebtes Motiv, wenn Kinder malen.
Diese Bilder erinnern an die Aufgabe der Engel:

„Denn er hat seinen Engeln befohlen, dass sie dich behüten auf allen deinen Wegen, dass sie dich auf den Händen tragen und du deinen Fuß nicht an einen Stein stoßest." (Psalm 91,11–12)

Verständlich, warum die Leute so verrückt nach Engeln sind und sie überall hinstellen, hinhängen, hinlegen, hineinstecken und aufkleben: Engel aus dem Erzgebirge, kunstvoll aus Holz gedrechselt und bemalt, Engel aus Wolle und Stoff, liebevoll genäht, Engel aus Ton und Glas. Engel aus Papier hängen an den Fenstern und fliegen zwischen den Faltsternen herum. Nicht zu vergessen die kleinen Bronzeengel, die man überall hin mitnehmen kann. Als tröstende Gedächtnisstütze sozusagen. Und ganz ehrlich: Ich habe mich wirklich über den Engel-Schlüsselanhänger gefreut, den eine Freundin mir neulich schenkte.

Aufgaben

1. Lies das Gedicht und den Text. Was bedeuten Engel für dich? Ist dir schon einmal einer begegnet? Schreibe deine eigene Definition für „Engel".
2. Suche Bibelstellen heraus, die von Engeln handeln, und schreibe sie auf, z.B. „Siehe, mein Engel soll vor dir hergehen." (2. Mose 32,34). Du kannst im Stichwortverzeichnis der Bibel nachschlagen oder auch im Internet auf die Suche gehen (z.B. unter dem Suchbegriff „Bibelstelle + Engel").
3. Recherchiere über den im Text genannten Bronzeengel unter www.anderezeiten.de. Kannst du dir vorstellen, einen solchen Engel zu verschenken?

Die Hauptpersonen aus der Weihnachtsgeschichte

8–10

s. AB auf S. 25–27

Darum geht es

Die Schüler beschäftigen sich mit den Hauptfiguren aus der Weihnachtsgeschichte, denken sich in die jeweilige Person, ihre Rolle und ihre Gefühle hinein und erstellen ein Profil zu Maria, Josef, dem Jesuskind, dem Verkündigungsengel und den Hirten. Das ermöglicht Ihnen einen direkteren Zugang zur Weihnachtsgeschichte.

Material/Vorbereitung

Legen Sie **ausreichend Bibeln** aus, oder kopieren Sie die Weihnachtsgeschichte (Lukas 2,1–20) für alle Schüler. Eventuell sind auch ein **Internetzugang** sowie ein **Drucker** sinnvoll. Kopieren Sie außerdem die **Arbeitsblätter** (wenn möglich, lassen Sie die Schüler vorher auch selbst Abbildungen von der Weihnachtsgeschichte und ihren Personen sammeln!). Darüber hinaus werden **Stifte**, ggf. auch **Schere** und **Kleber**, benötigt.

Durchführung

Die Schüler lesen die Weihnachtsgeschichte in der Bibel oder im Internet nach und notieren die Namen der wichtigsten darin vorkommenden Personen. Diese werden an die Tafel geschrieben. Die Schüler sollen sich nun allein oder zu zweit für eine der Figuren entscheiden und eine Personenbeschreibung erstellen (z.B. Name, Geschlecht, Herkunft, Beruf, Alter, Eigenschaften, Rolle und Aufgaben in dieser Situation …). Es ist den Schülern ausdrücklich erlaubt, eigene Vorstellungen zur jeweiligen Person zu entwickeln und die Bibeln oder das Internet zu benutzen, um weitere Informationen zu erhalten. Wer passende Bilder findet, kann diese auch ausdrucken und zur Personenbeschreibung kleben.

Tipp

Sie können die Schüler ihr Ergebnis am Ende im Plenum vortragen lassen. Sinnvoll wäre es durchaus auch, wenn sich zuvor die Schüler zusammentun, die sich für die gleiche Figur entschieden haben, um ihre individuellen Ergebnisse zunächst zu vergleichen.

Christi Geburt und Sonnenwende

8–13

Darum geht es

Da Jesu Geburtstermin nirgendwo erwähnt wird, stellt sich die Frage, wie es zur Festlegung des 25. Dezembers gekommen ist.

Material/Vorbereitung

Kopieren Sie die **Weihnachtsgeschichte** aus den beiden Evangelien Matthäus und Lukas (Mt 1,18–25 und 2,1–12; Lk 2,1–20), falls nicht genügend Bibeln vorhanden sind.Außerdem sollte ein **Internetzugang** vorhanden sein.

Schüleraufgaben

1. Wann hat Jesus Geburtstag? Lies die Weihnachtsgeschichte, und suche nach Hinweisen auf seinen Geburtstermin.
2. Überlegt in Kleingruppen, wer wohl den 25.12. als Termin festgelegt hat und warum. Ihr könnt auch im Internet recherchieren. Notiert eure Ergebnisse, und tragt sie der Klasse vor.

Tipps

- Zur Unterstützung können Sie Ihren Schülern folgende Informationen an die Hand geben: Eine Institution hat sich aus bestimmten Gründen für diesen Termin entschieden. Die heidnischen Völker beteten die Sonne an, die Römer hatten einen Sonnengott. Es bestehen Zusammenhänge zwischen Sonnenverehrung, dem 25. Dezember und dem menschlichen Bedürfnis nach Licht.
- Internetrecherche – Stichwörter: Sonnenkult, Jesu Geburtstag, Einführung Weihnachten Rom, Licht der Welt; www.ekd.de/advent_dezember/kirchenjahr.html (dort auf ‚Weihnachten‘ klicken).

Die Hauptpersonen aus der Weihnachtsgeschichte (1/3)

Das Jesuskind von Leonardo da Vinci, 1483–1486

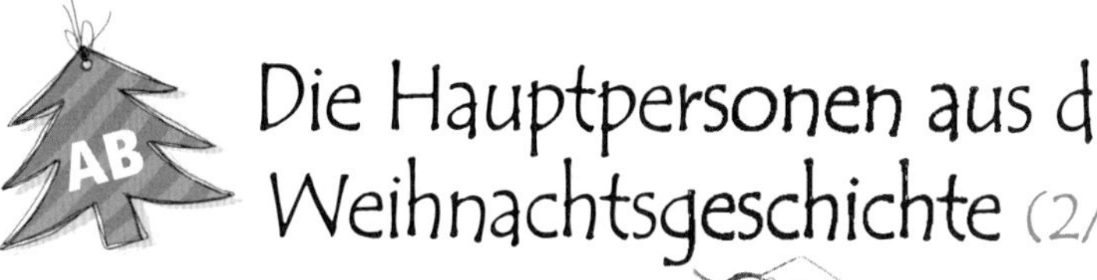

Die Hauptpersonen aus der Weihnachtsgeschichte (2/3)

Kirchenfenster mit Maria und dem Jesuskind

Kirchenfenster mit Engeln

Die Hauptpersonen aus der Weihnachtsgeschichte (3/3)

8–10

Der heilige Josef von Guido Reni, 1640–1642

Drei Hirten vor dem Stall der Weihnachtskrippe

Heiligabend und die Weihnachtsfeiertage

5–13

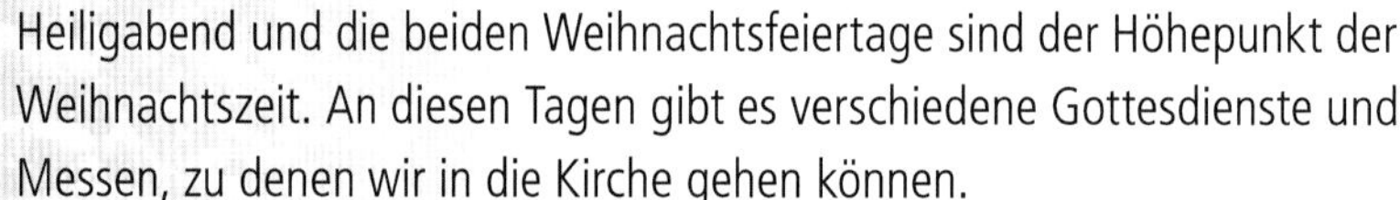

Heiligabend und die beiden Weihnachtsfeiertage sind der Höhepunkt der Weihnachtszeit. An diesen Tagen gibt es verschiedene Gottesdienste und Messen, zu denen wir in die Kirche gehen können.

Am Heiligabend werden die Kirchen wieder voll. Viele Leute strömen am Nachmittag zur <u>Christvesper</u> oder in der Nacht zur <u>Christmette</u>. Der Gottesdienst in der Nacht hat Symbolcharakter: Die Christmette sollte zu dem Zeitpunkt stattfinden, an dem Jesus der Überlieferung nach geboren wurde, nämlich „zu der halben Nacht", was in vielen Weihnachtsliedern besungen wird. Im Lukasevangelium steht, dass die Geburt Christi den Hirten in der Nacht mitgeteilt wurde. Zur Christmette singen mancherorts die Turmsinger oder spielen die Turmbläser Weihnachtslieder vom Kirchturm herab.

Am 1. Weihnachtsfeiertag kennt man in der katholischen Kirche drei Messen oder Gottesdienste:

- <u>das Engelamt</u> (die Christmette in der Nacht) zur Erinnerung an die Verkündigung Christi Geburt an die Hirten,
- <u>die Hirtenmesse</u> am frühen Morgen des 1. Weihnachtstages zur Erinnerung an die Anbetung des Christkindes durch die Hirten und
- <u>das Hochamt</u> als Hauptgottesdienst am Vormittag des 1. Weihnachtstages.

Am 2. Weihnachtsfeiertag, dem Stephanustag, gibt es normalerweise einen Gottesdienst am Vormittag.

Aufgaben

1. Tausche dich mit deinem Nachbarn aus: Geht ihr an Weihnachten in die Kirche? Begründet.
2. Teilt euch in Gruppen auf, und erkundigt euch in den christlichen Kirchen in eurer Umgebung, wann und welche Gottesdienste oder Messen zu Weihnachten gefeiert werden.
   Welche besonderen Angebote gibt es? Vielleicht ein Krippenspiel, Turmsingen oder besondere Musik? Notiert eure Ergebnisse.
3. Tragt eure Ergebnisse zusammen, und gestaltet gemeinsam ein Programmheft, in dem alle angebotenen Gottesdienste/Messen der Weihnachtstage mit Ort, Zeit und eventuellen Besonderheiten aufgeführt sind.

Weihnachtskapelle in Winterlandschaft

LH Weihnachts-Bibel-Quiz

5–7

s. AB auf S. 30/31

Darum geht es

Die Schüler beantworten mit Hilfe verschiedener Bibelstellen Fragen zur Weihnachtsgeschichte.

Material/Vorbereitung

Legen Sie **ausreichend Bibeln** aus, kopieren Sie einmal für den Quizmaster die beiden **Arbeitsblätter**, und halten Sie eine **Schere** bereit.

Spielvorbereitung

- Bestimmt einen Quizmaster, und teilt euch in zwei gleich große Rate-Teams auf.
- Legt euch eine Bibel bereit. Folgende Stellen sind als Hilfsmittel erlaubt: Lukas 1,26–38, Lukas 2,1–21 und Matthäus 2,1–12.

Spielablauf

- Der Quizmaster zieht eine Frage und liest sie vor.
- Das Team, das zuerst richtig antwortet, erhält einen Punkt.
- Das Team mit der höchsten Punktzahl ist Gewinner.

LH Gab es den Nikolaus wirklich?

8–13

Darum geht es

Die Schüler beschäftigen sich mit der Person des Nikolaus, finden die Nikolauslegende im Internet und erstellen einen Steckbrief des Nikolaus, Bischof von Myra.

Material/Vorbereitung

Sorgen Sie für einen **Internetzugang** und einen **Drucker**, legen Sie (idealerweise am Nikolaustag) einen **Schokoladen-Nikolaus** und **gefüllte Schuhe** sowie eine **Rute** und einen **Sack** bereit. Des Weiteren werden ein **großes Plakat** (dafür eignet sich bspw. eine Rolle Packpapier), **Stifte** und **Kleber** benötigt.

Durchführung

Lassen Sie die Schüler beschreiben, welche Assoziationen sie zu den mitgebrachten Gegenständen haben. Anschließend können sie von eigenen Erfahrungen mit dem Nikolaustag berichten und passende Stichwörter dazu an die Tafel schreiben.
Um mehr über den Nikolaus zu erfahren und um die Hintergründe kennenzulernen, können die Schüler unter www.nikolaus-von-myra.de, www.weihnachtsstadt.de/brauchtum/allgemein/Nikolaus.htm und http://de.wikipedia.org/wiki/Nikolaus_von_Myra recherchieren. Um einen Steckbrief erstellen zu können, sollten die Schüler über folgende Aspekte etwas herausfinden: die Nikolauslegende, Beruf des Nikolaus, Lebensweg, Geburts- und Sterbejahr, Wohn- und Wirkungsorte, besondere Merkmale seiner Person, diverse Nikolausabbildungen. Diese Recherchearbeit kann gut in Kleingruppen aufgeteilt werden.
Anschließend tragen die Schüler ihre Ergebnisse als Steckbrief auf einem großen Plakat zusammen, worauf sie auch zuvor ausgedruckte Bilder kleben oder etwas zeichnen können.

AB Weihnachts-Bibel-Quiz (1/2)

5–7

Aufgaben nur für den Quizmaster

1. Schneide die 25 Fragekarten auf der zweiten Seite aus, und mische sie verdeckt gut durch, während sich die Rate-Teams vorbereiten.
2. Ziehe für deine erste Frage eine Karte, und lies die Frage nur für dich.
3. Suche rechts die passende Antwort heraus, und lies auch diese zunächst nur für dich.
4. Stelle nun die Frage laut an die beiden Teams.
5. Markiere für das Team, das am schnellsten die richtige Antwort liefert, einen Strich an der Tafel.
6. So gehst du bei jeder Frage vor.
7. Sobald alle Fragen beantwortet wurden, könnt ihr die Strichlisten gemeinsam auszählen – welches Team hat gewonnen?

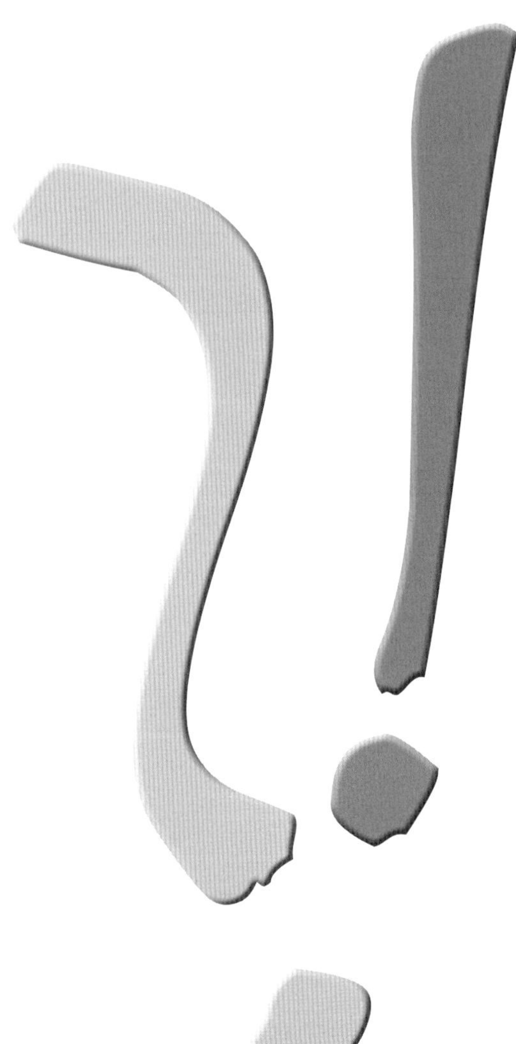

Geheim: Lösungen nur für den Quizmaster!

1. Eine junge Frau aus Nazareth.
2. Mit Josef.
3. Von einem Engel.
4. Jesus.
5. Gott.
6. Er wollte sie verlassen, tat es dann aber doch nicht (siehe Matthäus 1,19).
7. Eine Volkszählung.
8. Nach Bethlehem.
9. Es war der Ort, aus dem Josephs Familie stammte.
10. Marias Schwangerschaft.
11. In einem Stall.
12. Das Jesuskind wurde geboren und in die Futterkrippe des Stalls gelegt.
13. Hirten.
14. Die Geburt Jesu wurde von Engeln verkündet.
15. Sie erschraken zuerst und liefen dann zum Stall.
16. Die drei Weisen aus dem Morgenland: Caspar, Melchior und Balthasar.
17. Einen Stern.
18. Die Geburt eines neuen Königs.
19. In den Königspalast nach Jerusalem, dann nach Bethlehem.
20. König Herodes.
21. Sobald sie das Kind gefunden hatten, sollten sie zu ihm zurückkehren und genau beschreiben, wo sie es gefunden hatten.
22. Maria und Josef mit dem Jesuskind.
23. Gold, Weihrauch und Myrrhe.
24. Nein. Sie erhielten eine Botschaft, dem König nicht zu verraten, wo das Jesuskind geboren wurde, um es nicht zu gefährden.
25. Sie hörte sich alles an, was berichtet wurde, dachte darüber nach und bewegte das Gesagte in ihrem Herzen.

Weihnachts-Bibel-Quiz (2/2)

5–7

24 x

Fragekarten

1. Wer war Maria, und wo wohnte sie?	2. Mit wem war Maria verlobt?	3. Von wem erfuhr Maria, dass sie ein Kind bekommen wird?	4. Wie sollte Marias erstes Kind heißen?	5. Wer bestimmte den Namen des Kindes?
6. Wie reagierte ihr Verlobter, als er hörte, dass Maria schwanger ist?	7. Was beabsichtigte Kaiser Augustus?	8. Wohin mussten Maria und Josef auf Grund des Befehls des Kaisers gehen?	9. Warum reisten Maria und Josef gerade an diesen ganz bestimmten Ort?	10. Was machte Marias und Josefs Reise so beschwerlich?
11. Wie kamen Maria und Josef an ihrem Zielort unter?	12. Was geschah am Ziel von Marias und Josefs beschwerlicher Reise und unter welchen Bedingungen?	13. Welche Menschen hielten sich in der Nähe des Geburtsortes auf?	14. Was wurde den Leuten, die in dieser Nacht draußen arbeiteten, berichtet und von wem?	15. Was taten die Leute, nachdem ihnen von der Geburt Jesu berichtet wurde?
16. Die Bibel berichtet von drei hochrangigen Männern. Wie wurden sie genannt?	17. Was entdeckten und beobachteten die drei weisen Männer?	18. Was hatte die ungewöhnliche Himmelserscheinung zu bedeuten?	19. Wohin reisten die weisen Männer zuerst? Worin reisten sie weiter?	20. Wer empfing die weisen Männer zuerst?
21. Welchen Auftrag erhielten die drei weisen Männer von ihrem ersten Gastgeber?	22. Wen oder was fanden die drei weisen Männer am Ziel ihrer Reise?	23. Welche Geschenke bekam das neu geborene Kind?	24. Folgten die drei weisen Männer dem Auftrag des Königs? Begründe ihr Verhalten.	25. Wie reagierte Maria auf die Besucher?

LH

Bethlehem heute: politische, wirtschaftliche und soziale Lage

10–13

s. AB auf S. 33

Darum geht es

Die Schüler informieren sich über das heutige Bethlehem, das sich so ganz anders darstellt als in der Weihnachtsgeschichte, und machen sich deutlich, dass die aktuelle Situation der weihnachtlichen Friedensbotschaft völlig widerspricht.

Material/Vorbereitung

Kopieren Sie das **Arbeitsblatt** in Klassenstärke, und stellen Sie ausreichend **Computer-Arbeitsplätze** mit **Internetzugang** sicher.

Lösung

Geografische Lage:
Naher Osten, Westjordanland, südlich von Jerusalem, in 800 m Höhe

Klima:
gemäßigt

Einwohnerzahl:
29930 EW

Volksgruppen (Ethnien):
arabische Palästinenser, israelische Juden

Religiöse Gruppierungen (Religionszugehörigkeit):
Muslime, Juden, Christen

Anzahl der Christen an der Bevölkerung:
ca. 30 %

Besondere politische Lage:
Israelisch-arabischer Konflikt entstanden durch die Vertreibung der Mehrheit der palästinensischen Araber aus den von Israel kontrollierten Gebieten

Regierung:
Palästinensische Autonomiebehörde

Besondere wirtschaftliche Lage:
Ein Großteil der Bevölkerung ist verarmt durch die Abschottung des Gebietes durch den von Israel errichteten Grenzzaun gegen terroristische Anschläge.

Interessenskonflikte:
Israelis und Palästinenser beanspruchen jeweils das Gebiet für sich.

Konflikte/Grenzgebiet:
Der israelisch-arabische Konflikt, entstanden durch die Vertreibung der Mehrheit der palästinensischen Araber aus den von Israel besetzten Gebieten, führt immer wieder zu Aufständen seitens der Palästinenser (Intifada).

Touristische Attraktionen:
Geburtskirche, Grenzmauer

Berufliche Möglichkeiten/Einnahmequellen:
Tourismus, zwei Universitäten in Bethlehem, Werkstätten für Olivenholz-Schnitzereien

Soziale Probleme und deren Gründe:
Hoffnungslosigkeit durch die Abschottung des Gebietes und seiner Einwohner durch den Grenzzaun, junge Leute sehen keine berufliche Zukunft. Der Tourismus leidet wegen der Gefahr terroristischer Anschläge und der Isolierung des Gebietes.

Bethlehem heute: politische, wirtschaftliche und soziale Lage

10–13

Aufgabe
Recherchiere im Internet, und erstelle anhand der angegebenen Stichpunkte ein Profil über die Stadt Bethlehem, in der Jesus der Überlieferung nach geboren wurde. Veranschauliche die Rechercheergebnise auch mit Bildern.

Bethlehem heute

Geografische Lage:

Klima:

Einwohnerzahl:

Volksgruppen (Ethnien):

Religiöse Gruppierungen (Religionszugehörigkeit):

Anzahl der Christen an der Bevölkerung:

Besondere politische Lage:

Regierung:

Besondere wirtschaftliche Lage:

Interessenskonflikte der Einwohner untereinander:

Konflikte/Grenzgebiet:

Touristische Attraktionen:

Berufliche Möglichkeiten/Einnahmequellen:

Soziale Probleme und deren Gründe:

Weihnachten – Fest des Friedens?

7–13

s. AB auf S. 35/36

Darum geht es
Die Schüler setzen sich mit dem weihnachtlichen Wunsch „Friede auf Erden" auseinander, indem sie in verteilten Rollen eine Vater-Tochter-Diskussion zu dem Thema lesen, Zeitungsartikel zu aktuellen Kriegshandlungen sammeln und eigene Vorschläge zur Erreichung des Friedensziels entwickeln.

Material/Vorbereitung
Kopieren Sie die **Arbeitsblätter** in Klassenstärke, und legen Sie verschiedene **aktuelle Zeitungen** aus (es wäre natürlich auch denkbar, die Schüler Zeitungen von zu Hause mitbringen zu lassen).

5–13

Friedensinitiativen: Der ScherbenEngel und das Bethlehemlicht aus der Geburtskirche

s. AB auf S. 37–39

Darum geht es
Die Schüler erfahren etwas über zwei Friedensinitiativen aus der Geburtsstadt Jesu und recherchieren die Hintergründe des Konflikts zwischen Bethlehem und Israel.

Material/Vorbereitung
Kopieren Sie die **Arbeitsblätter** in Klassenstärke, und organisieren Sie einen **Internetzugang.**

Durchführung
Für die Recherchearbeit zu Aufgabe 1 können Sie Ihren Schülern folgende Links an die Hand geben: www.nationalgeographic.de/reportagen/topthemen/2007/bethlehem-2007-n-chr („Bethlehem 2007 n. Chr."), http://de.wikipedia.org/wiki/Israelische_Sperranlagen_%28Westjordanland%29 („Israelische Sperranlagen"), www.sueddeutsche.de/politik/israel-und-seine-mauer-die-andere-seite-1.211476 („Die andere Seite") oder www.n-tv.de/politik/politik_kommentare/Mauer-in-Bethlehem-article44140.html („Jesuskind out – Mauer in Bethlehem").

Lösung
Aufgabe 1: Am 2. April 2002 startete Israel eine Invasion in Bethlehem als Reaktion auf verschiedene terroristische Selbstmordanschläge in Jerusalem, die von extremistischen Palästinensern aus Bethlehem verübt wurden. Außerdem beschloss Israel den Bau einer über 750 km langen Sperranlage ähnlich der Anlage am Gazastreifen (z.T. als Mauer, z.T. als Zaun), wie es schon 1995 vom damaligen Ministerpräsident Yitzhak Rabin vorgeschlagen wurde. Baubeginn war 2003 unter dem israelischen Premierminister Ariel Scharon. Die von Israel errichtete und kontrollierte Sperranlage soll die israelischen von den palästinensischen Gebieten trennen mit dem Ziel, „Israel und jüdische Siedler im Westjordanland vor palästinensischen Terroristen zu schützen". Die Sperranlage, die nicht der 1949 festgelegten Waffenstillstandslinie folgt, sondern an mehreren Stellen durch palästinensisches Gebiet führt, steht international in der Kritik, da sie die Menschenrechte der im Westjordanland lebenden Palästinenser verletzt und den Friedensprozess im Nahen Osten stark gefährdet.
Aufgabe 2: Arme Bewohner Bethlehems suchen die Scherben in der ganzen Stadt zusammen und bringen sie zur Kunstwerkstätte des Internationalen Zentrums von Bethlehem. Der Erlös kommt der Arbeit mit jungen Palästinensern in dem Zentrum zu Gute.
Aufgabe 3: Bekannte Friedensinitiativen sind beispielsweise „Schwerter zu Pflugscharen" (in der ehem. DDR), „Komitee für Frieden, Abrüstung und Zusammenarbeit", „Krefelder Appell", „Make love, not war", Ostermarsch, Ziviler Friedensdienst

Weihnachten – Fest des Friedens? (1/2)

7–13

Umgekehrte Weihnachten

Eine häusliche Szene – sagen wir mal am Heiligen Abend nachmittags – zwischen dem Vater und seiner 9-jährigen Tochter.

Vater *(sitzt am Tisch und liest die Zeitung)***:** Na, Gott sei Dank: Während der Weihnachtstage werden fast überall die Kriegshandlungen eingestellt. Die Waffen schweigen. Friede auf Erden.

Tochter: Ja, echt beknackt. Voll ätzend!

Vater: Was ist voll ätzend? Dass Weihnachten kein Krieg stattfindet?

Tochter: Voll die Heuchelei! Typisch bescheuerte Erwachsene!

Vater: Aha. Mein liebes Kind, du hast zum Glück keine Ahnung, was Krieg bedeutet. Wenn es nach dir ginge, sollen also immer schön weiter die Bomben fallen. Auch Weihnachten?

Tochter: Das heißt also: Weihnachten ist Friede, toll. Aber nach Weihnachten, da geht's dann wieder los. Voll die Hölle. Nur Weihnachten, da ist kurz mal Friede. So beknackt sind nur Erwachsene.

Vater: Ach nee. Wenn es nach dir ginge, wäre also nicht mal zu Weihnachten Friede auf Erden?

Tochter: Wozu soll denn das gut sein? Für drei Tage? Dankeschön. Wenn ihr das ganze Jahr bombardieren und totschießen müsst, dann könnt ihr euch euren Weihnachtsfrieden bitte sehr auch noch sparen.

Vater: Meine Güte, Weihnachten ist schließlich das Fest der Liebe, das sind nun mal zwei, drei Tage, wir können ja schließlich nicht das ganze Jahr Weihnachten haben …

Tochter: Nee, natürlich nicht. Das wäre ja auch zu krass. Das ganze Jahr Frieden, o Gott, das ist eben zu viel verlangt von erwachsenen Menschen.

Vater: Allerdings. Von so was können eben nur Kinder träumen. Wenn du auch mal erwachsen bist, wirst du es begreifen: Das ganze Jahr Weihnachten, das hält man doch überhaupt nicht aus.

Tochter *(überlegt einen Augenblick)***:** Aber wie wäre es denn, Papa, ich hab' 'ne Idee …

Vater: Du hast 'ne Idee?

Tochter: Wenn man es einfach umgekehrt machen könnte!!

Vater: Wie umgekehrt?

Tochter: Na ja, ich mein': Wenn Weihnachten eben nicht das Fest der Liebe wäre …

Vater: Sondern?

© Verlag an der Ruhr | Autorin: Hanna Fischer | ISBN 978-3-8346-2272-3 | www.verlagruhr.de

Weihnachten – Fest des Friedens? (2/2)

Tochter: Das Fest, wo alle sich hassen. Das Fest der Gewalt, der Bomben, das Fest, wo sich alle gegenseitig ermorden …

Vater: Guck mich mal an. Hast du sie noch alle auf der Latte, oder wie heißt das bei euch?

Tochter: Wahrscheinlich nicht. Ich mein' ja: umgekehrt: Nur Weihnachten Krieg und Morden und Umbringen. Und das übrige Jahr eben ganz einfach Weihnachten. Und Weihnachten, also wenn Weihnachten umgekehrt ist, da könnt ihr dann drei Tage lang Krieg führen und einen auf Morden und Totmachen machen – aber nach Weihnachten gleich wieder Friede auf Erden.

Vater: Aha. Ich gebe zu: ein origineller Gedanke. Das wäre ja echt geil. Nur Weihnachten Krieg und sonst das ganze Jahr schön Frieden heucheln wie sonst Weihnachten. Prima, Kleine. Das werde ich der UNO vorschlagen, ist ja genial.

Tochter: Geschenkt, Alter. Als Erwachsener bist du eben zu blöd, auf so was zu kommen, ihr seid ja sowieso alle verkalkt da oben!

Vater: He, du vergreifst dich schon wieder im Ton. Möchtest du was an die Ohren, du freches Gör, du?

Tochter *(läuft weg)*: Ja, aber dann bitte nur Weihnachten. Die Kinder auch nur Weihnachten schlagen – und das übrige Jahr eben nicht.

Quelle: Scheibner, Hans:
„Wer nimmt Oma? Weihnachtssatiren", Ellert & Richter, Hamburg 2003, S. 54–56

Aufgaben

1. Lies den Text zunächst für dich, und suche dir dann einen Partner.
   a) Lest den Text mit verteilten Rollen.
   b) Tauscht die Rollen.
2. Was meint ihr? Wie ist der Vater „drauf" und wie die Tochter? In welchen Punkten könnt ihr den Vater verstehen oder ihm zustimmen, in welchen der Tochter?
3. Überlegt gemeinsam, was von der Weihnachtsbotschaft „Friede auf Erden" noch übrig ist. Reicht es, sich ins Private zurückzuziehen oder einen kurzen Waffenstillstand zu beschließen? Erlebt ihr diesen „weihnachtlichen Waffenstillstand" auch privat zu Hause während der Weihnachtstage?
4. Besorgt euch eine aktuelle Zeitung, und streicht die Artikel an, in denen von Kampfhandlungen oder terroristischen Überfällen berichtet wird. Wo finden sie statt?
5. Diskutiert mit der ganzen Klasse: Warum ist „Friede auf Erden" so schwer zu verwirklichen? Was müsste sich ändern? Woran mangelt es auf dem Weg dorthin?

Friedensinitiativen: Der ScherbenEngel und das Bethlehemlicht aus der Geburtskirche (1/3)

5–13

Beeindruckend sind die ScherbenEngel aus Bethlehem. Sie werden aus Glasscherben weggeworfener Flaschen und zerstörter Fensterscheiben infolge der israelischen Invasion von Bethlehem hergestellt. Als die Intifada (der bewaffnete Kampf der Palästinenser gegen die Beanspruchung und Besetzung ihrer angestammten Gebiete durch Israel) wütete und die Fensterscheiben zu Bruch gingen, hatte man genug Scherben und Hoffnungslosigkeit. Aus diesen Scherben werden nun Engel gefertigt und verkauft. Mit dem Verkauf fördert man Projekte und unterstützt die Menschen vor Ort. Mit dem Kauf des Scherbenengels kann ein kleines Zeichen der Solidarität mit den Menschen in Bethlehem gesetzt werden.

ScherbenEngel

Zehn Jahre ScherbenEngel (2002–2012)

Scherben bringen Glück!? Das Sprichwort soll über den ersten Schrecken hinweg trösten, wenn die wertvolle Vase zerplatzt ist oder das spülmaschinenfreundliche Porzellanteil. In Wirklichkeit sind Scherben erst einmal Zeichen für ein Unglück. Spiegel, Fenster, Tasse – einfach kaputt. Und das lässt sich meist auch nicht wirklich wieder reparieren. Geklebt hält es bestenfalls oberflächlich.
In Bethlehem in Palästina, im Heiligen Land, wo Gott neu angefangen hat mit den Menschen, in Jesus, da haben sie in den Jahren der Intifada zwischen 2001 und 2004 wieder mal mehr als genug Scherben gehabt. Und auch da waren die Scherben keine Glücksbringer. Israelische Panzer und Soldaten waren immer wieder eingerückt. In Wohnhäusern und Geschäften, in Schulen, kirchlichen Bildungshäusern und Kirchen haben sie Scherben hinterlassen – kaputte Fenster, in den Schränken zertrümmertes Geschirr – die Bilder waren schrecklich. Die Angst der Menschen groß.
Auch wenn die Panzer abgezogen sind, die Besatzungsarmee ist immer präsent, einmal mehr, einmal weniger – aber überall.

Friedensinitiativen: Der ScherbenEngel und das Bethlehemlicht aus der Geburtskirche (2/3)

Mauer von Bethlehem

Eine 8 m hohe Betonmauer und ein mit modernster Sicherheitstechnik ausgestatteter „Zaun" hat die Geburtsstadt Jesu fast vollständig abgeriegelt. Bethlehemer können die Stadt und ihr Land meist nur unter Schwierigkeiten verlassen. Checkpoints und Straßenblockaden machen eine Fahrt von Dorf A nach Dorf B manchmal unmöglich.
So ist Bethlehem am Rande seiner Existenz: zu wenig Einnahmen, kein Geld, kaum Hoffnung auf Frieden – stattdessen genug Scherben überall.
Aber Bethlehemer geben nicht auf. „In shalah! – So Gott will!" sagen sie immer wieder.
Ich finde es daher eine tolle Idee, dass junge Leute in Bethlehem im Advent 2002 während der großen israelischen Invasion angefangen haben, aus dem Ergebnis der Zerstörung, aus Glasscherben nämlich, kleine Engel zu machen – sieben, acht Zentimeter hoch. Sie haben ganz einfach die Glasstücke mit Bronze- oder Silberstegen aneinander gelötet, so ähnlich wie man das bei Kirchenfenstern macht. Engel aus Scherben – so entstanden kleine Kunstwerke aus zurückgelassenem Schutt – und wurden Botschafter für etwas Neues, für Zukunft, für ein wenig Freude – ja, so können die Spuren der Verwüstung vielleicht ein Zeichen der Hoffnung werden.

Auch wenn die Engel heute nicht mehr aus den zerstörten Gläsern von damals gemacht werden, so sind sie doch weiterhin Zeichen für Hoffnung. Und: Sie bringen einigen christlichen Familien das dringend benötigte Einkommen, um den Lebensunterhalt ein wenig zu unterstützen.
Falls du selbst einen ScherbenEngel verschenken möchtest, kannst du ihn unter www.arendt-art.de/deutsch/palestina/texte/scherbenengel.htm bestellen (ca. 7,50 €/Stück zzgl. Portokosten).

So ist so ein ScherbenEngel nicht nur schöner Schmuck, sondern ein richtiges Friedenszeichen – ein Geschenk, ein verbindendes Zeichen in auswegloser Situation, eben ein ScherbenEngel, der wegen seiner eigenen Geschichte und der Geschichte seiner Künstler Hoffnung und Zukunft aufzeigt oder Herzen aufschließt oder Mut macht – ein ScherbenEngel, der viel bewirken kann.

Pater Rainer Fielenbach

mit freundlicher Genehmigung des Autors

Friedensinitiativen: Der ScherbenEngel und das Bethlehemlicht aus der Geburtskirche (3/3)

5–13

Bethlehemlicht

Eine schöne Sitte von früher wird in manchen Gemeinden noch heute gepflegt: Die Gottesdienstbesucher bringen zur Christvesper ein Laternchen und eine Kerze mit. Am Weihnachtslicht in der Kirche zünden sie ihre Kerze an und nehmen sie am Heiligen Abend mit zurück in ihre Weihnachtsstube. Das Weihnachtslicht in den meisten Kirchen kommt aus der Geburtskirche in Bethlehem. Diese Kirche heißt so, weil sie über der vermuteten Geburtsstätte Jesu Christi errichtet wurde. Pfadfinder verteilen das Bethlehemlicht von dort aus jedes Jahr in der Adventszeit als Friedenslicht in die verschiedensten Länder.

Geburtskirche in Bethlehem

Unter www.friedenslicht.de kannst du mehr über das Friedenslicht erfahren.

Als Deutschland noch geteilt war, gab es noch eine andere Tradition, in der weihnachtliches Licht eine besondere Rolle spielte: Damals stellten viele Leute am Heiligen Abend ein Licht ins Fenster, um an die Menschen im anderen Teil Deutschlands zu denken, z.B. an ihre Angehörigen, die sie nicht besuchen konnten.

Aufgaben

1. Recherchiere, was es mit der israelischen Invasion in Bethlehem auf sich hat und warum die Mauer gebaut wird. Wer baut sie, seit wann und warum?
2. Informiere dich über die ScherbenEngel unter www.arendt-art.de/deutsch/palestina/Texte/scherbenengel oder www.karmelitenorden.de/straubing. Wer sammelt die Scherben ein, wo werden die Engel hergestellt, und was geschieht mit dem Erlös?
3. Sind dir noch andere Friedensinitiativen bekannt? Welche sind es? Berichte davon.

Vorweihnachtszeit im Nachtbus

10–13

Neulich sind wir seit Langem mal wieder ins Theater gegangen. Das Weihnachtsstück, das aufgeführt wurde, war ehrlich gesagt langweilig, doch das, was sich danach ereignete, war dafür umso spannender:

Als wir in die Linie 3 stiegen, um nach Hause zu fahren, lief der Fahrer aufgeregt im Bus herum. Ein Fahrgast auf der hintersten Bank machte Probleme. Es war ein junger Mann mit einer Behinderung, der wild mit seiner offenen Bierdose gestikulierte, wodurch sich einige der anderen Fahrgäste belästigt fühlten. Wir setzten uns neben den jungen Mann, der sehr aufgeregt war und Angst hatte. Er war eindeutig mit der Situation überfordert, die er selbst auslöste.
Er beschwerte sich weinerlich über die anderen Fahrgäste. Sie wären böse zu ihm gewesen. Im Laufe des Gesprächs erfuhren wir, dass er in einer Werkstatt für behinderte Menschen arbeitet, in der am nächsten Tag ein Basar stattfinden sollte. Wir sagten ihm, dass wir solche Basare sehr gern besuchen. Außerdem rieten wir ihm, morgen rechtzeitig aufzustehen und pünktlich dort zu sein, wo er gebraucht würde.
So beruhigte er sich immer mehr. Wir unterhielten uns auf angenehme Art. Auch die Fahrgäste neben ihm hörten zu. Der Busfahrer schien sehr dankbar zu sein, dass sein unbequemer Fahrgast sich nun ruhig verhielt. Als der junge Mann ausstieg, verabschiedete er sich überschwänglich, und wir wünschten ihm einen schönen Basar.
Zwei Frauen, die neben uns saßen, hatten nun das Bedürfnis, über die Sache zu sprechen. Sie waren sehr müde und abgearbeitet von ihrer Arbeit auf dem Weihnachtsmarkt zum Bus gekommen. Es sei zum Streit mit dem jungen Mann gekommen, der sie dann anspuckte. „Hätte ich nicht selbst einen behinderten Bruder, hätte ich ihn wahrscheinlich vor Wut geschlagen!“ meinte eine der Frauen. Wir kamen ins Gespräch und verabschiedeten uns beim Aussteigen wie gute Bekannte. Auch der Busfahrer wünschte uns eine gute Nacht. Fröhlich gingen wir durch die Dunkelheit nach Hause.

INFOS über Arbeitsmöglichkeiten von Menschen mit Behinderung findest du unter www.lebenshilfe.de, www.bagwfbm.de oder www.leben-mit-behinderung-hamburg.de.

Aufgaben

1. Lies den Text, und stelle Vermutungen an: Warum war der junge Mann im Bus überfordert?
2. Welchen Vorurteilen ist er ausgeliefert? Wie denkst du über ihn, und wie würdest du dich ihm gegenüber verhalten? Was würde das Miteinander erleichtern, nicht nur an Weihnachten?
3. Sind dir Advents- oder Weihnachtsbasare bekannt, die von Werkstätten für behinderte Menschen (WfbM) veranstaltet werden? Hast du schon einmal einen solchen Basar besucht?
4. Erkundigt euch, ob es in eurer Nähe einen solchen Basar gibt. Wenn ja, plant einen gemeinsamen Besuch!

Weihnachten – ein Fest der Werte oder des Konsums? (1/2)

Schrecklich gemütliche Weihnachten
Hans Scheibner

Kennst du das Land, wo zur Heiligen Nacht
meistens ausbricht der größte Familienkrach?
Ja, kennst du das Land, wo bei Kerzenlicht
Heiligabend das ganz große Fressen ausbricht?
Wenn der Magen auch streikt, doch der Karpfen passt rein.
Deutsche Weihnachten kann so gemütlich sein.

Kennst du das Land, wo man sich vor dem Fest
völlig fertig macht, nervlich kaputt und gestresst?
Geschenke einkaufen, der Herzinfarkt droht,
im Einkaufszentrum drückt man sich halbtot,
und zu Haus wickelt Mutter alles noch dreimal ein:
Deutsche Weihnachten kann so gemütlich sein.

Ja, Heiligabend in Deutschland, o ja,
nur Friede auf Erden und Liebe gibt s da.
Der Vater betrügt seine Frau, das ist klar,
mit der Praktikantin das ganze Jahr –
aber Weihnachten bleibt er natürlich daheim:
Deutsche Weihnachten kann so gemütlich sein.

Und erst für die Kinder. Wie ist es doch schön,
sie Weihnachten alle so strahlen zu sehn.
Sonst schlägt sie der Vater ja oft grün und blau,
(erst schlägt er die Kinder und dann seine Frau).
Aber Weihnachten lässt er das einfach mal sein.
Deutsche Weihnachten kann so gemütlich sein.

Jeder wickelt sich seine Geschenke aus,
das Packpapier quillt bis ins Treppenhaus.
Die Großmutter mault und die Ehefrau flennt,
wenn der Weihnachtsbaum irgendwann lichterloh brennt.
Das ganze Haus steht hell im Lichterschein
Deutsche Weihnachten kann so gemütlich sein.

Die Leute wissen gar nicht, wie gut es ihnen geht! Anderen fehlt die Familie, sie sind vereinsamt. Sie wünschen sich eine Familie, ein Nest, Zusammenhalt und gegenseitige Unterstützung, kleine Aufmerksamkeiten, menschliche Wärme.

Ach, herrje, nächste Woche ist es ja schon so weit! Was kommt auf den Tisch? Wie verwöhne ich den Weihnachtsbesuch? Letztes Jahr war die Gans aber zu fett, und Opa bekam Bauchweh.

Familienzusammenhalt? Stress ist das: die vielen Verpflichtungen, das zu fette Essen, das ewig wiederkehrende Ritual, das einem zum Hals heraushängt, die immer wiederkehrenden Sprüche von Onkel Joachim und die unangenehmen Küsschen von Tante Ingelore.

Unsere Nachbarin wird bei ihren Kindern und Enkelkindern feiern, da ihr Mann zu seiner kranken Mutter nach Portugal reist.

Quelle: Scheibner, Hans:
„Wer nimmt Oma? Weihnachtssatiren", Ellert & Richter, Hamburg 2003, S. 10/11

Weihnachten – ein Fest der Werte oder des Konsums? (2/2)

AB

9–13

Schön ist es, alle wiederzusehen. Dabei wird viel und herzlich gelacht. Ich hoffe, es wird auch in Zukunft so bleiben.

Als Vegetarier ecke ich sowieso wieder überall an.

„Nichts ist schwerer zu ertragen als eine Reihe von guten Tagen" sagt ein Sprichwort. Ist es nicht merkwürdig? Einerseits wird alles darangesetzt, Weihnachten so schön wie möglich zu gestalten, auch das Essen, und andererseits wird gejammert, dass es schädlich ist, dick macht und alles nur nervt.

Wie überstehe ich die Feiertage bei dem heftigen Essen überall? Wir sind wieder zum Familientreffen eingeladen, dabei wollte ich doch abnehmen.

Unsere Großfamilie hat sehr viele Mitglieder, die sich teilweise selten sehen. Alle freuen sich auf den 2. Feiertag. Wer es möglich machen kann, kommt, auch von weit her. Jede Familie bringt etwas Leckeres mit. Gemeinsam singen wir Weihnachtslieder nach dem Kaffeeklatsch. Früher spielte unser Vater noch Klavier dazu. Jetzt ist es ihm zu anstrengend geworden in seinem hohen Alter. Wir freuen uns, dass er noch bei uns ist und sogar mitsingt.

Diejenigen, die lange in der Küche standen, um uns mit schönem Essen zu verwöhnen, würden sich über dankende Worte freuen.

Aufgaben

1. Verteilt die Sprechblasen-Texte an einzelne Schüler, und lest sie nacheinander vor.
2. Überlegt gemeinsam: Zu Weihnachten wird sich um das Essen mehr Gedanken als sonst im Jahr gemacht, und besonders jetzt kommt die eigene Situation schonungslos ans Licht: Die Einsamen sind noch einsamer, die Familien- oder engen Freundeskreise rücken noch enger zusammen. Glückliche werden noch glücklicher, Unglückliche noch unglücklicher.
   a) Überlegt zu zweit: Warum ist das so?
   b) Was haltet ihr für wirklich wichtig, und was sind eurer Meinung nach Luxusprobleme?
3. Schreibe auf, was dir im Leben und an Weihnachten am wichtigsten ist.

Geschenkideen gefällig? – Bescherung kontra Spende (1/2)

Parade am Weihnachtstisch

Erich Kästner

Der Christbaum ist nicht mehr ganz frisch.
Die Tannennadeln regnen leise.
Frau Rost steht vor dem Weihnachtstisch
und sagt versonnen zu Frau Weiße:

„Den Hut, den hat mein guter Mann gebracht
und mir viel Freude mit dem Stück bereitet.
Er hat nur leider nicht daran gedacht,
dass ausgerechnet Blau mich gar nicht kleidet.

Der Gasglühofen ist von Onkel Fritz.
Der Ofen, sagt er, heize wie der Blitz
und ist die kostbarste von allen Gaben.
Es ist nur dumm, dass wir Elektrisch haben.

Den Kaffeewärmer stickte wieder Frieda.
Sie war geradezu erstaunlich fleißig.
Was? – So ein Kunstwerk war noch nie da!
Ich hab jetzt von der Sorte achtunddreißig.

Das ist ein Blasebalg. Fritz schenkt mir immer
originelle Sachen. Was? Höchst wirkungsvoll!
Aus Ebenholz! – Doch hab ich keinen Schimmer,
was ich mit Blasebälgen machen soll. –

Und da liegt Geld. Von meinem ältsten Sohn.
Ich soll mir, schrieb er, kaufen, was mich freute.
Mir Geld zu schenken! So ein Erzpatron!
Ja, ja, so sind nun die modernen Leute!

Was soll mir Geld? Als ob er sonst nichts wüsste.
Und wenn s Paar Rollschuh wären, meinetwegen!
Als ob das, was man schenkt, gefallen müsste!
Und auch am Zwecke ist doch nichts gelegen!

So sagt Frau Rost zu der Frau Weiße
und blickt gerührt auf ihren Tisch.
Die Tannennadeln regnen leise.
Der Christbaum ist nicht mehr ganz frisch.

Quelle: Görtz, Franz Josef und Sarkowicz, Hans (Hg.): „Erich Kästner, Interview mit dem Weihnachtsmann, Kindergeschichten für Erwachsene“, Hanser, München/Wien 1998, S. 48/49

Pro Geschenke

Die eigenen Kinder zu beschenken – besonders, wenn sie noch klein sind, ist immer das Einfachste.

Geschenke müssen nicht teuer sein: ein Besuch, eine Einladung, ein unterstützendes Gespräch, etwas Selbstgebackenes, Hilfe beim Renovieren. Allerdings kosten sie Zeit. Beim Schenken von Gutscheinen ist Vorsicht geboten: Das Einlösen des Gutscheins kann leicht vergessen werden.

Die Kinder legen spätestens an Nikolaus ihren Wunschzettel in die geputzten Schuhe. Fantasievoll gestaltet, um uns Eltern auch Freude zu machen. „Wünschen dürft ihr euch alles, die Frage ist nur, ob es in Erfüllung geht“ sagen wir. Also sind die Wunschzettel – auch die „unverschämten“ – erlaubt.

Am meisten freue ich mich über unverhoffte Geschenke. Viel mehr als über solche, die aus Gewohnheit oder weil es so üblich ist, geschenkt werden.

Leute, die mir etwas schenken, möchten mir eine Freude machen. Das ist schon Geschenk genug.

Ich bringe es nicht übers Herz, die selbstgemachten Geschenke von unseren Kindern aus Kindergarten- und Schulzeit wegzuschmeißen. Wenn ich sie ansehe, ist so viel Liebe darin mitverpackt!

Geschenkideen gefällig? – Bescherung kontra Spende (2/2)

9–13

Pro Spende

Wie viel Arbeit und Mühe hatte meine Mutter vor Weihnachten mit dem Packen von Päckchen und Paketen! Damals war Deutschland noch geteilt. Außer unserer Verwandtschaft in Ostberlin erhielt auch eine Familie aus Metz ein großes Paket von uns. „Sie haben ‚drüben' viele Dinge nicht und freuen sich darüber", sagte meine Mutter immer. Heute ist das ja anders, da kann man an Bedürftige spenden.

Es ist besser, mit der Familie und Freunden die Verabredung zu treffen, sich nichts zu schenken, um den Vorweihnachtsstress nicht noch mehr zu vergrößern. Sie bekommen stattdessen Grüße.

Manchen Geschenken ist anzumerken, dass der Schenker sich fast den Kopf zerbrochen hat. Trotzdem: Was soll ich nun damit? Mir ergeht es oft nicht besser: Vieles, was ich selbst geschenkt habe, ist auch nur Staubfänger oder wird beim nächsten Flohmarkt verkauft.

Da liegt so ein Briefchen mit einem Spendenaufruf. Bevor ich mir den Kopf weiter darüber zerbreche, was ich schenke, sollte ich an Wichtigeres denken: An das Beschenken derjenigen, die nicht so viel haben wie ich. Wichtig ist nur, dass meine Spende an eine „saubere" Organisation geht und nicht an Betrüger!

Neulich stand in der Zeitung, wo man mehr über Spenderorganisationen erfahren kann. Es gibt so ein Spendensiegel von der DZI.

Aufgaben

1. Lies das Gedicht und danach die Texte in den Sprechblasen.
   a) Besprich dich mit einem Partner: Welchem Argument könnt ihr folgen, welchem nicht? Begründet.
   b) Schreibe weitere Argumente auf, die entweder dafür sprechen, sich etwas zu schenken, oder dafür, für einen guten Zweck zu spenden.
2. Wählt eine Gesprächsleitung, und führt eine Diskussion über das Thema Bescherung kontra Spende. Muss das eine das andere ausschließen?
3. Überlege: Wem geht es sehr viel schlechter als dir? Wer benötigt Unterstützung bei uns in Deutschland oder auch in anderen Ländern?
4. Recherchiere im Internet: Welche Organisationen sind deiner Meinung nach spendenwürdig? Was bedeutet das Spendensiegel DZI?
5. Dichte dem Gedicht von Erich Kästner eine weitere Strophe hinzu, die sowohl vom Reimmuster als auch inhaltlich passt. Trage sie anschließend deinen Mitschülern vor.

Weihnachten bei Theodor Storm

5–8

Theodor Storm 1887

Im Dezember 1851 schrieb der Schriftsteller Theodor Storm an Freunde:

„Ich sitze hier in unserm Saal, der das Wohnzimmer für die Festtage ist, und vor mir steht der Wei[h]nachtsbaum und welch einer! Die schönste Tanne meines Gartens, mit der Spitze fast an die Decke reichend, [...] Zuckerzeug von Meier aus Altona; Schl[eswig] H[olsteinische] Dragoner, Trommelschläger, Frösche in natürlicher Größe, [...] Affen und gelbe Wurzeln, etc. etc. kleine nackte Wachskinder, die jedes Mädchenherz entzücken müssen, schweben auf den Tannenspitzen, unzählige Glaskugeln, goldne Eier, goldne Wallnüsse und Pflaumen, denen ich die Arbeit dreier Feierabende widmete, [...] Rosinenguirlanden, Rauschgoldstreifen, buntgefüllte weiße Netze, über deren richtige Construction eine ganze Ratsversammlung gehalten worden [...] Nachdem fünf Personen sechs Stunden damit zugebracht hatten, nur um die Sachen an diesem ungeheuren Baum zu befestigen, wurden denn gestern Abend um 5 Uhr die 60 Wachslichter angezündet; und ich konnte mir mit aufrichtiger Befriedigung sagen: ein solcher Weihnachtsbaum brennt vielleicht heut Abend in ganz Schleswigholstein nicht mehr! [...] Ein eigenes Gefühl war es aber, daß der Baum noch lebendig ist, und nach Neujahr wieder in die Erde soll. Was wird er den Vögeln zu erzählen haben! Hans, der, bis der ersehnte Ruf erscholl, wie eine Stahlfeder, so oft die Tür aufging, gar nicht in der Vorstube zu halten war, wurde denn so mit Spielzeug von allen Seiten überhäuft, daß er eigentlich zu keinem einzelnen ein rechtes Interesse fassen konnte, er bekam 20 verschiedene, zum Teil, größere Sachen, darunter 4 Bilderbücher, und in der Tat die Creme vom diesjährigen Kinderbilderbüchermarkt; [...] Der kleine Ernst hatte an Allem die unausprechlichste Freude, er saß auf der Diele und trommelte auf einer kleinen Trommel, und dann hielt er wieder still, und brach in lauten Triumph und Bewunderung aus, und rief Papa oder Mama oder sonst einen entzückenden Laut aus seiner kleinen Kinderkehle. Der Baum mit seinen Lichtern machte die Luft in dem großen Saal fast glühend, so daß wir die Saaltüren öffnen mußten. Die alte Großmutter saß ganz selig im Sofa bei diesem Kinderschein, sie wünschte uns, daß wir noch viele so schöne Abende verleben möchten [...] Nachdem der Baum etwa anderthalb Stunden gebrannt hatte, wurden die Lichter ausgetan, wogegen Hans freilich aufs Energischste protestierte, und nun gab es in dem ganz verfinsterten Saal Schattenspiel an der Wand und Transparentkasten. Nach 7 [Uhr] die Kinder waren zu Bett gebracht; der Rest der Gesellschaft besah nun die Bilderbücher, [...] die ich für Weihnachtsabend angeschafft hatte. Wir saßen in der angenehmsten Wolke von Tannenbaum- und Weihnachtskuchenduft; dann kam noch das unerlässliche Festgericht, [...] und dann war die Polizeistunde und die vollständigste Müdigkeit da. Für ein kleines Mädchen unsrer Waschfrau hatten wir auch einen Weihnachtsteller ausgerichtet; die war auch unser Gast, und wahrscheinlich der seligste. – Das war unser Wei[h]nachten."

Quelle: Eversberg, Gerd (Hg.): „Theodor Storms Weihnachten, Dokumente, Gedichte, Erzählungen", Husum Druck- und Verlagsgesellschaft, Husum 1993, S. 5–9

Aufgaben

1. Stelle dir vor, Theodor Storm hätte diesen Brief an dich geschrieben. Antworte ihm, und schildere ihm dein Weihnachtsfest.
2. Tausche dich mit einem Partner darüber aus, was bei euch zu Hause zu einem gelungenen Weihnachtsfest gehört.

Kriegsweihnacht (1/2)

Das schützende Transparent

Weihnachten 1946. Finstere Dezembertage. Und drüben, jenseits Oder und Neiße, war es in dieser Zeit noch finsterer. [...] Da lebte in einer schlesischen Kolchose Frau Anna Wunderlich mit ihren drei Kindern. Schon ein Jahr zuvor hatte man ihren Mann nach Rußland mitgenommen. Auf der Kolchose tat sie um einen Hungerlohn Arbeit, um ihre Kinder kümmerlich zu ernähren.
Aber sie bewohnte noch ein großes Zimmer. Und als ich einen Gottesdienstraum suchte, da doch unsere Dorfkirche zerstört war, meldete sie sich: „Kommen Sie in meine große Wohnküche, Stühle besorgen wir aus dem ganzen Haus. Und die Jugend sitzt auf dem Fußboden.“ –
So hielten wir wirklich bei Wunderlichs unsere Gottesdienste. Dann deckte die Hausfrau über den Küchentisch eine rotkarierte Decke, stellte ein schlichtes Holzkreuz darauf und legte die alte Bibel der zerstörten Kirche dazu. Kerzen besaßen wir nicht. [...]

Weihnachtstransparent

Der dritte Advent kam heran. Frau Wunderlich hatte in Lüben zu tun und dabei zufällig eine wunderbare Eroberung gemacht: In einem Haufen von Büchern, in dem sie nach einem Weihnachtsbuch für die Kinder wühlte, fand sie ein Weihnachtstransparent. Man hatte bei der Plünderung der Stadt die Bücher überall aus den Wohnungen auf die leeren Hausflure und Straßen geworfen. Dort lagen sie schmutzig und zerrissen. Aber das Transparent, das Transparent! So kannte es Anna Wunderlich aus ihrer Kindheit. Und so stand es einst in ihrem Elternhaus unter dem Tannenbaum. Was werden nur die Kinder sagen, wenn sie mit dem Bild nach Hause kommt!
Am Abend konnte sie es kaum erwarten. Sie holte das Transparent hervor, reinigte das Papier und stellte es vor den neugierigen Kinderaugen auf den Tisch – mit der Öllampe dahinter. [...]
Jeden Abend hat Frau Wunderlich das Öllämpchen hinter das Leuchtbild gestellt, ehe die Kinder zu Bett gingen. Auch wenn es draußen krachte und schrie und man aus den Betten musste.
„Daß sie uns auch zur Weihnachtszeit nicht in Ruhe lassen“, sage die Älteste zur Mutter.
„Muß wohl so sein“, war die kurze Antwort, „wir kennen es ja nicht anders.“ „Ist der Krieg nicht zu Ende?“ „Nein, bei uns noch nicht – denk an etwas anderes, Kind, denk an Weihnachten.“

Eines Tages wurde es aber doch ernst. Wir hatten am vierten Adventssonntag schon unseren Weihnachtsgottesdienst im Stübchen mit der kleinen Restgemeinde gehalten. [...] Eine schreckliche Nacht folgte. Wir waren zur Ruhe gegangen. Da donnerte es nachts um ein Uhr an das Hoftor. Dann unheimliche Stille. Ein neuer Schlag, der das Tor zersplitterte. Dann stürzten drei Soldaten die Treppe hinauf und schlugen mit Äxten die erste [...] Stubentür ein.

Kriegsweihnacht (2/2)

Es war bei den Nachbarsleuten der Wunderlichs. Was sie taten, war gräulich und schändlich. Das ganze Haus erwachte, und es schrie aus allen Zimmern.
„Gleich werden sie bei uns sein", sagte eins der heulenden Kinder zur Mutter.
„Seid still – es wird alles vorbeigehen."
„Mutter, das Transparent, daß sie uns das Bild nicht wegnehmen!"
Ach, der Frau ging es um mehr! Sie bebte am ganzen Körper. Was soll nun werden? Schon schlug die Axt auch an ihre Tür: „Aufmachen!" Da tat die Mutter instinktiv das Richtige. Sie stellte rechtzeitig das Transparent auf den Tisch und entzündete dahinter die Öllampe. Dann öffnete sie die Tür. Die drei Soldaten stürzten herein. Der Kommandant der Bande zuerst. Wortlos blieben sie stehen. Wie gebannt schauten sie sich um, sahen die Kinder in den Betten, die betende Frau auf dem Stuhl sitzen – und das leuchtende Bild auf dem Tisch. Wie jeden Abend strahlte es in den finsteren Raum, das ewige Geheimnis Gottes verkündigend. Als ob es alles verwandeln wollte, alle Finsternis und Grausamkeit.
Der Kommandant trat näher und betrachtete das Transparent. Die beiden anderen folgten ihm. Hätte er nicht die Macht gehabt, das kindliche Bild vom Tisch zu stoßen und mit seinen Grausamkeiten zu beginnen? Nein! Er beugte sich zu dem Bild, betrachtete es und sprach etwas auf russisch mit den beiden anderen. Der Schein des Bildes leuchtete auf den drei Gesichtern. Ihre Stimmen wurden milder und sanfter. Noch vor fünf Minuten mit dem grausigen Handwerk beschäftigt – nun vor der Krippe des Herrn […]
„Dawei, dawei, " sagte der Kommandant. Und damit verschwanden alle drei Soldaten aus dem Zimmer. Nur der Kommandant schaute noch einmal kurz beim Hinausgehen auf das Leuchtebild.
Dann polterten sie die Treppe hinunter. Für diese Nacht waren alle gerettet. Anna Wunderlich schloß dankbar die Stubentür, sprach ihr Abendgebet und löschte das Öllämpchen hinter dem Transparent aus.

Quelle: Irmler, Rudolf: „Lichter der Weihnacht", Brendow, Moers 1982, S. 36–40

Aufgaben

1. Partnerarbeit: Lest den Text, bearbeitet folgende Fragen im Gespräch, und notiert Antworten:
   a) Welche Grundbedürfnisse, nicht nur körperlicher Art, haben die Personen in dem Bericht?
   b) Wie stillen sie ihre Bedürfnisse?
   c) Auf welche Weise wirkt hier die Weihnachtsgeschichte mit?
   d) Welche eurer Bedürfnisse werden angesichts dieses Berichts weniger wichtig?
2. Recherchiert im Internet: In der Kaiser-Wilhelm Gedächtniskirche in Berlin ist die Zeichnung eines Soldaten von Maria mit dem Kind ausgestellt. Findet heraus, wann und unter welchen Bedingungen sie entstand. Welche drei Grundbedürfnisse hat der Zeichner rechts neben das Bild geschrieben? (Suchbegriff: Stalingradmadonna)
3. Findet andere Berichte über Weihnachten zu Kriegszeiten – auch aktuelle – und stellt sie euren Mitschülern vor.

5–13

Weihnachten früher – ein Rückblick in die 50er-Jahre (1/2)

Eine Zeitzeugin erzählt

Damals gab es noch Schnee. Jede Menge! Die Zeit bis Weihnachten verging uns Kindern viel zu langsam. Natürlich bekam jedes Kind einen Adventskalender. Aber keinen mit Schokolade! Auf den dünnen Papp-Kalendern mit 24 Türchen war eine Weihnachtslandschaft zu sehen oder ein Haus mit vielen Fenstern und einer großen Tür. Hinter jedem Türchen verbarg sich ein schönes Bild. Auf den besonders schönen Kalendern glitzerte der aufgemalte Schnee sogar. Wir besaßen auch ein Adventshäuschen, das man aufstellen konnte. Da hinein kam eine Kerze. Ihr Schein strahlte durch die schon geöffneten Fensterchen, und wir waren von glücklichsten Vorweihnachtsgefühlen erfüllt.

Am Sonnabend vor dem ersten Advent sammelten wir Tannenzweige aus dem Wald. Daraus band meine Mutter einen großen, dicken Adventskranz. Wir Kinder liebten es, unter dem Adventskranz zu sitzen und zu singen.

Unter dem Adventskranz

Am Nikolausabend mussten dann die Lederschuhe und Stiefel auf Hochglanz geputzt werden. Eigentlich sollten wir sie jeden Sonnabend putzen. Doch am Vorabend des Nikolaustages taten wir dies noch viel gründlicher. Sonst blieben die Schuhe leer. Vorsichtshalber brüllten wir aus voller Kehle in der Schule vorher das Lied: „Niklaus ist ein guter Mann". Zum Nikolaus gab es meistens dicke, selbstgestrickte Wollsocken. Sie waren jetzt sehr nötig gegen kalte Füße in den Lederstiefeln. Meine große Schwester bekam einmal ein Wunderknäuel, ein dickes, blaues Wollknäuel. Wenn sie die Wolle zum Stricken benutzte, was sie fleißig tat, fielen ab und zu kleine Überraschungen aus dem Knäuel: ein Würfel, eine kleine Holzfigur, ein Bonbon, sogar ein Ring – unecht natürlich, aber wunderschön!

Mandarinen und Nüsse gab es nur jetzt zur Weihnachtszeit. Das Schönste waren die selbstgebackenen Lebkuchen, Spritzgebäck und ausgestochene Mürbeteigplätzchen mit Nüssen und Mandeln! Wenn wir zur Schule gingen und beim Sonnenaufgang den glutroten Himmel sahen, sagten wir: „Die Engel backen im Himmel Lebkuchen." Es war eine wunderschöne Zeit, wenn wir in der gemütlich warmen Küche Plätzchenteig ausstechen durften. Aber nicht zu viel Teig naschen – das gab Bauchweh!

Im Haus wurde es immer geheimnisvoller. Meine fünf Geschwister tuschelten herum. Jedes war mit Weihnachtsvorbereitungen beschäftigt: Topflappen häkeln, Schals stricken, Apfelmännchen basteln, Weihnachtsfiguren mit der Laubsäge sägen, Weihnachtsgedichte kunstvoll aufschreiben, illustrieren und mühevoll auswendig lernen. „Kannst du mich mal abfragen?" hieß es dann. Die Eltern durften ja nichts von der Überraschung wissen. Überall gab es Verstecke für Geschenke: hinten im Schrank oder unter dem Bett, aber wehe, jemand kam dahinter! Dann gab es einen riesengroßen Krach. Meine Mutter packte währenddessen Pakete für unsere Verwandten. Unsere Großtante aus der Ost-Zone schickte einen roten hölzernen Adventsleuchter mit Engeln. In der Schule wurde ein Krippenspiel eingeübt. Da musste wieder auswendig gelernt werden.

Am Morgen des Heiligen Abends war bei uns noch viel zu tun: putzen, Essen vorbereiten… Jedes Mal dachte ich: „Das schaffen wir nie bis heute Abend!" Aber irgendwie ging es doch immer. Den Tannenbaum in der großen Wohnstube durften wir natürlich noch nicht sehen. Dort war nun abgeschlossen und etwas vor das Schlüsselloch gehängt worden, damit wir neugierigen Kinder auch nicht das kleinste bisschen mitbekamen, was drinnen geschah.

AB Weihnachten früher – ein Rückblick in die 50er-Jahre (2/2)

Meine Mutter schickte mich zu Botengängen nach draußen. Ich sollte die letzten Zutaten einkaufen oder Geschenke und Karten wegbringen. Es war sehr anstrengend, immer wieder mit einem neuen Auftrag loslaufen zu müssen, aber auch schön, wenn unsere Nachbarn und Bekannten sich über die Geschenke freuten.

Nach dem Mittagessen beruhigte sich alles, und wir warteten sehnsüchtig auf die Dämmerung. Alle machten sich weihnachtsfein, übten noch einmal ihr Gedicht, und dann läuteten die Glocken für die Christvesper. In der kalten Kirche sangen wir die Weihnachtslieder, so laut wir konnten: „Vom Himmel hoch da komm ich her", „Tochter Zion freue Dich", „Lobt Gott, ihr Christen alle gleich", „Ehre sei Gott in der Höhe", „Es ist ein Ros entsprungen", „Nun singet und seid froh" und natürlich „O du fröhliche". Dabei sahen wir den riesigen Tannenbaum an, auf dem die vielen Kerzen brannten und im Lufthauch flackerten. Das war so feierlich, dass wir die Kälte nicht mehr spürten.

Zu Hause durften wir anschließend noch immer nicht ins Weihnachtszimmer. Erst deckten wir den Tisch und halfen beim Kochen. Es gab Bratwurst mit selbstgemachtem Sauerkraut und Kartoffeln aus unserem Garten. Das Schönste war der Nachtisch: Zum ersten Mal aßen wir von unserem eingekochten Erdbeerkompott. Auf dem Tisch standen Kerzen, und alles sah sehr weihnachtlich aus. Während des Essens hörten wir im Radio die Weihnachtsgrüße der Seeleute an ihre Verwandten zu Hause. Nach dem Abwasch mussten wir noch einmal warten, bis uns die Glocke aus dem Weihnachtszimmer endlich erlöste. Mit unseren gebastelten Geschenken unter dem Arm stolperten wir hinein, auf den großen, strahlenden Tannenbaum zu. Wir sangen „Ihr Kinderlein kommet" und sagten unsere Gedichte auf. Unser Vater las die Weihnachtsgeschichte, während wir heimlich zu den Gabentischen hinüberschielten. Sie waren alle mit Bettlaken abgedeckt. Dann sagte meine Mutter endlich an, welcher Gabentisch zu wem gehörte, und der Jubel brach los.

Mein allerschönstes Geschenk war eine kleine, eingerichtete Puppenküche. Mein Bruder bekam einmal eine Dampfmaschine, die sehr laut pfeifen konnte. Er schaffte

Bescherung

es sogar, sie explodieren zu lassen. Toll war auch eine Blechspardose: In einem Häuschen saß ein Specht. Wenn man einen Groschen vor ihn legte, nahm er ihn in den Schnabel und verschwand damit im Häuschen. Meine älteren Geschwister bekamen manchmal Schlittschuhe und Lederstiefel dazu. Die Schlittschuhe konnte man passend unter die Stiefel schrauben. Nach Weihnachten kam meist strenger Frost. Zuerst froren die überfluteten Wiesen zu. Darauf konnte man herrlich gefahrlos Schlittschuh laufen. Und das Beste war: Wir hatten noch eine Woche lang Ferien und jede Menge Zeit, Kunststückchen auf dem Eis einzuüben.

Aufgabe

Lies den Text, und schreibe deine eigene Geschichte zum Vergleich. Mache dabei die Unterschiede zwischen den 50ern und heute deutlich. Vergleichen kannst du z.B.: Anzahl der Geschwister – zu Hause helfen – finanzielle Lage – Art der Adventskalender und Nikolausgaben – in der Familie gepflegte Bräuche – welche Geschenke und für wen? – das Festessen – Kinderspiele

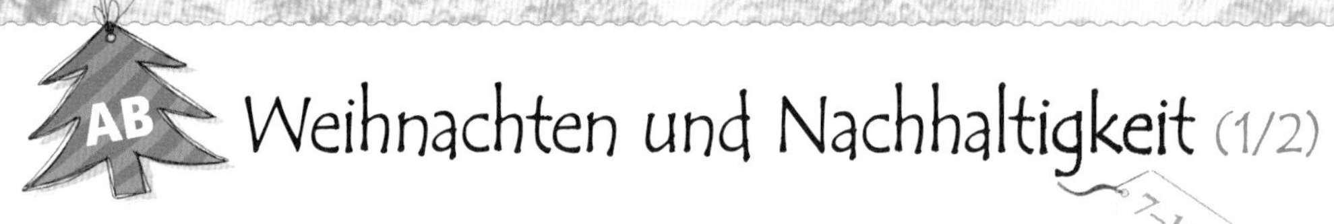

Schenkst Du mir Geschenkpapier

Steh ich da so in einem Laden, wo es lauter Sachen gibt, die kein Mensch gebrauchen kann. Na, Sie wissen schon: Glasfiguren, Untersetzer, Igel, Schweine, Zwerge, Aschenbecher – so eine „Geschenke-Boutique", nicht wahr. Also, ich such da was und find nix – da beobachte ich, wie eine vornehme Dame sich von der extravaganten Boutique-Besitzerin das Geschenkpapier erklären lässt. „Diese Geschenkpapierbogen", sagt die Boutique-Tante, „sind von dem italienischen Designer Mario Manetti entworfen. Und diese Motive hier in Silberdruck von dem Franzosen Jean Duvreaux. 3 Euro der Bogen." „Fabelhaft. Phantastisch. Diese Ästhetik, diese spielerische Ornamentalistik", schwärmt die vornehme Dame. „Ich nehme sechs Bogen von jedem." Sie blickt noch einmal entzückt auf das Papier-Design – und dann kommt der Nachsatz, der mich stutzen lässt: „Und wickeln Sie es mir bitte als Geschenk ein."
Ich bin sonst eher schüchtern fremden Damen gegenüber, aber jetzt platze ich doch heraus:
„Als Geschenk? Sie verschenken Geschenkpapier? Kann man das heutzutage?" Die Dame sieht mich kritisch an. „Natürlich. Meine Schwester sammelt Geschenkpapiere. Dies ist ein Design von Manetti." „Und von wem ist das Design von dem Geschenkpapier für das Geschenkpapier?" frage ich. „Das ist nur ein Schmidt-Brevo. Sein diesjähriges Weihnachtsdesign. Wir nehmen es zum Einwickeln." „Und Ihre Schwester?" frage ich die Dame. „Wickelt die in das Geschenkpapier Geschenke ein?" „Wohl kaum. Sie sammelt Geschenkpapiere. Sie ist eine Spezialistin darin."
Ich gehe aus dem Laden und muss an meine Tante Lotte denken. Die war auch eine Spezialistin. Sie sammelte nicht nur Geschenkpapiere, sondern Einwickelpapier aller Größen und Farben. Sie sammelte auch Kartons, Margarine-Becher, Eis-Pappbecher, Plastiktüten, Kaffeedosen. Weihnachtspapier bügelte sie wieder auf, damit es wie neu war. Zwei Kleiderschränke und der halbe Keller waren voll davon, als Tante Lotte starb.
„Wenn schlechte Zeiten kommen, kann man das alles wieder brauchen", sagte sie immer.

Quelle: Scheibner, Hans: „Wer nimmt Oma? Weihnachtssatiren", Ellert & Richter, Hamburg 2003, S. 30/31

Zur Weihnachtszeit fällt bei uns immer sehr viel Müll an. Eigentlich ist es eine Unsitte, die Geschenke aufwändig zu verpacken. Aber es hat sich halt so eingebürgert, weil die Kinder gerne auspacken und gespannt sind, was dabei herauskommt. Besonders „Schummelpakete" mögen sie gern.

Da steht diese hübsche Weihnachtsdose, in die die selbstgebackenen Kekse passen. Wieder ein Verpackungsproblem weniger!

Ich packe höchst ungern Geschenke ein. Wo andere liebevoll falten und Schleifen binden, werde ich ungeduldig und bekomme schlechte Laune. Ich kriege es einfach nicht gut hin. Das Papier will nicht so wie ich, und die Schleife sitzt nicht. Es sieht immer schlecht aus. Deshalb lasse ich es möglichst im Geschäft verpacken. Umweltfreundlich ist das nicht, nur bequem.

Inzwischen weiß jedes Kind, dass Papier aus Holz gemacht wird und es unverantwortlich ist, dafür Urwälder zu roden.

Weihnachten und Nachhaltigkeit (2/2) 7–13

Selbstgemachte Marmeladen und Ähnliches benötigen keine Verpackung, höchstens eine kleine Schleife.

Gern benutze ich Stoff- oder Jutesäckchen, die man wieder verwenden kann. Für Kleinformatiges gibt es edel aussehende Chiffonbeutel, die mit einem glänzenden Satinband zugezogen werden. Das sieht gut aus und ist immer wieder benutzbar. Es gibt eine Vielfalt an textilen Geschenkverpackungen. Auf Basaren wird so etwas oft angeboten.

Unsere inzwischen großen Kinder sind sehr unkonventionell: Sie verbieten mir, das zerknitterte Geschenkpapier wegzuwerfen. Es sei viel zu schön, außerdem erinnert es sie an ihre Kindheit und hat sozusagen Kultstatus. Na gut. So kann ich auch Müll vermeiden.

Viele schöne Geschenke müssen gar nicht verpackt werden: Über eine Amaryllis oder eine Christrose freut sich jeder, der Blumen mag. Eine Nachbarin, der ich eine Amarylliszwiebel schenkte, zeigte mir nach Weihnachten stolz das Ergebnis. Es war überwältigend und hat ihr sehr viel Freude bereitet.

Für die Familie kann ich schon mal das alte Zeug wieder benutzen. Meine Mutter pflegte auch die alten Papiere aufzuheben und bügelte vor Weihnachten sogar die Geschenkbänder wieder glatt.

Selbst unser Christbaum wird wieder verwendet: Im Frühling kommt er in den Schredder und wird als Mulch zwischen die Himbeerruten oder unter die Rhododendron-Büsche gestreut.

Aufgaben

1. Lies die Texte, und bilde dir deine eigene Meinung zum Verpackungsproblem. Schreibe sie auf.
2. Diskutiert anschließend in der Klasse darüber, und haltet die verschiedenen Meinungen an der Tafel fest.
3. Sammelt gemeinsam Vorschläge für nachhaltige Geschenke, und listet sie auf. Was habt ihr sonst noch für Ideen, wie man Weihnachten nachhaltig gestalten kann? Überlegt gemeinsam.

Marktforschung: Adventskalender im Vergleich

8–13

Darum geht es

Die Schüler sehen sich verschiedene Adventskalender an, recherchieren über das Adventskalenderangebot im Internet und vergleichen die Kalender. Sie sollen erkennen, dass bei vielen Kalendern inzwischen der Werbezweck im Vordergrund steht.

Material/Vorbereitung

Legen Sie in der Klasse **verschiedene Adventskalender**, z.B. „Der andere Advent" (www.anderezeiten.de), Adventskalender mit Türchen, Schokoladen-Adventskalender (oder Bilder von solchen Kalendern), aus, und sorgen Sie für einen **Internetzugang**.

Schüleraufgaben

1. Wähle einen der ausliegenden Adventskalender, oder suche einen Adventskalender, der im Internet angeboten wird, und beschreibe ihn genau.
   a) Hat der Kalender einen Namen, oder findest du die Marke heraus?
   b) Welchen Zeitraum deckt er ab?
   c) Welches Format/welche Form hat er?
   d) Wie ist er aufgemacht, und wie ansprechend ist er?
   e) Wie ist das Verhältnis zwischen Text und Bildern? Wovon gibt es mehr?
   f) Welchen Personenkreis will der Kalender ansprechen?
   g) Geht es in dem Kalender noch um Weihnachten, oder verfolgt er andere Ziele? Welche Botschaft hat er?

2. Stellt euren Kalender der Klasse vor. Wählt anschließend euren Favoriten – welchen Kalender mögt ihr am liebsten?

Tipp

Es gibt mittlerweile ganz verschiedene Arten von Adventskalendern, z.B. virtuelle Adventskalender, Adventskalender in Buchform mit Texten und Bildern für jeden Tag, Adventskalender mit Backrezepten oder verschiedenen Teesorten für jeden Tag, Adventskalender von Firmen mit täglich wechselnden Sonderangeboten, Kalenderhäuschen, Gebäude im Stadtteil als Adventskalender, in denen sich täglich ein neues erleuchtetes Fenster öffnet, Kerzen, von denen jeden Tag ein Stück mehr abbrennt …

10–13

Wer nimmt Oma? Oder: Was bedeutet mir Weihnachten?

s. AB auf S. 53/54

Darum geht es

Die Schüler lesen die Satire „Wer nimmt Oma?" von Hans Scheibner, spielen die darin erwähnten Personen, indem sie deren Meinungen in einem Gesprächs-Rollenspiel wiedergeben. Sie diskutieren anschließend über die Satire und vergleichen sie mir ihrer eigenen Wirklichkeit.

Material/Vorbereitung

Kopieren Sie die **Arbeitsblätter** für alle Schüler.

Durchführung

Anregung zum Gespräch: Was ist hier der ernste Hintergrund? Ist die Satire wirklich übertrieben?

Tipp

Die Satire gibt es auch als Hörbuch auf CD: Scheibner, Hans: „Wer nimmt Oma?", Hörbuch Hamburg, Hamburg 2008. ISBN 978-3-89903-626-8, 12,95€

Wer nimmt Oma? (1/2)

10–13

Die Frage ist doch die: Wenn Herbert und Helga Oma Pinneberg Heiligabend zu sich nehmen, dann müssen Gerda und Michael mit den Kindern zu Oma Lüneburg fahren – denn die kann man ja Heiligabend unmöglich allein lassen. In diesem Falle müssten dann Herbert und Helga Oma Pinneberg am ersten Weihnachtstag zu Gerda und Michael bringen und Oma Lüneburg nachmittags zum Kaffee besuchen. Nun sagt Michael, das sei alles dummes Zeug, weil: Herbert und Helga könnten doch die beiden Omas alle beide Heiligabend nehmen und sie am ersten Weihnachtstag an Michael und Gerda weiterreichen. Dann wär das doch alles ein Abwasch.
Aber Michael hat natürlich keine Ahnung, denn Oma Pinneberg und Oma Lüneburg zusammen: Das gibt ja Mord und Totschlag. Die haben sich noch nicht einmal auf der Beerdigung von Onkel Kalli guten Tag gesagt. Alles noch wegen der Affäre von Opa Erni, also Oma Lüneburgs verstorbenem Mann, mit dieser Garderobenfrau vom Schauspielhaus. Oma Pinneberg hat doch damals gesagt, dass Oma Lüneburg selber schuld ist, wenn ihr Mann fremdgeht, weil sie mit ihrem Dünkel, da muss ja der beste Mann … Aber das ist sowieso ne Geschichte für sich. Das Problem ist ja nun, dass Herbert sagt: Er will *einmal* in seinem Leben mit Helga, seiner Frau, allein Heiligabend feiern! „Einmal nur im Leben! Und gerade *weil* wir keine Kinder haben! Ist denn das zu viel verlangt!?" Deshalb hat er mit Helga einen Riesenkrach gehabt. Die hat richtig geheult und hat gesagt: Sie lässt ihre arme, alte Mutter am Heiligen Abend nicht allein. Und auch nicht allein bei ihrem Bruder Michael, wo ihre Mutter nicht mal ein Glas Korn trinken darf! Und Weihnachten ist das Fest der Familie, hat Gerda geschluchzt, da gehören Eltern und Kinder zusammen. Und sie sei nun mal die Tochter ihrer Mutter!

– „Das hab ich ja auch gar nicht bestritten!" hat Herbert wieder dazwischengerufen. Und dann wieder Helga: Er sei es ja überhaupt gewesen, der keine Kinder gewollt habe. Und das rächt sich eben Heiligabend!
Na schön, Herbert hat dann eingelenkt und gesagt: „Dann nehmen wir eben Oma Pinneberg Heiligabend zu uns, und dafür nehmen Gerda und Michael Oma Lüneburg, und am ersten Weihnachtstag machen wir Oma-Tausch. Und damit die beiden sich nicht begegnen, fahr ich mit Oma Pinneberg zur selben Zeit hier los, wie Michael mit Oma Lüneburg zu uns losfährt."

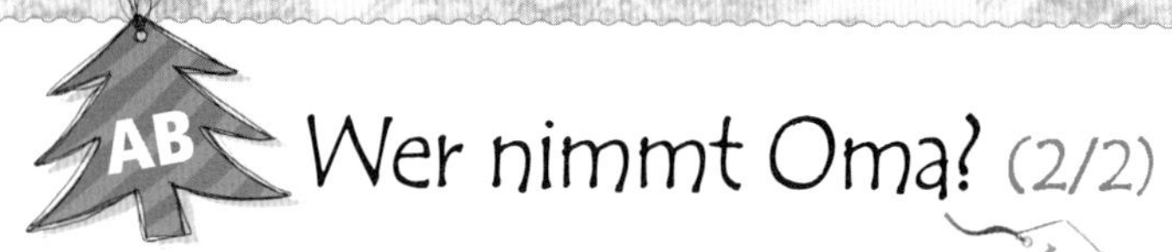

Wer nimmt Oma? (2/2)

10–13

Helga hat Gerda den Vorschlag am Telefon erklärt. Aber da war Gerda, also Michaels Frau, nun ganz außer sich. Ob sie vielleicht ein Altersheim wäre. Und was sie denn überhaupt mit Helgas Mutter zu tun hat, denn die ist ja nur angeheiratet. Und Michael hätte ja auch noch ne Mutter, und die müssen sie am zweiten Weihnachtstag in Maschen besuchen. Außerdem kommt am ersten noch ihre Freundin Susanne vorbei, die frisch geschieden ist, und die kann sie unmöglich ausladen, sonst nimmt die über Weihnachten noch Schlaftabletten. Und Herbert und Helga sollten sich überhaupt schämen, denn die haben ja ein Haus und könnten alle Omas und dazu noch Onkel Otto aus dem Heim zu sich nehmen.
Na, Helga hat natürlich zurückgeschlagen: Das ist eine Unverschämtheit! Wenn Gerda nicht so ein Luxusweibchen wäre und sich trotz der vielen Kinder mit Pelzen und Schmuck behängen würde, dann bräuchten sie auch nicht mehr in dieser Genossenschaftswohnung zu hausen! Im Übrigen aber: Oma Lüneburg *will* ja unbedingt dahin, wo die Kinder sind, also zu Gerda und Michael!! Wegen der strahlenden Kinderaugen, und das ist sowieso alles zum Verrücktwerden.
Ja, das ist nun der Stand der Dinge, eineinhalb Wochen vor Weihnachten.
Michael sagt: „Wenn man bedenkt, dass Oma Pinneberg ja schon völlig tüdelig ist und sowieso nicht mehr mitkriegt, wo sie eigentlich ist – das ist doch richtig ein gutes Zeichen für uns alle: dass wir uns so viele Gedanken um die Alten machen. Oder?"

Quelle: Scheibner, Hans: „Wer nimmt Oma? Weihnachtssatiren", Ellert & Richter, Hamburg 2003, S. 96–98

Aufgaben

1. Lest den Text. Findet dann Partner für die Rollen der in der Geschichte erwähnten Personen Michael, Herbert, Helga und Gerda. Ein Erzähler könnte auch sprechen. Inszeniert ein Rollenspiel am Telefon, und spielt die Familienmitglieder wie im Text beschrieben. Sagt euch dabei gegenseitig gehörig die Meinung!
2. Trefft euch nun zur Diskussionsrunde, und besprecht mit der ganzen Klasse:
   a) Spürt einmal nach: Wie fühlt sich die Tochter/Schwiegertochter? Wie fühlt sich der Sohn/Schwiegersohn?
   b) Findet ihr es unangemessen, dass die Omas den Wunsch haben, Heiligabend bei ihren Kindern und Enkeln zu verbringen?
   c) Überlegt, was wohl die Omas zu diesen Problemen sagen könnten.
   d) Dieses Stück ist eine Satire. Wen will der Satiriker aufs Korn nehmen? Hat er sehr übertrieben, oder kennt ihr diese Probleme?
   e) Weihnachten als Familienfest – wie wird das in deiner Familie gelöst und organisiert? Welche Probleme tauchen dabei auf?
   f) Ist es wichtig, alle zufrieden zu stellen, oder worauf kommt es deiner Meinung nach an? Muss man auf bestimmte Personen Rücksicht nehmen? Wenn ja, wer auf wen?
3. Überlege: Warum spielen Weihnachten „alle verrückt"? Notiere deine Überlegungen, und tausche dich anschließend mit einem Partner aus. Wie würdest du Weihnachten am liebsten verbringen/gestalten?

24 x Weihnachtliche Bräuche von A bis Z

5–13

Darum geht es

Um Kindern die Wartezeit bis zum 24. Dezember zu erleichtern, kreierte man seit dem 19. Jahrhundert Adventskalender. Früher waren es Transparente, hinter deren Türchen Bibelsprüche zu lesen waren. Später kamen Papierkalender mit Wintermotiven auf, hinter deren Türchen sich bunte Bilder verbargen. Dem folgten Pappkalender mit Schokoladeninhalt, Kalender mit 24 Stoffbeuteln, Socken, Papphäuschen, Päckchen und so weiter. Es gibt auch Adventskalender-Bücher, wie z.B. von Cornelia Funke: „Hinter verzauberten Fenstern. Eine geheimnisvolle Adventsgeschichte", Fischer, Frankfurt 1995, geeignet für Klasse 5. Inzwischen hat man die Qual der Wahl zwischen unzähligen Varianten. Der größte Adventskalender erstrahlt nach Einbruch der Dunkelheit, wenn sich zum vereinbarten Tag ein festlich geschmücktes Fenster im Dorf oder im Stadtteil öffnet („Lebendiger Adventskalender").

Hier finden Sie nun verschiedene Anregungen, wie Sie auch mit Ihrer Klasse einen Adventskalender erstellen können.

Material/Vorbereitung

Für die beiden ersten Kalenderformen werden **Scheren**, **Kleber**, verschiedenfarbige **Stifte**, **Lineale**, ggf. Zirkel, benötigt. Hinweise auf die im Einzelfall benötigten Materialien finden Sie unten.

Die Materialien, Abbildungen und kleinen Überraschungen für die Kalender sollten rechtzeitig vorher gesammelt bzw. eingekauft werden!

Adventuhr (Klasse 5–7)

Material (außer dem Inhalt):

2 Bögen festen Karton in DIN-A3-Format, eine Briefklammer, Schere, Kleber, Stifte, farbige Papiere, evtl. passende Abbildungen

Anleitung:

Bei der Adventuhr werden auf einen Bogen Karton die Zahlen 1–24 im Kreis angeordnet und in der Mitte mit einem Zeiger, der dann jeden Tag weitergedreht werden kann, versehen. Dazu wird ein Zeiger aus dem zweiten, möglichst andersfarbigen Bogen – ausgeschnitten und mit einer Briefklammer an das „Zifferblatt" gepinnt. Über jeder Zahl kann in einem kleinen Kreis ein Text oder auch ein kurzes Gedicht geschrieben, ein Bild gemalt oder auch ein Foto aufgeklebt werden. Die besonderen Tage, wie Barbaratag, Nikolaus, Heiligabend, werden besonders hervorgehoben. Hier können die Schüler kreativ werden und vielfältige Ideen entwickeln!

Adventskalender (2/2)

5–13

Adventband (Klasse 10–13)
Material (außer dem Inhalt):
ein ca. 1,5 m langes und ca. 8–10 cm breites, rotes Satinband, 24 große Walnusshälften, ein Permanent-Marker, kleine Zettel aus möglichst dünnem Papier
Anleitung:
Auf das Adventband werden untereinander Walnusshälften aufgeklebt, die mit Zahlen versehen sind. Dazu schreibt man die Zahlen mit einem Permanent-Marker direkt auf die Nusshälften. In den Walnusshälften werden Miniatur-Figuren oder – geeigneter für ältere Schüler – kleine Zettelchen mit Texten versteckt. Es können Gedichte sein oder Gutscheine für etwas, ein Kompliment für denjenigen, der die Nusshälfte an diesem Tag ablöst, Rezepte u.Ä.
Variationen: Als Weihnachtsduft-Kalender werden die Nusshälften mit Nelken, Zimt, Pomeranzenschalen u.Ä. gefüllt. Ist der Kalender von der Lehrkraft für die Klasse bestimmt, eignen sich kleine Briefchen für die Schüler, auf denen Guthaben stehen, z.B.: Heute brauchst du keine Hausaufgaben in Deutsch zu machen. Oder: Dein Klassendienst wird dir erlassen u.Ä. Die Schüler können diese Gutscheine auch als „Joker" benutzen und innerhalb des Dezembers zu einem günstigen Zeitpunkt einlösen. Ein Mischmasch von alldem ist natürlich auch möglich!

Brief-Kalender (Klasse 10–13)
Material (außer dem Inhalt):
24 bunte Briefumschläge, 24 Wäscheklammern, farbiges Papier, eine ca. 3 m lange Kordel.
Anleitung:
Wem die Nuss-Bastelei zu aufwändig ist, steckt Zettel oder kleine Überraschungen in Briefumschläge, befestigt sie mit kleinen Wäscheklammern an einer Kordel und hängt diese in der Klasse auf.

Weitere Gestaltungsvorschläge finden Sie im Kapitel Weihnachtliche Dekorationen und Basteleien.

Tipp
Informatives über den ersten Adventskalender bieten z.B. http://de.wikipedia.org/wiki/Adventskalender, www.youtube.com/watch?v=GvqEY7ce0sw (für jüngere Schüler) oder www.sellmer-verlag.de/adgesch.htm.

Adventskranz

s. AB auf S. 59–61

Darum geht es

Die Schüler informieren sich über das Aussehen des Adventskranzes und recherchieren zu seiner Symbolik und Entstehung. Anschließend stellen sie selbst einen Adventskranz für den Klassenraum her.

Material/Vorbereitung

Kopieren Sie die **Arbeitsblätter** für alle Schüler, und stellen Sie einen **Internetzugang** sicher.
Je nach Zeit und Geschmack der Schüler wird ein **Strohkranz und Tannenzweige** oder ein **fertig gebundener Kranz** benötigt sowie **rote Bänder, Stumpenkerzen, Kerzenhalter, Blumendraht** und evtl. Zapfen. Die Kerzen können auch selbst gedreht werden (s. AB „Kerzen drehen" auf S. 139). Des Weiteren werden eine Gartenschere, eine **Stoffschere**, ein **Seitenschneider** oder eine **Kombizange** benötigt.

Lösung

Aufgabe 3: Grün = Leben, Hoffnung; Rot = Liebe, Feuer; Weiß = Unschuld, Reinheit (Recherchetipp: http://de.wikipedia.org/wiki/Farbsymbolik oder www.mara-thoene.de/html/farbensymbolik.html)

Tipp

Falls es mit der Klasse zu lange Diskussionen und Meinungsverschiedenheiten über das Aussehen des Kranzes gibt, einigt man sich auf ein traditionelles Aussehen des Kranzes (s. AB).

Barbaratag

s. AB auf S. 62

Darum geht es

Die Schüler lernen den Barbaratag kennen und stellen einen Barbarastrauß zusammen. Sie beobachten das Aufblühen des Straußes und setzen dies in Beziehung zur Weihnachtsbotschaft: In der Bibel kündigen bereits die Propheten die Geburt Jesu als „Spross" aus Davids Geschlecht an. Da heißt es z.B.: „Siehe, Tage kommen, spricht der HERR, da werde ich dem David einen gerechten Spross erwecken. Der wird als König regieren und verständig handeln und Recht und Gerechtigkeit im Lande üben" (Jeremia 23,5). Das Aufsprießen des Barbarastraußes versinnbildlicht dieses.

Material/Vorbereitung

Sorgen Sie für einen **Internetzugang** und einige **Bibeln,** und holen Sie ggf. die **Erlaubnis zum Beschneiden** der Büsche und Bäume ein. Des Weiteren werden eine **Gartenschere**, eine fest stehende Vase und ggf. **Baumschmuck** – gern selbstgebastelt – benötigt.

Lösung

Aufgabe 1: Von der Heiligen Barbara.
Aufgabe 2: Die Menschen erwarteten den Messias, den Christus, der als Spross aus dem Geschlecht Davids kommen soll. Als Sprössling/Spross wird ein aufwachsendes Kind in einer Familie bezeichnet, in diesem Falle Jesus Christus.
Aufgabe 3a: Der Legende nach lebte Barbara im 4. Jahrhundert und bekehrte sich gegen den ausdrücklichen Willen ihres Vaters zum Christentum und lebte als erste Nonne unverheiratet. Als er sie daraufhin misshandelte, traf ihn ein Blitzschlag. Barbara wurde heiliggesprochen, und der 4. Dezember erhielt ihren Namen. Man sagte früher, dass die Zweige, die man am 4. Dezember ins Warme holt, damit sie zu Weihnachten blühen, uns Zukünftiges prophezeien: Junge Mädchen stellten die Zweige mit den Namen ihrer Liebsten ins Wasser. Verdorrte ein Zweig, würde die Liebe nicht halten. Für den Strauß eignen sich besonders gut Zweige von Obstbäumen und Forsythien.

Adventskranz (1/3) 7–13

Beim Basar in der Gärtnerei der Lebenshilfe e.V. lagen sie: schöne Adventskränze in verschiedenen Größen und vom Preis her akzeptabel. Außerdem erfüllt das hierfür bezahlte Geld einen guten Zweck: In dieser Gärtnerei erhalten Frauen und Männer eine Arbeit, die auf Grund einer geistigen, seelischen, körperlichen oder anderen Behinderung auf dem Arbeitsmarkt kaum Chancen hätten.

Zur Geschichte des Adventskranzes

Es war im Jahr 1839, als sich Johann Hinrich Wiechern die Sache mit dem Adventskranz und den Kerzen ausdachte. Er hatte in der Nähe von Hamburg das „Raue Haus" gegründet (ein altes Bauernhaus), in dem er sich um Straßenkinder und andere Bedürftige kümmerte. Damit den Kindern das Warten auf Weihnachten nicht so schwer fiel, erfand er den Adventskranz. Auf seinem Kranz gab es außer vier weißen Kerzen für jeden Adventssonntag noch kleine rote Kerzen für die Wochentage dazwischen. Lag Weihnachten auf dem 4. Advent, waren es 22 Kerzen, lag es am Samstag danach, waren es 28 Kerzen, die auf den Adventskranz aufgesteckt wurden. Einen solchen Adventskranz gibt es heute noch. Die Farben Weiß, Grün und Rot dieses Adventskranzes haben Symbolcharakter.

Traditioneller Adventskranz nach J. H. Wichern

Heute gehört der Adventskranz in vielen Haushalten fest zur Vorweihnachtszeit, und jedes Kind kennt das Lied: „Advent, Advent, ein Lichtlein brennt! Erst eins, dann zwei, dann drei, dann vier. Dann steht das Christkind vor der Tür."

Erinnerungen

Eine ältere Dame erzählt: „Die Tradition des Adventskranz-Bindens übernahm ich von meiner Mutter. Sie hatte kein Untergerüst aus Stroh, sondern bastelte es sich aus alten Zeitungen und Draht selbst zusammen. Wir Kinder wurden in den Wald geschickt, um dort Tannenzweige aufzusammeln. Daraus wurde der Kranz gebunden. Vier rote Kerzen steckte sie auf den Adventskranz – für jeden Sonntag im Advent eine – und darunter befestigte sie große, dicke Tannenzapfen. Dann knotete sie rote Bänder an den Kranz. Mein Vater stieg schließlich auf die schwere, hölzerne Trittleiter und hängte das Werk an den Haken, der in der Zimmerdecke angebracht war. Sobald der Tannenduft das Haus erfüllte, wurde uns Kindern ganz weihnachtlich zu Mute. Zur gemütlichen Runde fanden wir uns unter unserem Kranz nach Feierabend ein. Es wurde vorgelesen und gesungen."

Merkzettel

Grün steht für

____________________,

Rot steht für

____

und Weiß steht für

____________________.

Projektidee

Es ist eine alte Tradition, am Tag vor dem 1. Advent einen Tannenkranz zu binden. Heutzutage liegen sie fertig in Blumengeschäften, Gärtnereien und Supermärkten. Dabei ist es ein Erlebnis, diesen Kranz einmal selbst zu binden! Man benötigt dazu einige schöne Bunde nicht nadelnde Nordmanntanne, einen Unterkranz aus Stroh, vier Kerzenhalter mit passenden Kerzen, Bindedraht, eine Gartenschere, rotes Band zum Aufhängen oder einen großen Teller zum Daraufstellen und Sternenschmuck oder andere Dekorationen nach Belieben.

Selbst einen Adventskranz zu binden, ist nicht so schwer, wie man denkt

Gibt es einen Adventsschmuck in eurer Klasse? Wenn nicht, überlegt gemeinsam, ob ihr einen Adventskranz binden oder anderen Schmuck besorgen wollt. Verteilt die Aufgaben, legt fest, wer was besorgt, und kreiert euren ganz individuellen Adventskranz, oder schmückt eure Klasse auf andere Art weihnachtlich. Viel Spaß dabei!

Aufgaben

1. Recherchiere unter www.rauheshaus.de („über uns" > „Das Rauhe Haus und der Adventskranz"), und bringe in Erfahrung, wo es heute noch einen Ur-Adventskranz gibt.
2. Was haben Adventskranz und Adventskalender gemeinsam?
3. Erkundige dich, und schreibe auf, wofür die Farben Grün, Rot und Weiß stehen. Schreibe es auf den Merkzettel.
4. Rechne aus, seit wie vielen Jahren es den Ur-Adventskranz gibt, wie J.H. Wichern ihn sich damals ausgedacht hat.
5. Finde heraus, was das Wort „Advent" bedeutet. Schreibe es auf, und sprich mit deinen Mitschülern darüber. Was bedeutet dir persönlich die Adventszeit?

Barbaratag

Heilige Barbara

Am 4. Dezember ist Barbaratag. An diesem Tag schneiden viele Leute draußen Zweige ab und stellen sie anschließend in eine Vase ins warme Zimmer. Wer einen Garten hat, schneidet Zweige von geeigneten Büschen und Obstbäumen ab, z.B. von Apfel- oder Kirschbäumen, von Forsythie, Flieder, Holunder o.Ä.

Der Grund dafür ist, dass die Zweige in den 20 Tagen bis Weihnachten zu blühen beginnen. Damit die Äste, bevor sie blühen, nicht so kahl aussehen, steckt man häufig einen grünen Ilexzweig mit roten Beeren oder auch einen Tannenzweig dazwischen. Man kann den Strauß auch schmücken, z.B. mit Strohsternen, Glöckchen und Engeln.

Es macht Freude, jeden Tag zu beobachten, wie weit die Blütenknospen aufgegangen sind.

Der Barbarastrauß symbolisiert das wiederkehrende Leben. Die Sträucher draußen erscheinen im Moment wie tot, doch in der warmen Stube sprießt das Leben aus ihren Knospen.

Eine alte Bauernregel besagt:
„Knospen an St. Barbara, sind zum Christfest Blüten da."

Aufgaben

1. Woher hat der Barbaratag diesen Namen? Das Bild gibt euch schon einen Hinweis. Recherchiert im Internet, und berichtet der Klasse von euren Ergebnissen.
2. Zum Aufsprießen der Knospen des Barbarastraußes passt eine Stelle aus der Bibel: Lest in Jesaja 11,1–4. Wer ist hier gemeint?
3. Kreiert einen schönen Barbarastrauß für den Klassenraum.
   a) Nützliche Informationen findet ihr z.B. unter www.nabu.de/oekologischleben/balkonundgarten/gartentipps/05927.html oder www.weihnachtsstadt.de/brauchtum/allgemein/Barbara_Tag.html. Notiert, wer die Heilige Barbara war, welche Weissagungen mit dem Strauß einhergehen und welche Zweige geeignet sind.
   b) Fragt in der Schule, ob ihr für euren Barbarastrauch Zweige von den Büschen auf dem Schulgelände abschneiden dürft. Vielleicht können einige Schüler auch Zweige von zu Hause mitbringen?

Christbaum

s. AB auf S. 64/65

5–13

Darum geht es
Die Schüler lesen ein Gedicht zum Weihnachtsbaumkauf und informieren sich über den Brauch, einen Weihnachtsbaum aufzustellen. Sie recherchieren zum Thema Nachhaltigkeit beim Christbaumkauf und entdecken Lieder rund um den Tannenbaum.

Material/Vorbereitung
Kopieren Sie die **Arbeitsblätter**, und stellen Sie einen **Internetzugang** sicher.

Lösung
<u>Aufgabe 1a und b:</u> Die ersten Weihnachtsbäume wurden 1514 in Reval (dem heutigen Tallinn) und 1539 im Straßburger Münster aufgestellt. 100 Jahre später stand im Elsass der erste geschmückte Weihnachtsbaum – behangen mit Kerzen, Äpfeln, Süßigkeiten und Sternen.
<u>Aufgabe 1c:</u> Der immergrüne Nadelbaum/Tannenbaum ist als Christbaum ein Symbol der Hoffnung und des ewigen Lebens.
<u>Aufgabe 3:</u> Z.B. „Am Weihnachtsbaume, die Lichter brennen", „Oh Tannenbaum", „Der Christbaum ist der schönste Baum, den wir auf Erden haben!"

Dreikönigstag mit Caspar, Melchior und Balthasar

s. AB auf S. 66/67

Darum geht es
Die Schüler lesen ein Gedicht von Goethe zum Epiphaniastag und finden heraus, was „Epiphanias" bedeutet. Anschließend beschäftigen sie sich mit den Heiligen Drei Königen und den Sternsingern. Dieser Brauch reicht bis in das 16. Jahrhundert zurück: Am 6. Januar, dem „Epiphaniastag" oder „Dreikönigstag" gehen die Sternsinger als Caspar, Melchior und Balthasar verkleidet mit ihrem Stern von Haus zu Haus, singen und erbitten eine Gabe. Über die Haustür schreiben sie 20*C+M+B+12, das bedeutet: Christus Mansionem Benedicat = Christus segne dieses Haus. Die Zahlen geben das Jahr an, hier z.B. 2012. Die Buchstaben wurden auch als Caspar, Melchior und Balthasar gedeutet.
Zu Zeiten Goethes schwärmten die Sternsinger auch unabhängig von der Kirche aus, um Gaben für sich selbst und ihre Familien einzusammeln, wie das Gedicht von Goethe zeigt.
Die große, kirchlich organisierte Sternsingeraktion gibt es erst seit dem Zweiten Weltkrieg. Hierbei wird für Projekte von *Adveniat* oder *Brot für die Welt* Geld gesammelt. Häufig erhalten die Kinder nicht nur Spendengelder, sondern auch Leckereien für die eigene Tasche.

Material/Vorbereitung
Kopieren Sie die **Arbeitsblätter**, und sorgen Sie für einen **Internetzugang** sowie **Bibeln** für die Recherche.

Lösung
<u>Aufgabe 1:</u> Gedicht aus Anlass des Dreikönigstages, auch Epiphanias genannt. Der Name „Epiphanias" steht für „Erscheinung des Herrn" und bezeichnet das historische Weihnachtsdatum.
<u>Aufgabe 2:</u> In der Bibel ist lediglich von den „Weisen aus dem Morgenland" die Rede.
<u>Aufgabe 3:</u> 1959 startete die kirchlich organisierte Sternsingeraktion. Sie ist heute die weltweit größte Solidaritätsaktion von Kindern für Kinder und unterstützt zahlreiche Hilfsprogramme.

Tipp
Als Recherchehilfe können Sie den Schülern den Tipp geben, unter www.sternsinger.de auf „Hintergründe" zu klicken – dort finden sich viele hilfreiche Informationen zu den Heiligen Drei Königen.

Oma Reimer kauft einen Weihnachtsbaum
Hans Scheibner

Oma sucht nach einem Weihnachtsbaum.
Doch sie sagt, dass sie mit ihrer Rente
einen Weihnachtsbaum sich kaum
leisten könnte.

Oma macht sich also auf die Reise.
Oma fährt drei Tage durch die Stadt.
Bis sie in Bezug auf Christbaumpreise
eine Marktverhaltens-Analyse hat.

Oma sieht beim Händler gegenüber
einen Baum von trauriger Gestalt.
(Es geniert sich wegen dieser Krüppelkiefer
sicherlich der ganze Wald.)

Oma sieht, wie Leute ihn betrachten.
Und wie jeder ihn beiseite stellt.
Ach, was schief ist und was schlecht gewachsen,
findet keine Freunde auf der Welt.

Armer Baum, denkt Oma traurig, keiner
hat ein Herz, du krummes Holz, für dich.
Also kauft sie selbst ihn, Oma Reimer.
Sowohl freudig, als auch ärgerlich.

Und natürlich ist er viel zu teuer.
Oma schimpft bis zum Silvestertag:
Bild dir bloß nicht ein, du Ungeheuer,
dass dich Oma leiden mag!

Quelle: Scheibner, Hans: „Wer nimmt Oma? Weihnachtssatiren", Ellert & Richter, Hamburg 2003, S. 93

Christbaum (2/2)

„Der Christbaum ist der schönste Baum, den wir auf Erden haben!" sangen wir als Kinder. Aber Kauf, Transport, Aufbau und Schmücken wollen geplant sein, genau wie bei Oma Reimer:
Sollten wir ihn schon früh aussuchen, solange die Auswahl noch groß ist? Oder später, damit sich der Baum frisch hält? Oder stehen die Bäume dann sowieso schon lange herum und sind alt? Dann wären sie besser im Wassereimer auf dem heimischen Balkon oder der Terrasse aufgehoben. Es gibt auch Bäume im Topf. Doch die wachsen eh nicht wieder an, weil es entweder nach Weihnachten Frost gibt oder das Gießen vergessen wird. Außerdem ist so ein Topf furchtbar schwer.
In Hamburg kann man früh morgens auf dem berühmten Fischmarkt am Hafen sehr günstig Tannenbäume erstehen. Das wäre etwas für Oma Reimers schmalen Geldbeutel.
Wer auf die Öko-Bilanz achtet und weder weite Transporte noch den die Böden belastenden Chemieeinsatz unterstützen will, kauft Bäume mit dem Gütesiegel FSC (Forest Stewardship Concil). Sie entstammen aus nachhaltiger Forstwirtschaft.
Ein Spaß für Groß und Klein ist es, wenn man zu einem Landwirtschafts-, Forst- oder Gartenbaubetrieb fährt und dort einen Baum selbst aussucht und absägt. Die dafür vorgesehenen Bäume sind gekennzeichnet – denn natürlich darf man nicht einfach irgendeinen Baum im Wald fällen. Da aber die Bestände regelmäßig ausgedünnt werden müssen, stehen immer wieder Tannen für Weihnachten zur Verfügung. Mancherorts werden auch extra Nadelbäume angepflanzt, die von Anfang an als Weihnachtsbäume eingeplant sind.

Aufgaben

1. Recherchiere im Internet, und erstelle einen Christbaum-Steckbrief mit folgenden Informationen:
   a) Wo und wann wurden die allerersten Tannenbäume aufgestellt?
   b) Wo und wann gab es den ersten geschmückten Tannenbaum? Womit wurde er geschmückt?
   c) Was bedeutet der Christbaum, wofür steht er?
   d) Worauf sollte man beim Weihnachtsbaumkauf achten? Infos zu Bäumen aus nachhaltiger Forstwirtschaft gibt es z.B. bei www.fairfuture.net (klicke auf „Tipps&Tricks"), www.utopia.de/ratgeber/hier-finden-sie-einen-guten-weihnachtsbaum-oekologisch-regional-nachhaltig-chemiecocktail-pestizide?all oder www.holzweb.net.

2. Berichte einem Partner, wie es bei euch zu Hause ist:
   a) Gehört der Baum auf jeden Fall zum Weihnachtsfest? Oder muss nicht unbedingt einer im Wohnzimmer stehen?
   b) Wer besorgt den Tannenbaum?
   c) Wer ist für das Schmücken zuständig, und womit wird der Baum geschmückt?

3. Kennt ihr Lieder, die vom Weihnachtsbaum handeln? Überlegt gemeinsam, wie viele euch einfallen.

Dreikönigstag mit Caspar, Melchior und Balthasar (1/2)

5–13

Epiphanias

Johann Wolfgang von Goethe

Die heil'gen drei König' mit ihrem Stern,
Sie essen, sie trinken, und bezahlen nicht gern;
Sie essen gern, sie trinken gern,
Sie essen, trinken, und bezahlen nicht gern.

Die heil'gen drei König' sind kommen allhier,
Es sind ihrer drei und sind nicht ihrer vier;
Und wenn zu dreien der vierte wär',
So wär' ein heil'ger drei König mehr.

Ich erster bin der weiß' und auch der schön',
Bei Tage solltet ihr erst mich sehn!
Doch ach, mit allen Spezerein
Werd' ich sein Tag kein Mädchen mir erfrein.

Ich bin der braun' und bin der lang',
Bekannt bei Weibern wohl und bei Gesang.
Ich bringe Gold statt Spezerein,
Da werd' ich überall willkommen sein.

Ich endlich bin der schwarz' und bin der klein'
Und mag auch wohl einmal recht lustig sein.
Ich esse gern, ich trinke gern,
Ich esse, trinke und bedanke mich gern.

Die heil'gen drei König' sind wohlgesinnt,
Sie suchen die Mutter und das Kind;
Der Joseph fromm sitzt auch dabei,
Der Ochs und Esel liegen auf der Streu.

Wir bringen Myrrhen, wir bringen Gold,
Dem Weihrauch sind die Damen hold;
Und haben wir Wein von gutem Gewächs,
So trinken wir drei so gut als ihrer sechs.

Da wir nun hier schöne Herrn und Fraun,
Aber keine Ochsen und Esel schaun,
So sind wir nicht am rechten Ort
Und ziehen unseres Weges weiter fort.

Quelle: Dittmar, Jens: „Weihnachten mit Goethe", Aufbau, Berlin 2000, S. 20/21

Dreikönigstag mit Caspar, Melchior und Balthasar (2/2)

Sternsinger heute

Aufgaben

1. Lies das Gedicht von Goethe, und finde heraus, zu welchem Anlass es vorgetragen wurde. Erkläre, was Epiphanias bedeutet.
2. Lies Matthäus 2,1–12 in der Bibel nach.
   a) Sind es wirklich Könige, von denen dort berichtet wird?
   b) Was bringen sie der Überlieferung nach dem Jesuskind?
3. Informiere dich über die Sternsingeraktion unter www.sternsinger.org, und www.wikipedia.org. Seit wann gibt es Sternsinger? Wie funktioniert die heutige große Aktion? Kommen die Sternsinger auch bei euch vorbei?

Erz-, Rauschgold- und andere Engel

5–13

„Engel" kommt von dem lateinischen Wort angelus und bedeutet so viel wie „Bote Gottes". Nicht nur im Christentum, auch im Judentum und im Islam wird von Engeln berichtet. Der im Judentum entstandenen Angelologie zufolge folgen die Engel einer bestimmten Hierarchie, die sie in neun Ebenen gliedert:

1. Seraphim
2. Cherubim
3. Throne
4. Mächte
5. Herrschaften
6. Gewalten
7. Fürsten
8. Erzengel
9. Engel

In der Regel wird in der Bibel einfach nur von „Engeln" oder „einem Engel" gesprochen – drei haben aber einen eigenen Namen, und zwar Gabriel, Michael und Raphael. Dazu kommt noch der „gefallene Engel" – es handelt sich dabei um Luzifer, der auch Teufel oder Satan genannt wird. Engel sind in der Bibel normalerweise männlich dargestellt, christliche Maler zeigten sie auf ihren Bildern jedoch immer geschlechtslos.

Buchmalerei des Erzengels Israfil eines irakischen Malers, 1280

Gemälde „Lied der Engel" von William-Adolphe Bouguereau, 1881

Seit etwa Ende des Mittelalters gibt es den Glauben, Engel seien unsichtbare Begleiter der Menschen. Einer Umfrage zufolge gibt jeder zweite Mensch an, einen persönlichen Schutzengel zu haben. Diese Schutzengel sorgen für eine geistige und körperliche Unversehrtheit.
Da es ein Engel war, der Maria erzählte, dass sie ein Kind bekommen würde, und weil ein Engel zu den Hirten sprach und Jesu Geburt verkündete, spielen Engel eben auch zu Weihnachten eine ganz besondere Rolle.
Seit dem 18. Jahrhundert gibt es die bis heute beliebten Rauschgoldengel. Den Erzählungen nach wurden sie von einem Nürnberger Puppenmacher geschaffen. Das Gesicht der Engelsfigur gestaltete er zur Erinnerung an seine verstorbene Tochter, der Körper bestand aus einem aus dünnem Messingblech gefalteten Gewand. Heute gibt es Weihnachtsengel in unzähligen Formen und aus den verschiedensten Materialien.

Aufgaben

1. Sammelt Engelabbildungen – aus Zeitungen, im Internet oder auch auf Geschenkpapier –, und stellt daraus eine Collage für den Klassenraum zusammen – sozusagen als kleines Schutzengel-Heer für eure Klasse.
2. Bringt in Erfahrung, wie Rauschgoldengel aussehen, und druckt Bilder dazu aus. Infos gibt es z.B. unter www.nuernbergwiki.de.
3. Bringt Engel jeglicher Art von zu Hause mit, z.B. als Ausstechformen, Schlüsselanhänger, Engeltassen, Weihnachtsbaumanhänger, Kerzenständer, Engel aus Metall, Keramik, Glas, Holz, Plastik und alle, die ihr noch finden könnt. Veranstaltet damit für einen begrenzten Zeitraum eine kleine Ausstellung in der Schule.

Futtergarben für die Vogelwelt

5–13

Werden im Garten die Stauden nicht abgeschnitten und das Laub nicht von den Beeten geharkt, finden die Vögel genügend Futter, meinen die Naturschutzorganisationen.

Unser 8-jähriger Sohn bekommt einen Vogelkasten, den er mit seinem Papa draußen aufhängen kann. Im Frühling kann er dann beobachten, ob eine Vogelfamilie einzieht. Das Angebot an Vogelkästen und Nistmöglichkeiten ist groß. Man muss sie nicht selbst bauen. Aber auch Bausätze gibt es zu kaufen – ein schönes Weihnachtsgeschenk für Bastler.

Die Kinder haben in der Schule Apfelhäuschen gesägt, geleimt und zusammengenagelt. Wir stecken den Apfel auf einen Metallspieß. Unter dem kleinen Dach ist er geschützt. Schön sieht das aus, und die Vögel freuen sich.

Astrid Lindgren erzählt in ihren Bullerbü-Geschichten, wie Weihnachten Getreidegarben für die Vögel aufgestellt wurden. Ein schöner Brauch. Es heißt, je mehr Vogelgezwitscher, desto glücklicher wird das neue Jahr.

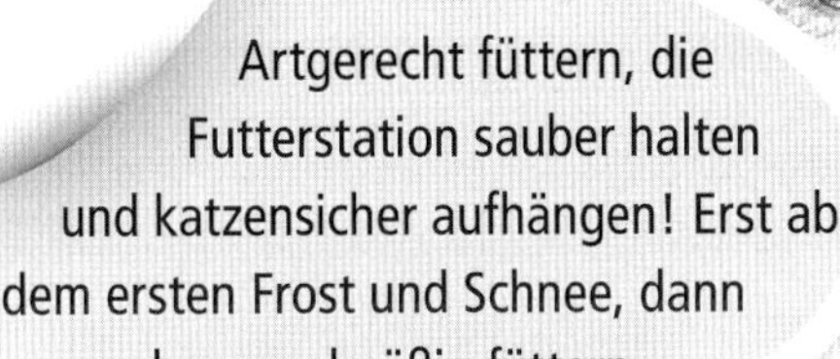

Artgerecht füttern, die Futterstation sauber halten und katzensicher aufhängen! Erst ab dem ersten Frost und Schnee, dann aber regelmäßig füttern.

Eigentlich sollte man keine Futterhäuschen für Vögel aufstellen. Durch den Kot kommt es leicht zur Übertragung von Krankheiten. Auch kann durch einseitiges Füttern eine Vogelart eine andere verdrängen.

Dem Opa schenkten wir ein hölzernes Vogelfutterhaus mit zwei Etagen. Da er stark gehbehindert ist, freut er sich, seine gefiederten Freunde von seinem Fenster aus beobachten zu können. Er achtet sehr genau darauf, dass immer etwas zum Fressen da ist.

Aufgaben

1. Lest die Aussagen, und informiert euch auch im Internet über das Pro und Contra der Winterfütterung. Infos gibt es z.B. unter www.nabu.de/tiereundpflanzen/voegel/ (dort auf „Was kann ich tun?" und „Winterfütterung" klicken) oder www.tierundnatur.de.
2. Stellt eine Liste mit den zehn wichtigsten Regeln auf, und verteilt sie an eure Mitschüler in anderen Klassen. Listet dabei auch auf, welche Vögel welches Futter fressen.
3. Habt ihr zu Hause oder an der Schule eine Futterstation? Dann könnt ihr eine Vogelbeobachtung durchführen: Wie viele Tiere und welche verschiedenen Arten könnt ihr innerhalb einer Stunde beobachten?
4. Einige Vogelarten, wie bspw. die Störche, fliegen im Winter in den Süden, wo sie mehr Futter finden. Kannst du dir vorstellen, über Weihnachten in den Urlaub zu fahren, um Eis und Kälte zu entgehen? Hast du schon einmal Weihnachten am Strand verbracht? Tauscht eure Meinungen und Erfahrungen aus.

Geschenke basteln oder kaufen (1/2)

5–13

Weihnachtliche Stickerei von früher

Früher war es selbstverständlich, vor Weihnachten Geschenke selbst herzustellen. Die Mütter nähten Puppenkleider, strickten Pullover und Mützen. Die Väter reparierten kaputtes Spielzeug, sägten aus Sperrholzresten Hampelmänner, bauten Puppenstuben und Steckenpferdchen. Die Kinder fertigten Lesezeichen und Buchhüllen aus Stoff oder Leder, die Mädchen bestickten Tischdecken mit Weihnachtsmotiven, und später lernten sie, Schals, Mützen, Handschuhe und Socken zu stricken. Die Jungen sägten mit der Laubsäge Weihnachtsmotive für den Christbaumschmuck aus oder bauten Vogelfutterhäuschen. Für Taschengeld zum Geschenkekaufen reichte es damals nicht.

Basteln für Weihnachten
Günter Saalmann

Wer stets zur Zeit an alles denkt,
kann selber basteln, was er schenkt.
Aus Glanzpapier und Flittergold,
Wachs oder Knete, weichgerollt,
mit unten so 'nem netten Brettchen
und oben 'nem gedrehten Fädchen,
Stoff, Firnisöl, 'nem Achtel Quark,
im Wert nicht teurer als drei Mark.
Denn nicht entscheidend ist der Preis,
vielmehr Geduld, Herz, Liebe, Fleiß.

All diese Dinge leimen wir
im rechten Winkel aufs Papier,
derart, dass hinten jedenfalls
die Nut noch Spiel hat unterm Falz.
Die solcherart entstandene Lasche
hält dann die Fleckentfernerflasche.
Die Mutter staunt und nimmt uns warm
zu Heiligabend in den Arm.
„Wie praktisch", ruft sie,
„und wie taktisch!
Dies ist das schönste Dingsperlings,
das je …" Sie lächelt wie die Sphinx.

Quelle: Schuldt, Brigitte (Hg.): „Das große Weihnachtsbuch", Rowohlt, Reinbeck 1996, S. 148

Geschenke basteln oder kaufen (2/2)

5–13

Heutiger Geschenkestapel unterm Weihnachtsbaum

Aufgaben

1. Überlege: Worum geht es beim Schenken? Was ist wichtig dabei? Was will jemand mit seinem Geschenk zeigen oder sagen?
2. Erstelle eine Liste, in die du auf eine Seite Argumente für selbstgebastelte Geschenke, auf die andere Seite Argumente für gekaufte Geschenke schreibst.
3. Diskutiert anschließend in der Klasse darüber, und tragt eure Meinungen zusammen. Beachtet dabei, dass verschiedene Menschen unterschiedliche Voraussetzungen und Möglichkeiten finanzieller und handwerklicher Art haben können.

Der Heilige Abend am 24. Dezember ist bei uns in Deutschland der Abend, auf den sich besonders die Kinder am meisten freuen. Häufig haben Familien eigene Rituale, wie sie diesen Vorabend des Weihnachtsfestes verbringen. In einer Hamburger Lokalzeitung erzählen Bürger, wie Heiligabend bei ihnen verläuft:

P. W.: „Ich feiere Weihnachten jedes Jahr mit meinen Eltern und meinem kleinen Bruder bei den Großeltern in Lüneburg. Wir treffen uns dort schon am Vormittag und bereiten gemeinsam mit Tanten, Onkel, Cousins und Cousinen das Abendessen vor: Ente, Rotkohl und Klöße."

H.H.: „Zum Glück bin ich seit einigen Jahren nicht mehr im Spätdienst. Seitdem kann ich jeden Heiligabend zu Hause verbringen. Ich feiere mit meiner Frau und unseren zwei erwachsenen Söhnen. Als ehrenamtlicher Lektor in meiner Gemeinde lese ich Heiligabend im Gottesdienst die Weihnachtsgeschichte. Zu unseren Weihnachtsritualen gehört immer ein Waldspaziergang am Abend."

H. R.: „Weihnachten ist am schönsten mit Kindern. Deshalb feiere ich bei meinem Sohn, seiner Frau und den Enkelkindern. Es gibt Fondue am Heiligabend und die Weihnachtsgans am ersten Feiertag. Dazwischen ist jede Menge Zeit zum Reden und Spielen. Früher war ich für die Festvorbereitung, die Mahlzeiten und alles drum herum verantwortlich. Heute kann ich einfach nur dabei sein und genießen. Das ist herrlich."

K. T.: „Kinder lieben Rituale, und das gilt auch für die Großen. Obwohl meine Söhne schon 24 und 16 Jahre alt sind, bestehen sie auch heute noch auf den immer gleichen Ablauf des Weihnachtsfestes: Am Morgen des Heiligen Abend fahren wir auf den Friedhof, weil es der Todestag unserer Großmutter ist. Mit Stollen und Kaffee verbringen wir den Nachmittag bei meiner Mutter, die Weihnachtspute gibt es dann am Abend bei der anderen Oma. Jegliche Veränderung des Ablaufes ist strikt verboten."

I. C.: „Heiligabend haben wir das Restaurant geschlossen. So habe ich Zeit, das Fest vorzubereiten. Wir feiern mit unseren Kindern und Enkelkindern. Das ist für griechische Verhältnisse ein kleiner Kreis, aber ein großer Teil unserer Familie lebt natürlich in Griechenland. Bei uns gibt es Truthahn mit Reis, Zaziki, Salat und anderen Leckereien, und wenn wir es zeitlich schaffen, besuchen wir alle zusammen den Gottesdienst der griechisch-orthodoxen Kirche."

Quelle: Luruper Nachrichten, Nr. 2011/51, S. 3

Aufgaben

1. Schreibe auf, wie dein Heiligabend aussieht. Gibt es Rituale, die immer wiederkehren? Wie wichtig sind dir diese Rituale?
2. Tausche deinen Bericht anschließend mit dem deines Nachbarn. Lest euch durch, wie euer Partner Heiligabend verbringt, und vergleicht – läuft das Fest in euren beiden Familien ähnlich ab, oder gibt es große Unterschiede?

Darum geht es

Julklapp oder Wichteln ist ein schöner alter Brauch, bei dem man sich gegenseitig etwas schenkt. Der Schenker bleibt dabei anonym; je nach Variation weiß sogar der Schenker nicht, wer sein Geschenk am Ende bekommt. Dies lässt sich sehr verschieden gestalten. Hier finden Sie einige Vorschläge für eine Julklapp-/Wichtel-Aktion.

Material/Vorbereitung

Zuerst bekommt jeder Schüler einen Zettel. Jeder schreibt seinen Namen darauf und legt ihn zusammengefaltet in einen Behälter. Die Zettel werden gemischt und dann gezogen. Alle lesen den gezogenen Namen für sich und bewahren Stillschweigen über die zu beschenkende Person! Nur wer sich selbst gezogen hat, sagt Bescheid. In diesem Fall wird erneut verlost.

Nun geht es um die Geschenke: Wenn welche gekauft werden, sollte die Gruppe vorab eine Preis-Obergrenze vereinbaren.

Außerdem wird der Zeitpunkt der Julklapp-Veranstaltung vereinbart. Die Bescherung kann bspw. für den letzten Schultag vor Weihnachten angesetzt werden. Sehr schön ist es aber auch, die ganze Adventszeit hindurch von seinem „Julklapp-Wichtel“ kleine Überraschungen zu erhalten. Dann besorgt jeder mehrere Geschenke (nicht nur gekaufte; s.u.) und kann die gezogene Person zu selbst wählbaren Tagen mit einer Kleinigkeit überraschen. Oder aber jeder Schüler zieht zusätzlich zu dem Namen auch einen Zettel mit Datum; so entsteht quasi ein „Julklapp-Adventskalender“.

Alternativ kann es auch dem Zufall überlassen werden, wer welches Päckchen bekommt. Dann legen alle Schüler am Bescherungstag ihre Päckchen in die Mitte, und ein Würfel macht die Runde. Wer eine Sechs oder eine Eins würfelt, darf sich aus der Mitte ein Geschenk nehmen und auspacken.

Hier ein paar Anregungen für den Inhalt der Julklapp-Päckchen:

Für Schüler der Klassen 5/6:

Etwas zum Basteln mit einer Anleitung dazu, Bienenwachsplatten und Dochte zum Kerzen-Drehen, eine CD mit Weihnachtsliedern, leckere Plätzchenrezepte und Ausstechförmchen, Einladung zu einer Veranstaltung vor Weihnachten, Mini-Bücher mit Weihnachtsgeschichten, Liedern, der Natur im Winter oder Bastelanregungen …

Für Schüler ab Klasse 7:

Weihnachtsbecher und Weihnachtstee, Ausstechformen und ein Rezept dafür, Zutaten für Plätzchen, besondere Kerzen, eine Rose von Jericho, Weihrauch und Myrre, Weihnachtskarten und Briefmarken, Kerzen aus Bienenwachs, selbstgebackene Plätzchen oder Marmelade aus eigener Herstellung, ein geschliffener Glasstern, in dem sich das Licht bricht, ein Entspannungsset mit Yogitee, Duftdusche, Pflegecreme o.Ä., Zubehör zum Bratapfel-Genuss (es gibt sogar kleine Römertöpfe dafür), ein Sternebausatz (z.B. für einen Herrnhuter Stern) …

Ab Klasse 9 eignet sich auch das Schrott-Julklapp:

Jeder packt Gegenstände ein, die er zu Hause nicht mehr benötigt. Bedingung: Es muss noch brauchbar, sauber und funktionsfähig sein. Hier bietet sich die Bescherung mit Würfeln an – haben alle ihr Geschenk, geht die Umtauschaktion los. Dabei darf gehandelt werden, was das Zeug hält, entweder auf dem „freien Markt“ oder sobald jemand eine Eins oder Sechs gewürfelt hat.

Tipp

Weitere Informationen und Anregungen gibt es bei: www.wichteln.de, www.wichteln.at oder auch www.wichtelmania.com.

Krippenspiel

5/6

Darum geht es

Im Internet recherchieren die Schüler zunächst die Geschichte des Krippenspiels, das wahrscheinlich erstmals im Jahr 1223 durch Franz von Assisi eingeführt wurde, der im Wald von Greccio mit lebenden Tieren und Menschen das Weihnachtsgeschehen nachstellte. Anschließend lernen die Schüler am Beispiel des Lesetextes „Hilfe, die Herdmanns kommen" den Aufbau eines Krippenspieles kennen und erfahren, dass es auch andere Versionen von der Geschichte um Maria, Josef und das Jesuskind geben kann. Nach der Lektüre planen und organisieren sie selbst einen Handlungsablauf für ein eigenes kleines Krippenspiel in Beziehung zur Weihnachtsbotschaft (siehe dazu auch: AB „Biblische Figuren aus der Weihnachtsgeschichte spielen", S. 104). Dafür wird parallel die Weihnachtsgeschichte im Lukasevangelium nachgelesen.

Material/Vorbereitung

Sorgen Sie für einen **Internetzugang**, und legen Sie **Bibeln** aus (oder kopieren Sie bspw. die neue evangelische Übersetzung der Weihnachtsgeschichte von dem AB „Die Weihnachtsgeschichte in verschiedenen Bibelübersetzungen", S. 20). Darüber hinaus benötigen Sie als **Lesetext:** Robinson, Barbara: **„Hilfe, die Herdmanns kommen"**, Verlag Friedrich Oetinger, Hamburg 1974, 96 Seiten, ISBN 978-3-7891-1989-7, 9,90 €. Zum Lesen des Buches benötigen die Schüler einen Vorlauf von ca. drei bis vier Wochen. Geben Sie das Vorhaben daher rechtzeitig bekannt, damit die Schüler das Buch ausleihen oder kaufen können.

Tipp

- Vorsicht bei zu kitschigen oder überfrachteten Spielhandlungen! Je näher man mit angedeuteten Szenen dem biblischen Text kommt, desto klarer und einfacher wird es.
- Jede Menge Krippenspiele und weitere Informationen gibt es unter www.kinderkirche.de/themen/weihnachten.htm, www.krippenspiele.eu oder www.kirchenweb.at/christkind/krippenspiele/.

Lucia und Co. – Weihnachtsbräuche anderswo (1/2)

5–8

s. AB auf S. 76

Darum geht es

Die Schüler werden durch das Arbeitsblatt motiviert, nähere Informationen über Weihnachtsbräuche in Europa und aller Welt zu recherchieren. Jeder Schüler wählt ein anderes Land, recherchiert und notiert die dortigen Weihnachtsbräuche. Anschließend tragen alle ihre Informationen zusammen und zeigen ihre Ergebnisse. Besonders anschaulich wird es natürlich, wenn einzelne Schüler eigene Erfahrungen beisteuern können.

Material/Vorbereitung

Kopieren Sie das **Arbeitsblatt**, und sorgen Sie für einen **Internetzugang**. Außerdem werden auch ein großes **Plakat** (z.B. aus Packpapier) und **Stifte** benötigt.

Durchführung

Nachdem die Schüler das Blatt bearbeitet und Informationen zu bestimmten Ländern recherchiert haben, kann die Klasse auf einem Plakat eine Tabelle anfertigen, ähnlich der Lösungstabelle auf der nächsten Seite. Diese Tabelle wird gemeinschaftlich ausgefüllt und das Plakat später im Klassenraum aufgehängt.

Lucia und Co. – Weihnachtsbräuche anderswo (2/2)

Land	„Frohe Weihnachten!" in der Landessprache	Wer bringt wann die Geschenke?	Was gibt es traditionell zum Festessen?	Welche besonderen Merkmale oder Rituale gibt es?
Schweden	GLAD JUL!	die drei Kobolde Tomtebisste, Tomte und Nisse bringen am Abend des 24. Dezember die Geschenke	Stockfisch und Reisbrei mit Zucker und Zimt	Lichterfest Santa Lucia am 13. Dezember, Julklapp und Julbock, Tanz um den Weihnachtsbaum, den Kobolden wird an Weihnachten eine Schüssel mit Brei auf die Fensterbank gestellt, um sie milde zu stimmen
England	MERRY CHRISTMAS!	Father Christmas bringt im Rentierschlitten Geschenke in der Nacht vom 24. auf den 25. Dezember und steckt sie in die Strümpfe	Truthahn mit Plumpudding	Christmas-Carols, Dekoration mit Girlanden aus Immergrün und Papierschlangen, Mistel und Stechpalme
Niederlande	GELUKKIGE KERSTFEEST!	Sinterklaas bringt Geschenke am Abend des 5. Dezember (wichtiger als Heiligabend)	Wild oder Rindfleisch	zu jedem Geschenk wird ein Gedicht selbst geschrieben; stilles, besinnliches Weihnachtsfest ohne Geschenke
Frankreich	JOYEUX NOËL!	Père Noël kommt in der Nacht vom 24. auf den 25. Dezember durch den Schornstein und legt Geschenke in die Schuhe	Austern und Muscheln oder Gänsebraten	
Spanien	FELIZ NAVIDAD!	die Heiligen Drei Könige bringen am 6. Januar Geschenke	Truthahn	Feuerwerk am Weihnachtsabend, Tanz und Musik in der Christnacht
Italien	BUON NATALE!	die gute Hexe Befana bringt auf ihrem Besen am 6. Januar Geschenke		große aufgebaute Krippenlandschaften
Brasilien	BOAS FESTAS!	Papai Noel kommt am Abend des 24. Dezembers durch das Fenster und legt Geschenke in die Schuhe	Truthahn und ein großer Korb mit Nüssen und getrockneten Früchten	künstliche Christbäume mit elektrischer Beleuchtung, Knallfrösche, Feuerwerk und Kinderumzüge am 24. Dezember
USA	MERRY X-MAS!	Santa Claus im Rentierschlitten bringt Geschenke am Morgen des 25. Dezember	Truthahn	viel elektrische Beleuchtung an den Häusern
Griechenland	KALA CHRISTOUYEN NA!	der Heilige Vassilius legt am 1. Januar Geschenke vor die Betten der Kinder	Truthahn oder Schweinebraten und süßes Honiggebäck	ab dem 24. Dezember brennen zwölf Nächte lang Weihnachtsfeuer, um Kobolde abzuschrecken
Russland	С Рождеством Христовым	Väterchen Frost bringt in der Nacht zum 1. Januar mit dem Pferdeschlitten die Geschenke		Weihnachten am 7. Januar (das entspricht im Julianischen Kalender dem 25. Dezember)

Lucia und Co. – Weihnachtsbräuche anderswo

5–8

Wir haben meist eine sehr genaue Vorstellung davon, wie die Weihnachtszeit bei uns in Deutschland aussieht – aber wie feiern die Menschen in anderen Ländern dieses Fest?

Schweden

England

Niederlande

Frankreich

Spanien

Italien

Brasilien

USA

Griechenland

Russland

Father Christmas bringt im Rentierschlitten Geschenke in der Nacht vom 24. auf den 25. Dezember und steckt sie in die Strümpfe

der Heilige Vassilius legt am 1. Januar Geschenke vor die Betten der Kinder

die Heiligen Drei Könige bringen am 6. Januar Geschenke

Santa Claus im Rentierschlitten bringt die Geschenke am Morgen des 25. Dezember

die drei Kobolde Tomtebisste, Tomte und Nisse bringen am Abend des 24. Dezember die Geschenke

die gute Hexe Befana bringt auf ihrem Besen am 6. Januar Geschenke

Papai Noël kommt am Abend des 24. Dezembers durch das Fenster und legt Geschenke in die Schuhe

Väterchen Frost bringt in der Nacht zum 1. Januar mit dem Pferdeschlitten die Geschenke

Père Noël kommt in der Nacht vom 24. auf den 25. Dezember durch den Schornstein und legt Geschenke in die Schuhe

Sinterklaas bringt Geschenke am Abend des 5. Dezember

GELUKKIGE KERSTFEEST!

GLAD JUL!

MERRY CHRISTMAS!

BUON NATALE!

JOYEUX NOËL!

FELIZ NAVIDAD!

KALA CHRISTOUYENNA!

MERRY X-MAS!

С Рождеством Христовым

BOAS FESTAS!

Aufgaben

1. Wer bringt in den zehn Ländern wann die Geschenke? Und wie wünscht man sich in der jeweiligen Landessprache „Frohe Weihnachten!"? Verbinde.
2. Wähle in Absprache mit deinen Mitschülern ein Land aus, das dich besonders interessiert (es muss keines von diesem Blatt sein), und recherchiere im Internet genauere Informationen darüber, wie dort Weihnachten gefeiert wird (z.B. unter www.weihnachtsmarkt.net, www.kirchenweb.at oder www.weihnachtsbuero.de.)
3. Tragt eure Ergebnisse zusammen, und erstellt ein „Internationales Weihnachtsplakat" für euren Klassenraum!

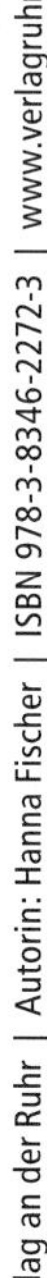

Märkte und Basare zur Weihnachtszeit

5–13

Weihnachtsmarkt

Johann Wolfgang von Goethe

Kindlein, kauft ein!
Hier ein Hündlein,
hier ein Schwein,
Trommel und Schlegel,
ein Rennpferd, ein Wägel,
Kistchen und Pfeifer,
Kutschen und Läufer,
Husar und Schweizer,
um ein paar Kreuzer
ist alles dein.
Kindlein, kauft ein!

Frankfurter Weihnachtsmarkt auf dem Römerberg

Quelle: Schuldt, Brigitte (Hg.): „Das große Weihnachtsbuch", Rowohlt, Reinbek 1996, S. 17

In vielen Städten und auch Dörfern gibt es im Advent einen Weihnachtsmarkt. Er wird je nach Region und Tradition auch Christkindlmarkt, Adventmarkt oder auch Glühweinmarkt genannt. Früher wurden diese Märkte veranstaltet, damit sich die Menschen für den Winter rüsten und warme Kleidung und allerlei praktische Dinge kaufen konnten. Nach und nach etablierten sich die Weihnachtsmärkte als fester Bestandteil der vorweihnachtlichen Tradition. Heute geht es vor allem darum, nach kleinen Geschenken zu stöbern und sich mit Freunden und Bekannten zu treffen, um gemeinsam ein paar schöne Stunden zu verbringen.

Alle bekannten Weihnachtsmärkte in Deutschland findest du unter www.weihnachtsmarkt-deutschland.de oder www.weihnachtsmaerkte-in-deutschland.de.

Aufgaben

1. Was bedeutet dir der Weihnachtsmarkt? Gehört er fest zur Adventszeit, oder könntest du auch darauf verzichten? Was gefällt dir, was gefällt dir nicht daran?
2. Recherchiere, welche Weihnachtsmärkte es in deiner Nähe gibt.
3. Finde heraus, welches die berühmtesten Weihnachtsmärkte in Deutschland sind. Warum oder wofür sind sie so bekannt?
4. Welches Interesse steckt schon seit Goethes Zeiten und länger hinter dem Veranstalten von Weihnachtsmärkten? Was ist deine Meinung dazu?
5. Es gibt auch Weihnachtsbasare, bei denen man für einen guten Zweck einkaufen kann. Erkundige dich, ob es in einer Einrichtung in der Nähe einen solchen Basar gibt und wann er stattfindet.

Nikolaus, Kinderbischöfe und Knecht Ruprecht (1/3)

5–9

Eine Mutter erzählt: Wir spielen gern **„fleißiger Nikolaus"**. Dieses Spiel ist wirklich sehr unterhaltsam und lustig, nicht nur für Kinder! Es wiederholt sich jedes Jahr am Abend des 5. Dezember und ist mindestens mit zwei Personen zu spielen. Je mehr Mitspieler dazukommen, desto lustiger und abwechslungsreicher wird es. Bei uns geht es damit los, dass die Kinder das erste und einzige Mal im Jahr ihre Schuhe putzen. Wirklich! Manche Schuhe kann man auch gar nicht mehr putzen, sondern nur noch in die Waschmaschine stecken. Es ist anders als zu meiner Kinderzeit, in der es ausschließlich Lederschuhe gab. Jedes Jahr denke ich, Eltern dürfen nicht gewinnen, und lasse meine Schuhe im Schrank. „Spielverderber!" rufen dann die Kinder und behaupten doch glatt, ich würde mich nur vor dem Schuheputzen drücken wollen.
Früher war es noch einfach. Da gingen die Kinder rechtzeitig ins Bett, und der fleißige Nikolaus konnte in Ruhe seines Amtes walten, bevor er sich schlafen legte. Nun sind die Kinder groß, wollen immer noch Nikolaus spielen und Adventskalender bekommen und gehen aber nicht vor 24 Uhr ins Bett. Das wird schwierig für den Nikolaus, der seinen Schlaf braucht, weil er am nächsten Morgen früh seinen Alltagsjob machen muss, den er auch noch hat. Also: Noch früher aufstehen und die sauberen Schuhe befüllen, die sich – oh Wunder – in der Nacht bereits mit den geheimnisvollsten Dingen gefüllt haben. Also waren die Nikoläuse von der Nachtschicht schon fleißig gewesen. Aber die Chance, unerkannt zu bleiben ist gut. Schnell gefüllt und ab zur Arbeit. Frühestens am Spätnachmittag treffen alle fleißigen Nikoläuse wieder ein – außer an Wochenenden, dann sind die Spielregeln etwas entspannter, weil das frühe Aufstehen entfällt.

Nun der Höhepunkt des Spiels: Alle leeren ihre Schuhe, packen gleichzeitig aus, freuen sich gleichzeitig, lachen, probieren und tauschen.

Auch kleinere Kinder sollten unbedingt als fleißiger Nikolaus mitspielen und nicht nur beschenkt werden. Sie erfahren, wie viel Spaß es macht, andere mit kleinen Gaben zu überraschen.

Bereits im Mittelalter wurden die Kinder am Nikolaustag mit einbezogen, wenn auch unabhängig vom Beschenken. Damals entstand der Brauch des **„Kinderbischofsspiels"**. Es bestand darin, dass in Kloster- und Stiftsschulen an besonderen Tagen ein Schüler zum „Bischof" oder zum „Abt" gewählt wurde. Er wurde in entsprechende Gewänder gekleidet, und man übertrug ihm und seinen „Kaplänen" einen Teil der bischöflichen Amtspflichten. Vermutlich entwickelte sich das Kinderbischofsspiel aus den Narrenfesten. Meist fand es am Tag der Unschuldigen Kinder (also am 28. Dezember) oder an Neujahr statt; seit dem 13. Jahrhundert wurde es aber zunehmend auch am Nikolaustag gespielt. Die Stadt- und Bürgerschulen übernahmen den Brauch, und im Laufe der Zeit verbreitete sich das Spiel in vielen Ländern. Allerdings wurde Kritik laut, dass das Spiel mit zu viel Übermut ausgeübt wurde, und durch die kirchliche Reformation und die Aufklärung wurde der Brauch nicht weiter verfolgt.
Heute wird die Tradition jedoch in vielen Orten wieder neu belebt, z.B. in Göttingen, Hamburg oder auch Ottstedt (bei Magdala/Weimar). Ziel ist es, dass die Kinder durch den Rollentausch ihre oft zu wenig beachteten Anliegen gegenüber den Erwachsenen vorbringen können.

Aufgaben – Teil A

1. Wie verläuft bei euch zu Hause der Nikolaustag bzw. der Vorabend ab? Putzt ihr auch fleißig eure Schuhe?
2. Kennst du den Kinderbischofsbrauch? Recherchiere, wie er heute aussieht, z.B. unter www.kirche-magdala.de/bischoe.html, www.brauchtum.de/winter/unschuldige_kinder.html, http://nikolausberg.de (dort das Inhaltsverzeichnis durchsuchen) oder www.ekmd.de, www.wichern-schule.de/ueber-uns/unser-profil/wir-sind-evangelisch.html.
3. Was würdest du als „Bischof" anordnen oder dir für die Kinder wünschen?

Nikolaus, Kinderbischöfe und Knecht Ruprecht (2/3)

5–9

Knecht Ruprecht
Theodor Storm

Von drauß' vom Walde komm ich her,
Ich muss euch sagen, es weihnachtet sehr.
Allüberall auf den Tannenspitzen
Sah ich goldene Lichtlein sitzen.
Und droben aus dem Himmelstor
Sah mit großen Augen das Christkind hervor.
Und wie ich so strolcht durch den dichten Tann,
da rief's mich mit heller Stimme an;
„Knecht Ruprecht" rief es, „alter Gesell,
Hebe die Beine und spute dich schnell!
Die Kerzen fangen zu brennen an,
Das Himmelstor ist aufgetan,
Alt' und Junge sollen nun
Von der Jagd des Lebens einmal ruhn;
Und morgen flieg ich hinab zur Erden,
Denn es soll wieder Weihnachten werden!"
Ich sprach: „Oh lieber Herre Christ,
meine Reise fast zu Ende ist;
Ich soll nur noch in diese Stadt,
Wo's eitel brave Kinder hat."
„Hast denn das Säcklein auch bei dir?"
Ich sprach: „Das Säcklein, das ist hier;
Denn Apfel, Nuss und Mandelkern
essen fromme Kinder gern!"
„Hast denn die Rute auch bei dir?"
Ich sprach: „Die Rute, die ist hier!
Doch für die Kinder nur, die schlechten,
Die trifft sie auf den Teil, den rechten!"
Christkindlein sprach: „So ist es recht,
So geht mit Gott, mein treuer Knecht!"
Von drauß' vom Walde komm ich her;
Ich muss euch sagen, es weihnachtet sehr!
Nun sprecht, wie ich's hierinnen find?
Sind's gute Kind, sind's böse Kind?

Quelle: Paulsen, Gundel (Hg.):
„Schleswig-holsteinisches Weihnachtsbuch:
Geschichten, Gedichte und Bilder aus der Zeit zwischen Advent und Dreikönigsfest", Husum Druck- und Verlagsgesellschaft, Husum 1996, S. 70

Knecht Ruprecht
Volksgut

Der Esel, der Esel,
Wo kommt er her?
Von Wesel, von Wesel,
Er will ans Schwarze Meer.

Wer hat denn, wer hat denn
Den Esel so bepackt?
Knecht Ruprecht, Knecht Ruprecht
Mit seinem Klappersack.

Mit Nüssen, mit Äpfeln,
Mit Spielzeug allerlei,
Und Kuchen, ja Kuchen
Aus seiner Bäckerei.

Wo bäckt denn, wo bäckt denn
Knecht Ruprecht seine Speis?
In Island, in Island,
Drum ist sein Bart so weiß.

Die Rute, die Rute,
Die ist dabei verbrannt;
Heut sind die Kinder artig
Im ganzen Land.

Ach Ruprecht, ach Ruprecht,
Du lieber Weihnachtsmann;
Komm auch zu mir
Mit deinem Sack heran.

Quelle: Schuldt, Brigitte (Hg.):
„Das große Weihnachtsbuch", Rowohlt, Reinbek 1996, S. 35/36

Nikolaus, Kinderbischöfe und Knecht Ruprecht (3/3)

5–9

Bringt der Nikolaus dieses Jahr Mandarinen und Nüsse oder eine Rute?

Aufgaben – Teil B

1. Kennst du das Lied: „Lasst uns froh und munter sein", das die Kinder am Nikolausabend singen? Was meinst du: Ist mit Knecht Ruprecht und Nikolaus die gleiche Person gemeint, oder gibt es Unterschiede?
2. Unser Nikolausfest gründet auf der Nikolauslegende. Lies die Geschichte vom Bischof Nikolaus nach – du findest sie z.B. unter www.nikolaus-von-myra.de.
3. In Süddeutschland gesellten sich zum Nikolaus oft finstere Gesellen, z.B. der Klaubauf, der Krampus, der Nussmärtl, der Pelzmärtle oder die Perchten, die den Kindern nicht nur mit ihren Ruten Angst einjagten. In vorchristlicher Zeit sollten sie die bösen Geister vertreiben. Teilt euch in Gruppen auf, und recherchiert über die Begleiter des Nikolaus im Internet, z.B. unter www.nikolaus.nl/krampus/index.htm oder www.brauchtumsseiten.de. Tragt anschließend eure Ergebnisse zusammen.

Ochs und Esel – die Weihnachtskrippe

5–13

Als sich Goethe 1787 während seiner Reise durch Italien für einige Monate in Neapel aufhielt, schrieb er:

Aus Holz geschnitzte Krippenfiguren

Die Straße der Krippenbauer in Neapel

Hier ist der Ort, noch einer anderen entschiedenen Liebhaberei der Neapolitaner überhaupt zu gedenken. Es sind die Krippchen (presepe), die man zu Weihnachten in allen Kirchen sieht, eigentlich die Anbetung der Hirten, Engel und Könige vorstellend, mehr oder weniger vollständig, reich und kostbar zusammen gruppiert. Diese Darstellung ist in dem heitern Neapel bis auf die flachen Hausdächer gestiegen; dort wird ein leichtes hüttenartiges Gerüste erbaut mit immergrünen Bäumen und Sträuchen aufgeschmückt. Die Mutter Gottes, das Kind und die sämtlichen Umstehenden und Umschwebenden, kostbar ausgeputzt, auf welche Garderobe das Haus große Summen verwendet. Was aber das Ganze unnachahmlich verherrlicht, ist der Hintergrund, welcher den Vesuv mit seinen Umgebungen einfasst.

Quelle:
Dittmar, Jens: „Weihnachten mit Goethe, Weihnachten in Neapel", Aufbau, Berlin 2000, S. 118/119

Aufgaben

1. Wo stellte man die Krippenfiguren zuerst auf? Notiere, auf welchen Brauch die Produktion und das Aufbauen ganzer Krippenlandschaften zurückgehen. Recherchiere dazu z.B. unter www.wikipedia.org unter dem Stichwort „Weihnachtskrippe".
2. Was im 15. Jahrhundert zunächst als Krippenlandschaft mit Kulissen in den Kirchen aufgebaut wurde, gefiel den Leuten so sehr, dass zuerst die reichen Leute, dann aber auch ganz normale Bürger Krippenfiguren in ihren Häusern aufstellten. Habt ihr auch eine Krippe, die ihr zu Weihnachten aufstellt? Aus welchem Material ist sie? Tragt in der Klasse zusammen, welche verschiedenen Arten von Weihnachtskrippen es heute geben kann.
3. Warum gehören auch Ochs und Esel stets zu den Krippenfiguren? Suche die entsprechende Bibelstelle heraus.
4. Recherchiere: Wie heißt die berühmte Straße der Krippenbauer in Neapel, von der schon Goethe schwärmte? Wie nennt man dort die Krippen?

Päckchen packen und Weihnachtspost schreiben

5–13

Weihnachtskarten

Es ist die Woche vor dem 3. Advent, und langsam trudeln die Weihnachtskarten von Bekannten, Freunden und Verwandten ein. Wie jedes Jahr erhalten sie einen Ehrenplatz an der Küchentür. Prima, wenn es von Woche zu Woche und kurz vor dem Fest täglich mehr werden. Künstlerkarten hängen neben Weihnachtskitsch, liebevoll selbstaufgenommene Fotos neben Winterlandschaften. Bis Weihnachten ist die Tür voll mit lieben Grüßen von nah und fern.

Sehr viel Post kommt jetzt auch von Organisationen, die gerade in der Vorweihnachtszeit um Spenden werben. Unsere Postbotin hat viel zu tun. Ihr wichtiger Job ist wertzuschätzen. Für Weihnachtsgrüße sind auch E-Mails sehr praktisch, besonders wenn sie nach Übersee gehen. Denn die Post dorthin ist sehr lange unterwegs. E-Mails ersetzen aber keine dieser handgeschriebenen, herrlich kitschigen oder auch kunstvoll gestalteten Karten an unserer Küchentür. Ein persönlicher Gruß, den ich in der Hand halte, ist ein greifbarer Freundschafts- und Liebesbeweis.
Solange viele Leute dies genauso sehen, wird unsere Postbotin auch weiterhin noch viel zu tun haben.

Aufgaben

1. Wie ist es bei dir mit der Weihnachtspost? Mache dir zu folgenden Fragen Notizen, und tausche dich anschließend mit deinen Mitschülern darüber aus.
   a) Schickst du zu Weihnachten Grüße an Verwandte oder Freunde?
   b) Welche Art der Versendung bevorzugst du? Karte, Briefe, E-Mails oder Anrufe?
   c) Versendest du Päckchen an Verwandte oder Freunde?
   d) Bekommst du Päckchen geschickt?
   e) Bekommst du gern Weihnachtspost?
   f) Hängst du die Grüße auf?
   g) Bedankst du dich für die Grüße und Geschenke?

2. Wem möchtest du dieses Jahr Weihnachtspost senden? Schreibe die Personen auf den Merkzettel rechts.

Quempas singen mit der Kurrende

5–7

Quempaslieder sind weihnachtliche Wechselgesänge in lateinischer Sprache. Früher wurden sie von Knabenchören, den sogenannten Kurrenden, gesungen, die vor Weihnachten von Haus zu Hauszogen und damit etwas Geld verdienten. Auch zu Begräbnissen und anderen Gelegenheiten sangen die Kurrendesänger geistliche Lieder für Geld. Inzwischen gibt es wieder Kinderchöre, die sich als Kurrende bezeichnen. Sie singen in den Gottesdiensten Wechselgesänge mit der Gemeinde, in der Weihnachtszeit den Quempas. Vor allem im Erzgebirge spielt dieser Brauch eine große Rolle. Dort werden auch die kleinen Kurrendesänger-Figuren hergestellt.

Miniatur-Kurrendesänger aus dem Erzgebirge

Als kleine Grüppchen aufgeteilt, gingen auch wir früher in der Adventszeit durch den Ort und sangen für einsame oder kranke Leute. Wir überreichten Tannenzweige mit einer Kerze darauf und wünschten eine frohe Advents- und Weihnachtszeit. Die Leute freuten sich immer sehr! Nur einmal erlebten wir, dass eine alte Frau uns fortscheuchte. Das konnten wir nicht verstehen, ließen uns aber nicht entmutigen.

Manche Musiklehrer pflegen in der Adventszeit, mit dem Schulchor in Seniorenwohnanlagen zu singen. Wie strahlen da die Bewohner und Bewohnerinnen! Mit Leckereien beladen ziehen die Schüler danach glücklich wieder zur Schule zurück. Eine gute Sitte, die viel Freude macht auf beiden Seiten!

Weihnachtslieder

- Nun singet und seid froh!
- Es ist ein Ros' entsprungen
- Ich steh an deiner Krippe hier
- Fröhlich soll mein Herze springen
- Freu dich, Erd und Sternenzelt
- Ihr Hirten erwacht! Seid munter und lacht!
- Maria durch ein' Dornwald ging
- ______________________
- ______________________
- ______________________
- ______________________
- ______________________
- ______________________
- ______________________

Aufgaben

1. Im Internet kannst du mehr über diesen Brauch erfahren. Recherchiere, woher die Bezeichnung „Kurrende" kommt.

2. Überlegt gemeinsam in der Klasse, ob ihr mit Unterstützung eures Musiklehrers oder Schulchors Bewohnern einer benachbarten Senioreneinrichtung eine Freude machen könntet.

3. Es gibt so viele Weihnachtslieder, und es wäre schade, wenn sie in Vergessenheit gerieten! Partnerarbeit: Ergänzt die Liste im Kasten, und schreibt so viele weitere Weihnachtslieder auf, wie euch einfallen. Welche 2er-Gruppe hat am Ende die meisten? Welches Weihnachtslied singt ihr am liebsten? Macht ein Ranking.

© Verlag an der Ruhr | Autorin: Hanna Fischer | ISBN 978-3-8346-2272-3 | www.verlagruhr.de

Rummelpott und Anklopftag

5–13

Früher gingen die Kinder in **Norddeutschland** am Altjahrsabend, dem letzten des Jahres, also Silvester, zum Rummelpottlaufen. Eine trockene Schweinsblase wurde ähnlich einer Trommel über einen Kochtopf gespannt. In die Mitte steckte man einen Stock. Wurde dieser auf und nieder bewegt, gab dieses „Instrument" – der inzwischen in Vergessenheit geratene „Rummelpott" – brummende Töne von sich. Damit zogen die Kinder von Haus zu Haus, klopften an und sangen dieses Lied:

Fruken, maak de Dör opp,
De Rummelpott will in;
Dor kömmt en Schipp von Holland,
Dat hett so'n moje Wind.
Schipper, wist du wieken,
Bootsmann, wist du stieken,
Sett en Segel op dien Topp
Un giff mi wat in min Rummelpott!

Quelle: Paulsen, Gundel (Hrsg.):
„Schleswig-holsteinisches Weihnachtsbuch: Geschichten, Gedichte und Bilder aus der Zeit zwischen Advent und Dreikönigsfest", Husum Druck- und Verlagsgesellschaft, Husum 1996, S. 282

In den Häusern bekamen sie dann zu trinken und zu essen, manchmal Geld, Brot und Speck, Eier, braune Kuchen und Fördchen, ein besonderes Gebäck.

In **Süddeutschland** gab es einen ähnlichen Brauch. An den drei Donnerstagen vor Weihnachten, den sogenannten Anklopftagen, kamen die „Anklöpfler". Es waren Kinder, die mit Säckchen von Haus zu Haus gingen, anklopften und folgendes Lied sangen.

Klopf a, klopf a, Hämmerle,
d' Bäuere got ins Kämmerle,
holat Äpfel und Bira ra,
dass i ka „Vergelt's Gott" sa.

Quelle: Löcher, Paul: „Wie's einstens war zur Weihnachtszeit. Ein Buch der Erinnerungen", Schwabenverlag, Ostfildern 1981, S. 72 / © Schwabenverlag AG, Ostfildern 1981, www.verlagsgruppe-patmos.de

Sie bekamen Gebäck, Äpfel, Nüsse und Hutzeln (Trockenobst).
Dieses Brauchtum stammt vermutlich aus vorchristlicher Zeit.
Der Donnerstag war nämlich dem Gott Donar geweiht.

Aufgaben

1. Woran erinnern dich diese Bräuche? Auch heute noch gehen Kinder und klingeln an den Haustüren. Was hat es mit diesem Brauch auf sich? Machst du dabei mit?
2. Was sagen und singen die Kinder dabei? Denke dir selbst einen Bittspruch aus, und schreibe ihn auf.

Schwibbögen und anderer Weihnachtsschmuck aus dem Erzgebirge

5–8

Der Nussknacker

Walter Kempowski

Nussknacker

Wir haben einen schönen Nussknacker, er hat einen schwarzen Helm auf dem Kopf und rote Hosen an. Er hat sogar einen Säbel. Der arme Nussknacker! Den ganzen Sommer über liegt er in einem Karton, zusammen mit den Glaskugeln für den Weihnachtsbaum. In dem Karton ist es eng und muffig. Gut ist es, dass der Nussknacker Gesellschaft hat, um ihn herum liegen die Weihnachtsengel. Zu Weihnachten packt Vater den Karton aus. Die Engel, die Kugeln und die Sterne kommen an den Weihnachtsbaum. Der Nussknacker kommt auf den Tisch. Mit seinen kräftigen Zähnen knackt er jede Nuss, nur nicht die Paranuss, und die Kokosnuss natürlich auch nicht. Merkwürdig, dass es keine Nussknackerin gibt.

Quelle: Kempowski, Walter: „Herrn Böckelmanns schönste Tafelgeschichten", Albrecht Knaus Verlag, München 1983, S. 82

Weihnachtsfiguren

Weihnachtsengel

Die Figuren kommen aus dem Erzgebirge. Dort gibt es eine lange Tradition der Spielzeug- und Weihnachtsschmuck-Herstellung. Als der Bergbau nicht mehr lohnte, sah man sich nach anderen Beschäftigungsmöglichkeiten um. Die Wälder boten Fichten- und Tannenholz. Daraus ließen sich Figuren schnitzen und drechseln. Bitterarm waren sie häufig, die „Häusler", die gemeinsam mit der gesamten Familie Figuren und Spielzeuge produzierten, die bis nach Amerika exportiert wurden.

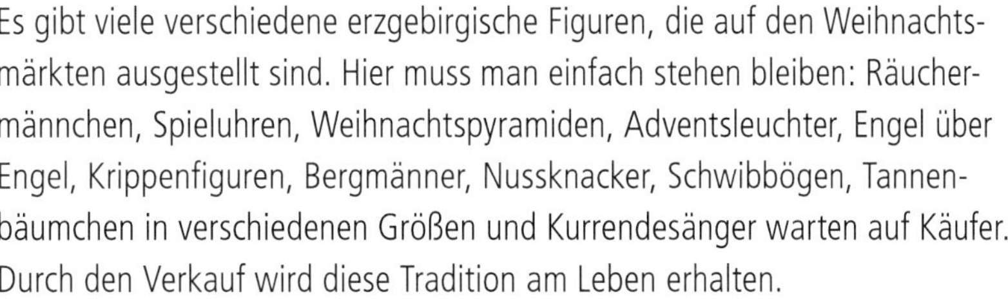

Es gibt viele verschiedene erzgebirgische Figuren, die auf den Weihnachtsmärkten ausgestellt sind. Hier muss man einfach stehen bleiben: Räuchermännchen, Spieluhren, Weihnachtspyramiden, Adventsleuchter, Engel über Engel, Krippenfiguren, Bergmänner, Nussknacker, Schwibbögen, Tannenbäumchen in verschiedenen Größen und Kurrendesänger warten auf Käufer. Durch den Verkauf wird diese Tradition am Leben erhalten.

Auf Weihnachtsmärkten kann man manchmal Handwerkern, die diese kleinen Weihnachtsfigürchen herstellen, über die Schulter schauen. Reifendreher stellen aus verschieden Holzreifen Tiere her. Das Profil der Tiere wird in Holzreifen gedrechselt. Mit einem Messer spaltet der Spielzeugmacher davon kleine Scheiben ab. Schon sind in kurzer Zeit eine Menge Tiere fertig. Wie schön, dass dieses alte Handwerk noch existiert!

Aufgaben

1. Habt ihr zu Hause auch Weihnachtsschmuck aus dem Erzgebirge? Berichte deiner Klasse.
2. Berühmt sind auch die erzgebirgischen Schwibbögen. Recherchiere, was genau das ist und wie solch ein Bogen aussieht.
3. Wenn du mehr über die Volkskunst aus dem Erzgebirge erfahren möchtest, informiere dich z.B. unter www.spielzeugmuseum-seiffen.de.

LH Tannenbaumschmuck und seine Symbolik

5–7

s. AB auf S. 87

Darum geht es

Die Schüler machen sich Gedanken über die Symbolik, die in den Farben und typischen Formen und Gegenständen der Weihnachtszeit steckt, und lernen die Hintergründe kennen.

Material/Vorbereitung

Kopieren Sie das **Arbeitsblatt** in Klassenstärke, und legen Sie **Lexika** bereit, oder sorgen Sie alternativ für einen Internetzugang.

Lösung

Aufgabe 1: Glocke > die Freudenbotschaft der Engel; Apfel (auch zur Erinnerung an den Paradiesbaum und die Fruchtbarkeit; sie wurden später durch Kugeln ersetzt) > das Leben; Spirale > ständige Bewegung und Erneuerung; Herz > Gottes Liebe; Stern > der Bethlehemstern; Kerze > Jesus als Licht der Welt; Nuss > Gottes unerforschlicher Ratschluss, das Rätsel und das Wunder der Schöpfung

Aufgabe 2 und 3: Rot steht für die Liebe, Grün für die Hoffnung, Weiß für die Reinheit.

LH Virgilfasten

9–13

Darum geht es

Das Virgilfasten gehört zu den alten Fastenordnungen der katholischen Kirche. Am Tag vor einem christlichen Hauptfest, dem Virgiltag, wurde entweder bis zum Mittag oder bis zum Einbruch der Dunkelheit gefastet. Hierzu gehörte auch der Heilige Abend. Zum Frühstück gab es eine Kleinigkeit, z.B. einen Brei, zum Mittag mancherorts nur eine einfache Suppe, und erst am Abend wurde geschlemmt. Außerdem galt das Abstinenzgebot, bis Mittag oder bis zum Abend keine Fleischspeisen zu sich zu nehmen.
Die Schüler überlegen nun gemeinsam, welchen Sinn solche Fastentage/-zeiten haben.

Material/Vorbereitung

Es sind keine besonderen Materialien oder Vorbereitungen nötig.

Schüleraufgaben

1. Überlege zunächst allein, warum ein Fastengebot vor besonderen Feiertagen bestand.
2. Diskutiere anschließend mit der gesamten Klasse über Sinn und Wert von Fastenzeiten. Schreibt eure Argumente an die Tafel.
3. Vergleiche: Wie fühlt es sich auf Dauer an, immer alle Bedürfnisse sofort erfüllt zu bekommen? Wie ist es, wenn sich Entbehrungen und Wunscherfüllung abwechseln?
4. Wie sieht bei euch zu Hause die Speisefolge am Heiligabend aus? Berichte.

Tannenbaumschmuck und seine Symbolik

5–7

Der Schmuck am Weihnachtsbaum ist seit Langem Tradition und hat seine besondere Symbolik. „Symbol" bedeutet „Sinnbild", es ist also ein Zeichen mit einer bestimmten Bedeutung; es steht für etwas. Zum Beispiel sind Rot und Grün die Farben des Lebens und damit wichtige Symbolfarben in der Weihnachtszeit. Hier findest du weitere Symbole und Bedeutungen, allerdings ist alles ein wenig durcheinandergeraten:

Jesus als Licht der Welt

die Freudenbotschaft der Engel

ständige Bewegung und Erneuerung

Gottes unerforschlicher Ratschluss

Gottes Liebe

das Leben

der Bethlehemstern

Rot steht für ______________________________.

Grün steht für ______________________________.

Weiß steht für ______________________________.

Aufgaben

1. Ordne die Symbole den Bedeutungen zu – verbinde dazu die Bilder mit den Texten.
2. Rot und Grün sind nicht nur Farben des Lebens, sie stehen jeweils auch noch für einen anderen Wert. Finde es heraus, und notiere!
3. Welche Bedeutung hat das Weiß der Kerzen? Recherchiere und notiere!

Weihnachtsmann und Wichtel (1/2)

Wie der Weihnachtsmann aussieht? Ist doch klar! Oder? Habt ihr euch schon einmal Gedanken darüber gemacht, dass er vielleicht nicht immer der alte Mann mit weißem Rauschebart und roten Klamotten war?

Wie der Weihnachtsmann zu seinem Aussehen kam

Heute ist der Weihnachtsmann in den Wochen, ja Monaten vor Weihnachten allgegenwärtig. Auf öffentlichen Plätzen klingelt er mit einer Glocke Kinder herbei. Als aufblasbare Riesenpuppe thront er in Elektrogeschäften. Und in Schokolade gegossen ist er sogar essbar. An dem Mann mit dem Rauschebart und dem roten Gewand kommt keiner vorbei.

Allerdings darf er nicht für sich in Anspruch nehmen, eine altehrwürdige Erscheinung zu sein. Im Gegenteil: Er selbst ist jung [...], sein Name noch jünger und sein Aussehen allerjüngsten Datums.

Lange Zeit kümmerte sich kein Mensch darum, wie der Weihnachtsmann offiziell auszusehen hat. Mal tauchte er jung und schlank auf, in weißen Pelz gehüllt; dann wieder alt und dick, und sein Pelz war braun. Überliefert ist er auch als Mann mit Schlapphut und Pfeife. Wie der Weihnachtsmann aussieht, das blieb der Phantasie der Kinder überlassen (oder des jeweiligen Weihnachtsmann-Darstellers). Fest stand nur, dass er mit seinem Schlitten durch den Himmel flog, durch die Schornsteine in die Wohnungen kam und flugs seine Geschenke ablegte.

Die wichtigsten Merkmale seines Erscheinungsbildes führte erst ein deutsch-amerikanischer Zeichner mit dem Namen Thomas Nast ein. Er arbeitete für die amerikanische Wochenzeitschrift „Harpers Weekly" und stellte den Gabenbringer (auf Englisch: Santa Claus, hier taucht doch der heilige Nikolaus im Namen wieder auf) zum ersten Mal als weißbärtigen Onkel im roten Pelz dar. Das gefiel den Leuten, und es blieb dabei.

Keine 60 Jahre später legte ein schwedischer Zeichner letzte Hand an die Gestalt des Weihnachtsmanns: Der Schwede Haddon Sundblom bekam 1931 von der Firma Coca-Cola den Auftrag, den Weihnachtsmann so zu gestalten, dass er für die Rolle in einer Werbekampagne taugte. Dafür musste der Kinderfreund in rot-weißen Pelz gekleidet sein. Das waren nämlich die offiziellen Farben der Weltfirma. Sogar den Gesichtsausdruck gaben die Chefs dem Künstler vor, indem die ihm die Fotografie eines ehemaligen Verkäufers der Firma vorlegten. So, sagten sie, hat der Weihnachtsmann auszusehen. Und so sieht er immer noch aus.

Quelle: Ufertinger, Volker: „Warum feiern wir Weihnachten?", Deutsche Verlags-Anstalt, München 2004, S. 39/40

Vom Weihnachtsmann

Zentrale Stichwörter des 19. Jahrhunderts: Säkularisierung und Verbürgerlichung. Sichtbarstes Beispiel: Der Weihnachtsmann. Er beginnt, die zuvor allein üblichen, noch klar religiös determinierten Gabenbringer der Adventszeit, Sankt Nikolaus und den „heiligen Christ" samt ihren Begleitern zunehmend abzulösen. Das äußere Erscheinungsbild des Weihnachtsmanns festigte sich offenbar zwischen 1840 und 1850. Der Maler Moritz v. Schwind und andere Künstler hatten am neuen Bild besondere Anteile.

Das eigentlich Neue am Weihnachtsmann war seine oberflächliche Universalität. Dazu gehörte insbesondere, dass durch ihn die für den alten Einkehrbrauch typische, strenge personelle Trennung zwischen den Prinzipien der Belohnung und Bestrafung aufgehoben wurde, indem er sowohl Eigenschaften des himmlischen Kinderfreundes Nikolaus als auch Wesenszüge des dämonischen Kinderschrecks Knecht Ruprecht auf sich vereinte. An den Details der Kostümierung und Ausstaffierung des Weihnachtsmannes lässt sich diese Vermengung von ursprünglich zwei Figuren zu einer Person nach wie vor ablesen: die rote Standardfarbe seiner Kleidung rührt eindeutig von den bischöflichen Pontifikalgewändern des heiligen Nikolaus her, der Zuschnitt des Mantels zur Kapuzenform sowie Pelzbesatz und Stiefel sind dagegen Anleihen beim Knecht Ruprecht. Das primär religiös orientierte Leitbild erhielt nunmehr eine soziale Funktion.

Weihnachtsmann und Wichtel (2/2)

Der des „Liedes der Deutschen" hochzuverehrende Hoffmann von Fallersleben, ein überzeugter Demokrat, schrieb 1835 […]:

„Morgen kommt der Weihnachtsmann,
kommt mit seinen Gaben.
Trommel, Pfeifen und Gewehr,
Fahn' und Säbel und noch mehr,
ja ein ganzes Kriegesheer
möcht ich gerne haben."

Wer die Engelsbotschaft bei der Geburt Christi „Friede den Menschen auf Erden" vor sich sieht, kann derartige Inhalte nicht nachvollziehen. Säkulare Vorbilder? […]

Der Weihnachtsmann unterliegt gleichermaßen vielfacher Degenerierungserscheinungen. Man denke an die Zwergen-Weihnachtsmänner, Wichtel- oder Heinzelmännchen. […] Durch die Schrumpfung des Weihnachtsmanns zum Zwerg wechselt dieser nicht nur aus dem vormals christlichen Beziehungsrahmen in den Bereich des Profanen schlechthin, sondern fällt darüber hinaus eine Stufe weiter zurück in die heidnisch-germanische Geisterwelt der Erdwichte, Unterirdischen, Walddämonen […] und Gnomen, wie sie in Sage und Märchen lebendig geblieben sind. Werner Mezger schreibt weiter: „Der Wandel des Thaumaturgen aus Myra vom überragenden Heiligen zum lächerlichen Zwerg gehört, auch wenn eineinhalb Jahrtausende dazwischen liegen, zu den ungeheuerlichsten Metamorphosen, die je eine Gestalt der europäischen Ideengeschichte durchgemacht hat." […] Bringen wir die aufgezeigte Multifunktionalität einer legendären Figur auf den Punkt, so lassen sich nach Werner Mezger folgende grundlegende Aspekte feststellen:

1. Bischof Nikolaus als Vermittler christlicher Tugenden
2. Brauchausführungen als soziales Ventil
3. Pädagogische Erwartungen der Eltern
4. Folkloristische Ambitionen bestimmter Trägervereine
5. Kommerzielle Aspekte der Geschenk- und Süßwarenindustrie

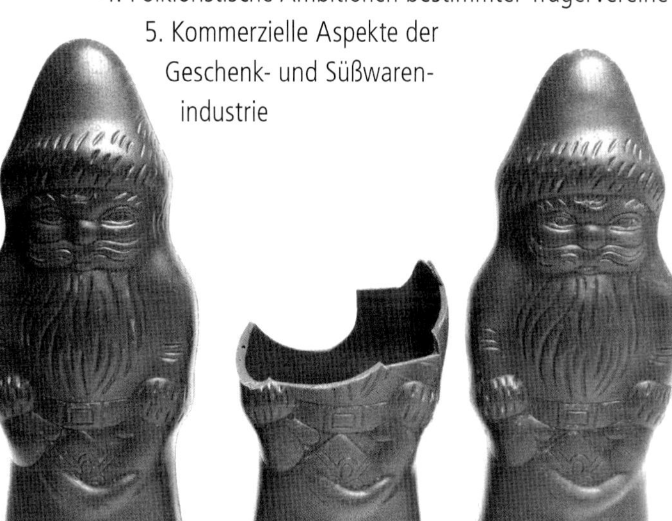

Eine weitere Erscheinungsform des Weihnachtsmanns

Quelle: Brachat, Hannes (Hg): „Weihnachtsspuren", NaDe-Verlag, Oberpframmern 2000, S. 31–35

Aufgaben

1. Lies die beiden Weihnachtsmann-Abhandlungen, und schlage unbekannte Wörter nach.
2. Halte ein Referat über die „Entwicklung des Weihnachtsmannes" von den Anfängen bis heute. Wähle eine kritische, eine karikierte oder eine lustige Form.
3. Diskutiert im Anschluss an den Vortrag, ob man kleinen Kindern erzählen sollte, die Geschenke kämen vom Weihnachtsmann.
4. Lege deine Einstellung zum Weihnachtsmann dar – Was hast du für Erfahrungen mit ihm gemacht? Gibt es nur gute oder vielleicht auch schlechte Erfahrungen mit der Figur? Oder bist du mit dem Christkind aufgewachsen? Berichte deiner Klasse.

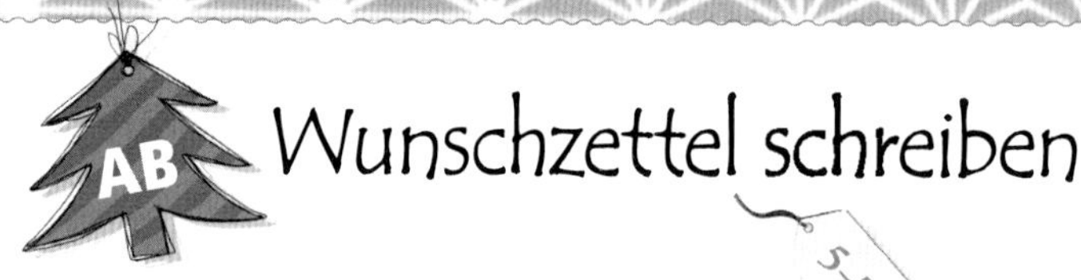

Wunschzettel schreiben

Dieser Wunschzettel stammt aus dem Jahr 1963:

Liebes Christkind!
Ich schreibe jetzt meinen
Wunschzettel
Ich wünsche mir:
Eine kleine Lampe in
gelb. Weißt du liebes Kr.
Christkind solche die ich
hier aufgemalt habe.
Einen
lieben Gruß Deine
Hanna.
hier ist die Lampe!

Aufgaben

1. Schreibe deine Wünsche für das nächste Weihnachtsfest um diesen alten Wunschzettel herum. Vergleiche die Wünsche – fällt dir etwas auf?
2. Tausche dich mit deinem Nachbarn aus: Schreibst du zu Hause einen Wunschzettel? Wie gestaltest du ihn? Wie gelangt dein Wunschzettel an die richtige Adresse?

Zwölf Rauhnächte

s. AB auf S. 92

Darum geht es
Die Schüler lernen die 12 Rauhnächte (vom 25. Dezember bis 6. Januar) kennen und erfahren etwas über den Aberglauben, der sich mit diesen Nächten seit Alters her verbindet.

Material/Vorbereitung
Kopieren Sie das **Arbeitsblatt** in Klassenstärke, und sorgen Sie für ausreichend Computerarbeitsplätze mit **Internetzugang.**

Lösung
Aufgabe 2a: Die vier wichtigsten Rauhnächte sind:
- der 21./22. Dezember (Thomasnacht)
- der 24./25. Dezember (Heiliger Abend, Christnacht, Vigil von Weihnachten)
- der 31. Dezember/1. Januar (Silvester)
- der 5./6. Januar (Vigil von Epiphanie, Erscheinung des Herrn)

Aufgabe 2b: Die längste Nacht ist die Nacht vom 21. auf den 22. Dezember, also die Thomasnacht. Es ist die Wintersonnenwende; d.h., die Sonne steht am südlichen Wendekreis auf der Südhalbkugel im Zenit; ist also am weitesten von uns entfernt.
Aufgabe 2c: Die Bauern hatten verschiedene Abwehrriten, wie z.B. das Besprengen von Haus und Stall mit Weihwasser und das Beräuchern mit Weihrauch, um den Hof und die Familie vor bösen Geistern, Unglück und Krankheiten zu schützen.

Zwölf Rauhnächte

5–13

Die Stunden und Tage, denen man jetzt entgegenging, waren voller Geheimnisse. Die „Heiligen Nächte" waren angebrochen, zwölf Nächte vom 25. Dezember bis zum 6. Januar, in denen nach dem Glauben unserer Vorfahren Hexen und Geister ihr Unwesen trieben." [...] War der alte Götter- und Geisterglaube eng an die Naturgewalten gebunden, so hielten sich begreiflicherweise auch dort die Bräuche der heidnischen Vorfahren am längsten, wo die Menschen jahraus, jahrein mit ihrer Arbeit und ihrem Leben diesen Naturgewalten ausgesetzt waren, also vor allem im bäuerlichen Bereich. „Am Heiligen Abend zog Vater, weil es der Brauch so wollte, von Zimmer zu Zimmer mit der Rauchpfanne, um die bösen Geister zu vertreiben", heißt es in der Erinnerung an eine Kindheit unter Gebirgsbauern und Holzfällern der Steiermark. [...] Benutzten die heidnischen Ahnen mancherlei Kräuter zur Rauchbereitung, so bediente man sich nach Einführung des Christentums jener Segensmittel, die in der Kirche üblich wurden: Weihrauch und Weihwasser. Aber der alte Geisterglaube lebte weiter, bis in [das 20.] Jahrhundert hinein: „Nach dem Viehfüttern am Abend ging Vater mit meinem ältesten Bruder Weihwasser sprengend durch das ganze Haus, auch in die Ställe und in die Scheuer. Vom Vater wurde der Segen gesprochen, während mein Bruder mit der Kerze in der Laterne leuchtete. Man glaubte, in den zwölf Rauhnächten ritten die wilden Reiter durch die Lüfte zur Jagd, und das geweihte Wasser verhinderte, dass sie Macht über die Menschen hätten." So steht es in einer Erinnerung an den Weihnachtsabend im Sudentenland. Auf einem anderen Hof reichte man dem Vieh am Heiligen Abend ein Stückchen Brot mit Weihwasser und geweihtem Salz; dann wurden die Räume mit Weihrauch beräuchert und dabei Segensgebete gesprochen. Diese Abwehrriten waren „geboren aus der Angst vor Tierkrankheiten und Seuchen, die von bösen Geistern oder strafenden Göttern ausgelöst werden könnten.

In den bitterkalten Nächten kann sich Raureif bilden

Quelle: Löcher, Paul: „Wie's einstens war zur Weihnachtszeit. Ein Buch der Erinnerungen", Schwabenverlag, Ostfildern 1981, S. 119 / © Schwabenverlag AG, Ostfildern 1981, www.verlagsgruppe-patmos.de

Aufgaben

1. Lies den Text, und notiere Fragen dazu.

2. Recherchiere im Internet zum Stichwort „Rauhnächte", z.B. unter www.weihnachtsseiten.de, www.weihnachtsstadt.de/brauchtum/brauchstart.htm oder www.brauchtumsseiten.de/a-z/r/rauhnacht/home.html.
Konntest du deine Fragen durch die Recherche beantworten?
Hier sind noch ein paar weitere Fragen. Beantworte Sie!
   a) Wie heißen die vier wichtigsten der zwölf Nächte? Schreibe ihre Namen auf.
   b) Welche ist die längste dieser Nächte?
   c) Was taten die Bauern in dieser Nacht? Aus welchem Grund?

24 x Weihnachtliche Musik, Theater, Spiel und Texte

AB 5–7

Weihnachtslieder erzählen eine Geschichte (1/2)

Als ich bei meinen Schafen wacht

Text und Melodie: Kölner Gesangbuch 1625; Chorsatz: Christopf Lahme 2007

1. Als ich bei meinen Schafen wacht
ein Engel mir die Botschaft bracht.

Refrain:
Des bin ich froh, (bin ich froh,)
froh, froh, froh, (froh, froh, froh)!
Benedicamus Domino, (benedicamus Domino).

2. Er sprach: „Der Heiland Jesus Christ
zu Bethlehem geboren ist!"

3. Er sagt, das Kind läg da im Stall
Und sollt die Welt erlösen all.

9. Den Schatz muss ich bewahren wohl,
So bleibt mein Herz der Freuden voll.

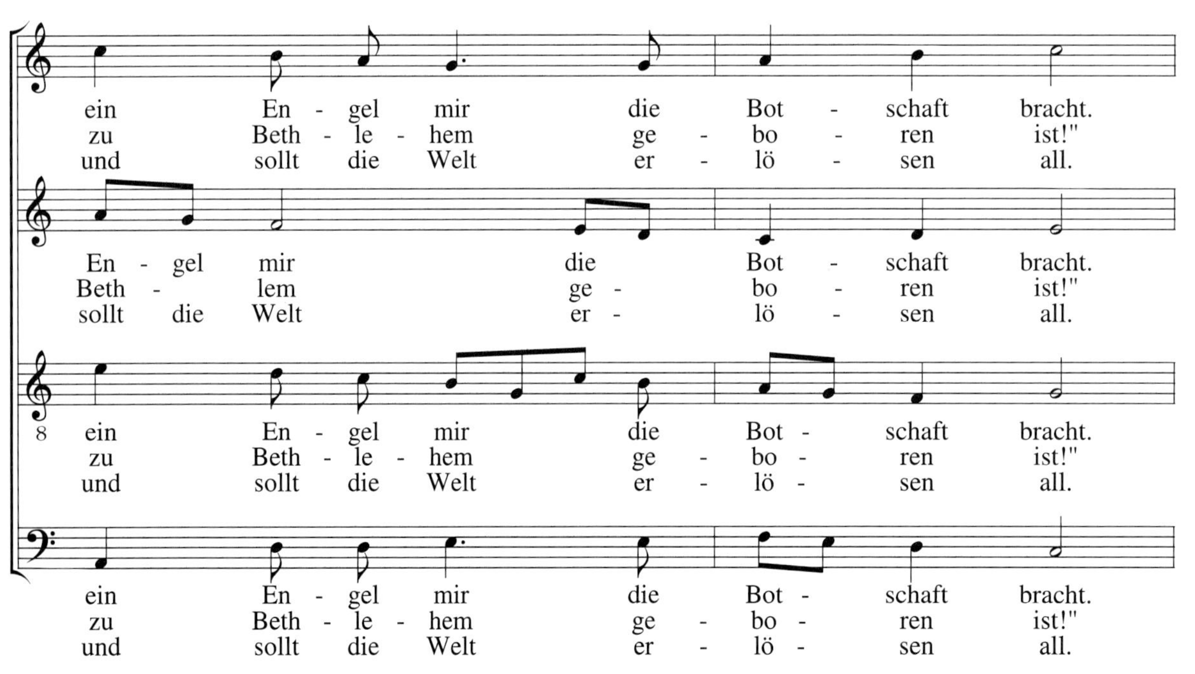

AB Weihnachtslieder erzählen eine Geschichte (2/2)

5–7

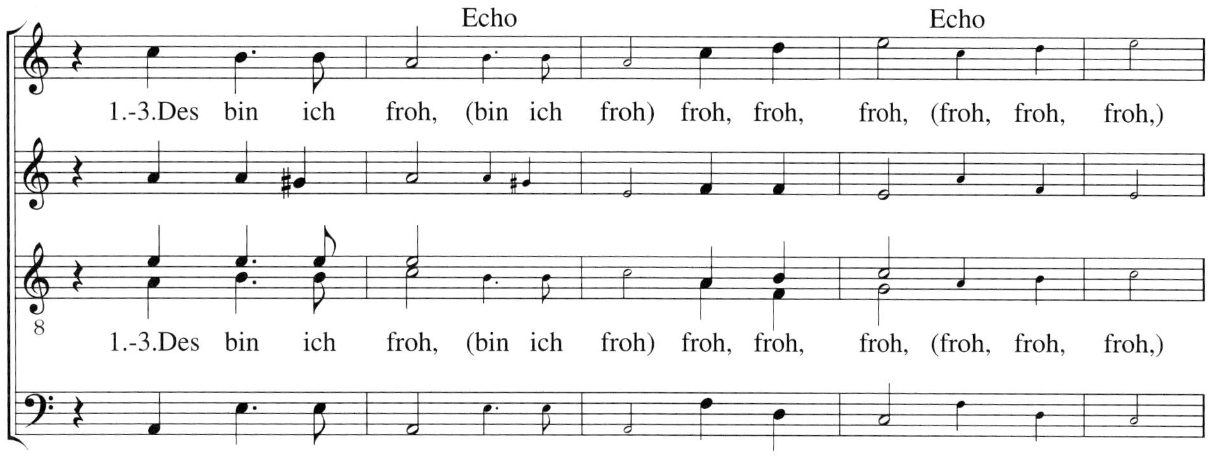

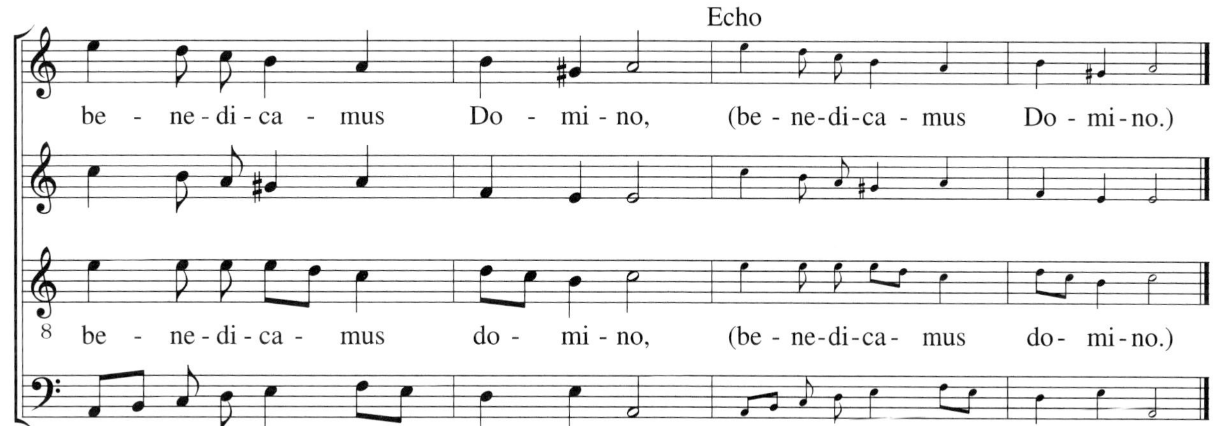

Quelle: Die Liederkiste
(www.montalegre-do-cercal.com/liederkiste/Text/Als_ich_bei_meinen_Schafen_wacht.html)

Unter folgenden Adressen kannst du weitere Weihnachtslieder im Internet finden – und sie dir auch anhören!
www.montalegre-do-cercal.com/liederkiste/ (hier findet ihr auch eine mp3-Fassung von „Als ich bei meinen Schafen wacht"), www.musica.at/weihnachtslieder/, www.musicalion.com, www.volksliederarchiv.de

Aufgaben

1. Wer erzählt in diesem Lied die Weihnachtsgeschichte?

2. Kennst du andere Weihnachtslieder, die eine Geschichte erzählen? Schreibe die Titel auf. Tragt eure Ergebnisse anschließend in der Klasse zusammen.

3. Welche Personen erzählen in diesen Liedern die Geschichte? Tragt gemeinsam Lieder zusammen, in denen die Weihnachtsgeschichte aus unterschiedlicher Sichtweise (von verschiedenen Personen) besungen wird. Wie viele verschiedene Perspektiven findet ihr?

Im Kanon singen

5–8

Singen kann man nicht nur einstimmig – es klingt auch sehr schön, wenn zwei oder gar mehr Stimmen versetzt singen. Das nennt man dann einen Kanon. In der Regel singen die Gruppen exakt die gleiche Melodie und den gleichen Text.

Es gibt auch Weihnachtslieder, die man als Kanon singen kann. Hier findet ihr zwei – probiert sie doch einmal aus!

Komm nun, weihnachtlicher Geist

Worte und Weise: Jens Rohwer

Quelle: Wolf, Heiner: „Unser fröhlicher Gesell, Ein Liederbuch für alle Tage“, Möseler Verlag, Wolfenbüttel/Bad Godesberg o. J., S. 300 / © Möseler Verlag, Wolfenbüttel

Ehre sei Gott in der Höhe!

Ludwig Ernst Gebhardi um 1830

Dieser 4-stimmige Kanon stammt aus der Weihnachtsgeschichte, nachzulesen in Lukas 2,14.

Quelle: „Evangelisches Gesangbuch, Ausgabe für die Nordelbische Evangelisch-Lutherische Kirche, Nr. 26“, Verlagsgemeinschaft Friedrich Wittig Verlag, Lutherische Verlagsgesellschaft, Hamburg/Kiel 1994

Das Weihnachtsoratorium von Johann Sebastian Bach

s. AB auf S. 98/99

Darum geht es

Die Schüler recherchieren über Johann Sebastian Bach und sein Weihnachtsoratorium und füllen mit ihren Ergebnissen einen Lückentext aus.

Material/Vorbereitung

Kopieren Sie die **Arbeitsblätter** für alle Schüler, und stellen Sie (Musik-)**Lexika** und einen **Internetzugang** sowie Bibeln zur Verfügung.

Lösung

1. Bach war ein berühmter Komponist aus Leipzig.
2. Er lebte von 1685 bis 1750.
3. Es war die Zeit des Barocks.
4. Mit 19 Jahren war er Organist in Arnstadt, vier Jahre später arbeitete er als Hoforganist in Weimar, 1717 wurde er Kapellmeister am Hof des Fürsten zu Anhalt-Köthen.
5. Danach arbeitete er von 1723 bis 1750 in Leipzig als Kantor in einer evangelischen Kirche. Seine Aufgaben waren die Leitung der Kirchenmusik sowie das Komponieren und Aufführen von Kantaten und Oratorien.
6. Dort leitete er auch den Chor der Thomasschule und komponierte das Weihnachtsoratorium.
7. Ein Oratorium ist ein längeres Musikstück für Solostimmen, Chor und Orchester. Es hat eine meist geistliche Handlung, wird aber nicht im Theater, sondern als Konzert aufgeführt.
8. Das Weihnachtsoratorium hat sechs Teile.
9. Die Geschichte, die in dem Stück besungen wird, ist die Weihnachtsgeschichte.
10. Die Teile des Weihnachtsoratoriums wurden ursprünglich je an einem Gottesdienst aufgeführt.
11. Der erste Teil des Weihnachtsoratoriums wurde für den ersten Weihnachts-Tag, der letzte für den Epiphanias-Tag komponiert.
12. Das Weihnachtsoratorium wurde im Jahre 1734/35 in der Thomas-Kirche in Leipzig uraufgeführt.
13. Es beginnt mit dem Satz „Jauchzet, frohlocket, auf, preiset die Tage!"
14. Noch heute wird es von dem berühmten Thomanerchor gesungen.
15. In diesem Chor singen traditionell nur männliche Mitglieder.
16. Neben dem Chor treten noch Solisten auf. Sie haben folgende Stimmen: Sopran (z.B. Engel), Alt (z.B. Maria), Tenor (Evangelist), Bass (z.B. Herodes).
17. Bach komponierte auch viele Kantaten und Choräle.
18. Ein bekanntes Weihnachtslied von Bach heißt: „Ich steh an deiner Krippen hier".
19. Bach signierte zahlreiche seiner Werke mit den Worten „Soli Deo Gloria", das bedeutet: „Allein Gott zur Ehre".
20. 2007 schuf John Neumeier ein Ballett zu Bachs Weihnachtsoratorium und versucht, somit Bachs Musik sinnlich erfahrbar zu machen.

AB Das Weihnachtsoratorium von Johann Sebastian Bach (1/2)

8–13

1. Bach war ein berühmter ______________________ aus ______________________.

2. Er lebte von __________ bis __________.

3. Es war die Zeit ☐ der Renaissance ☐ des Barocks ☐ der Romantik.

4. Mit 19 Jahren war er ______________________
   in Arnstadt, vier Jahre später arbeitete er als
   ______________________ in Weimar,
   1717 wurde er ______________________ am Hof
   des ______________________.

5. Danach arbeitete er von __________ bis __________
   in Leipzig als Kantor in einer
   ☐ katholischen ☐ evangelischen Kirche.
   Seine Aufgaben waren
   ____
   ____
   ____
   ____
   ____
   ____
   ______________________.

Bach-Denkmal vor der Thomaskirche in Leipzig

6. Dort leitete er auch den ______________________
   und komponierte das Weihnachtsoratorium.

7. Ein Oratorium ist ein ______________________
   ____
   ______________________.

8. Das Weihnachtsoratorium hat ______ Teile.

9. Die Geschichte, die in dem Stück besungen wird, ist die ______________________.

Das Weihnachtsoratorium von Johann Sebastian Bach (2/2)

8–13

10. Die Teile des Weihnachtsoratoriums wurden ursprünglich je an einem ☐ Konzert ☐ Gottesdienst aufgeführt.

11. Der erste Teil des Weihnachtsoratoriums wurde für den ersten ____________________- Tag, der letzte für den ____________________-Tag komponiert.

12. Das Weihnachtsoratorium wurde im Jahre __________ in der ____________________-Kirche in ____________________ uraufgeführt.

13. Es beginnt mit dem Satz „____!"

14. Noch heute wird es von dem berühmten ____________________ gesungen.

15. In diesem Chor singen traditionell nur ☐ männliche ☐ weibliche Mitglieder.

16. Neben dem Chor treten noch ____________________ auf. Sie haben folgende Stimmen: Sopran (z.B. Engel), Alt (z.B. Maria), Tenor (Evangelist), Bass (z.B. Herodes).

17. Bach komponierte auch viele ____________________ und ____________________.

18. Ein bekanntes Weihnachtslied von Bach heißt: „____.

19. Bach signierte zahlreiche seiner Werke mit den Worten „____________________", das bedeutet: „____________________".

20. 2007 schuf John Neumeier ein ____________________ zu Bachs Weihnachtsoratorium und versucht, somit Bachs Musik sinnlich erfahrbar zu machen.

Aufgaben

1. Informiert euch über den Komponisten Johann Sebastian Bach und sein berühmtes Weihnachtsoratorium. Füllt dann die Lücken aus, bzw. kreuzt die richtigen Lösungen an!
2. Hört euch gemeinsam Teile des Weihnachtsoratoriums an (z.B. auf www.amberger-oratorienchor.de/sounds/index.htm).
3. Recherchiere im Internet (z.B. unter http://de.wikipedia.org/wiki/Weihnachtsoratorium, www.chor-muenchen.de/Texte.htm oder www.jvogelsaenger.de/textlist.htm), und finde die Texte, die im Weihnachtsoratorium gesungen werden, in der Bibel. Was ist im Weihnachtsoratorium von Bach anders als im Bibeltext? Was hat er hinzugefügt?

LH Der Messias von Georg Friedrich Händel

9–13

Darum geht es

Die Schüler informieren sich über den „Messias" von Händel und den Lebenslauf des Komponisten. Das Oratorium besteht aus drei Teilen; am bekanntesten ist der letzte Satz des zweiten Teils, das Halleluja. Der Überlieferung nach war König Georg II. so ergriffen, als er den Chor diesen Teil singen hörte, dass er begeistert aufsprang, und alle anderen Zuhörer taten es ihm nach.

Material/Vorbereitung

Organisieren Sie einen **Internetzugang**.

Schüleraufgaben

1. Hört euch das berühmte Halleluja und andere Stellen aus dem Messias-Oratorium von Georg Friedrich Händel an (z.B. auf www.youtube.com).
2. Erstelle ein Profil des Komponisten Georg Friedrich Händel.
3. Partnerarbeit: Haltet ein Referat zur Entstehung des Oratoriums „Messias". Geht auf folgende Aspekte ein: Wo und wann wurde es uraufgeführt? In welcher Sprache? Was ist das Besondere an diesem Oratorium? Wie viele Teile hat es? Welche Texte beinhaltet es?
4. Handelt es sich – wie bei dem berühmten Stück von J. S. Bach – um ein Weihnachtsoratorium? Zu welchen Zeiten im Jahr wurde und wird es aufgeführt?
5. Seht euch auf www.youtube.com an, wie diese Komposition heute noch auf die Zuhörer wirken kann: Gebt dazu „Christmas Food Court Flash Mob, Hallelujah Chorus – Must See!" in die Suchmaske ein, und klickt auf das erste Video.

LH Magnificat – Lobgesang der Maria

9–13

Darum geht es

Nachdem der Engel Gabriel Maria verkündet hatte, dass sie den Sohn Gottes zur Welt bringen würde, besuchte sie ihre Base Elisabeth. Maria begrüßte sie mit einem Lobgesang: „Magnificat anima mea Dominum" – „Meine Seele preist den Herrn". Das Magnificat gehört zu den drei Cantica (hymnische Gebetstexte) des Lukasevangeliums.

Carl Philipp Emanuel Bach, Johann Sebastian Bach, Wolfgang Amadeus Mozart, Heinrich Schütz und viele andere Komponisten haben diesen Lobgesang vertont. Indem die Schüler sich mit diesen Vertonungen beschäftigen, sollen sie die Schönheit der poetischen Sprache der Bibel kennenlernen.

Material/Vorbereitung

Organisieren Sie **Bibeln** sowie einen **Internetzugang**, und schaffen Sie eine ruhige Arbeitsatmosphäre.

Durchführung

Die Schüler lesen in der Bibel erst für sich, dann laut mit wechselnden Vorlesern aus Lukas 1,46–55. Der Text kann groß für den Klassenraum abgeschrieben oder ausgedruckt und mit Marien-Darstellungen vervollständigt werden.

Anschließend beschäftigen sich Arbeitsgruppen intensiv mit je einer Vertonung des Magnificat und stellen sie dann – mit vorgetragenen Hintergrundinformationen und einem Hörbeispiel – der Klasse vor. (Anhören kann man sich die Vertonungen bspw. auf www.youtube.com.)

Gospel

„Aber wissen Sie, Gospel ist nicht der Sound, der Klang –
es ist die Botschaft. Wenn es von Jesus Christus handelt, ist es Gospel."

Edwin Hawkins

Quelle: Interview in „Allgemeine Zeitung Bad Kreuznach", Ausgabe 24., Oktober 2008

Go, tell it on the Mountain

1. While shepherds kept their watching
   o'er silent flocks by night,
   behold throughout the heavens
   there shone a holy light.

2. The shepherds feared and trembled
   when low! above the earth
   rang out the angel chorus
   that hailed our Saviour's birth.

3. Down in a lowly manger
   our humble Christ was born;
   and God sent us salvation
   that blessed Christmas morn.

4. When I was a seeker
   I sought both night and day.
   I sought the Lord to help me
   and He showed me the way.

5. He made me a watchman
   upon the city wall
   and if I am a Christian
   I am the least of all.

Quelle: Senft, Jochen: „Gospels Shanties, Folklore",
Möseler Verlag, Wolfenbüttel/Zürich/Bad Godesberg 1976, S. 7 und
www.volkslieder-songarchiv.de/text_akkorde.php?lied=go_tell_it_on_the_mountain

Aufgaben

1. Singt gemeinsam diesen Gospel-Song. Vielleicht spielt jemand von euch Gitarre und kann euch begleiten?

2. Informiert euch zunächst zu zweit im Internet über Edwin Hawkins und die Ursprünge der Gospel-Musik. Tragt eure Ergebnisse anschließend in der Klasse zusammen.

3. Sucht weitere weihnachtliche Gospel-Songs, auch Aufnahmen. Welche sind eure Favoriten? Macht ein Ranking.

Weihnachtsliederwunschsingen

5–7

Darum geht es
Die Schüler können ihr Repertoire an Weihnachtsliedern auffrischen und erweitern.

Material/Vorbereitung
Organisieren Sie eine **Flasche**, kleine **Zettelchen** und **Gummibänder**, mindestens in 4-facher Klassenstärke, einen **Internetzugang** und einen **Drucker**.

Durchführung
Teilen Sie jedem Schüler einige Zettel aus. Die Schüler schreiben ihnen bekannte Weihnachtslieder darauf – pro Zettel ein Lied – und geben diese ab. Dies wird so lange wiederholt, bis alle Liedtitel aufgeschrieben wurden, die den Schülern bekannt sind.
Eine Jury (bestehend aus Schülern, die überhaupt keine oder nur wenige Weihnachtslieder kennen) sortiert Doppelnennungen aus und erstellt dazu eine Strichliste. Außerdem suchen diese Schüler die entsprechenden Texte mit Noten aus dem Internet, drucken sie aus und kopieren diese in halber Klassenstärke. Die übrigen Zettelchen werden gerollt, mit einem Gummiband versehen und in die Flasche gesteckt.
Die Klasse setzt sich im Kreis zusammen.
Die Flasche wird in die Mitte gelegt und um die eigene Achse gedreht. Die Person, auf die der Flaschenhals zeigt, zieht einen Zettel aus der Flasche und liest den Liedtitel vor. Dieses Lied wird gesungen. Besonders schön ist es, wenn die Schüler nicht nur die Liederzettel als Unterstützung haben, sondern auch mit der Gitarre oder dem Klavier begleitet werden.

Tipp
Das Weihnachtsliederwunschsingen kann auch den ganzen Advent hindurch veranstaltet werden – die Lieder werden Ende November gesammelt und die Flasche wird vorbereitet. Dann gibt es jede Woche im Advent eine bestimmte Stunde, zu deren Beginn drei Weihnachtslieder ‚ausgedreht' und gesungen werden.

Liederrätsel

Darum geht es
Die Schüler können ihr Repertoire an Weihnachtsliedern auffrischen und erweitern.

Material/Vorbereitung
Organisieren Sie eine **Flasche oder Schüssel**, kleine **Zettelchen** und **Gummibänder**, mindestens in 4-facher Klassenstärke, einen **Internetzugang** und einen **Drucker**.

Durchführung
Teilen Sie jedem Schüler einige Zettel aus. Die Schüler schreiben ihnen bekannte Weihnachtslieder darauf – pro Zettel ein Lied – und geben diese ab. Dies wird so lange wiederholt, bis alle Liedtitel aufgeschrieben wurden, die den Schülern bekannt sind.
Eine Jury (bestehend aus Schülern, die überhaupt keine oder nur wenige Weihnachtslieder kennen) sortiert Doppelnennungen aus und erstellt dazu eine Strichliste. Außerdem suchen diese Schüler die entsprechenden Texte mit Noten aus dem Internet, drucken sie einmal aus. Die übrigen Zettelchen werden gerollt, mit einem Gummiband versehen und in die Flasche oder Schüssel gesteckt.
Die Klasse teilt sich in zwei möglichst gleich starke Mannschaften auf. Ein Mitglied aus der ersten Gruppe zieht einen Zettel aus der Flasche/Schüssel. Der Titel wird nicht vorgelesen, sondern der Schüler erzählt, wovon das Lied handelt, und summt die Melodie. Kennt der Betreffende das Lied nicht, hilft die Lehrkraft mit dem dazugehörigen Text aus.
Die Gruppe, die das Lied zuerst errät, bekommt einen Punkt. Nun zieht ein Mitglied der zweiten Gruppe den nächsten Zettel usw.

Quempasgesänge

5–8

Darum geht es

In Quempasliedern wird die Weihnachtsgeschichte besungen. Es ist ein alter Wechselgesang in lateinischer Sprache. Kurrendesänger zogen früher von Haus zu Haus und sangen diese Lieder. Dieser Brauch lebt heute wieder auf.
Der bekannteste Quempasgesang ist „Quem pastores laudavere“. Im Evangelischen Gesangbuch, Lied Nr. 29, wird dies übersetzt mit:

„Den die Hirten lobeten sehre
und die Engel noch viel mehre,
fürchtet euch nun nimmermehre
euch ist geborn ein König der Ehrn.“

Satz: Michael Praetorius 1607, 1. Teil: Matthäus Ludecus 1589, 2. Teil: Nikolaus Herman 1560, 3. Teil: Johannes Keuchenthal 1573 und Valentin Triller 1555.

Material/Vorbereitung

Es werden **evangelische Gesangbücher**, ein **Internetzugang** und ein **Drucker** benötigt.

Schüleraufgaben

1. Finde das Lied „Quem pastores laudavere“ und weitere Quempaslieder im Gesangbuch.
2. Informiere dich im Internet darüber, was Quempasgesänge sind, und beantworte folgende Fragen:
   a) Seit wann gibt es Quempasgesänge? Seit wann in Deutschland?
   b) Nenne einen bekannten Komponisten dieser Lieder.
   c) Wer sang diese Lieder und auf welche Weise?
3. Druckt den Originaltext „Quem pastores laudavere“ (aus der Fassung bei Matthäus Ludecus: Missale, Wittenberg 1589) in lateinischer und deutscher Sprache aus, und lest ihn.

Tipp

Lassen Sie die Schüler diese Lieder anhören (CD, Internet) und selbst singen.

LH

Biblische Figuren aus der Weihnachtsgeschichte spielen

5–8

Darum geht es
Die Schüler sollen sich in die einzelnen in der Weihnachtsgeschichte vorkommenden Figuren hineinversetzen (Maria, Josef, Jesuskind, Verkündigungsengel, Hirten).

Material/Vorbereitung
Organisieren Sie **Bibeln** und den **Lesetext** von Robinson, Barbara: **„Hilfe, die Herdmanns kommen"** (Verlag Friedrich Oetinger, Hamburg 1974, 96 Seiten, ISBN 978-3-7891-1989-7, 9,90 €) sowie möglichst große **Abbildungen** von Darstellungen aus der Kunst **von Christi Geburt**.
Achtung: Zum Lesen des Buches benötigen die Schüler einen Vorlauf von ca. drei bis vier Wochen. Geben Sie das Vorhaben daher rechtzeitig bekannt, damit die Schüler das Buch ausleihen oder kaufen können. Alternativ können Sie das Buch ab dem 4. Kapitel vorlesen (bzw. von einzelnen Schülern im Wechsel vorlesen lassen).

Durchführung
Die Schüler wählen eine bestimmte Figur aus der Weihnachtsgeschichte (oder es wird gelost). Sie setzen sich mit der Person auseinander: Was tut sie? Welche Eigenschaften werden beschrieben, oder welche Eigenschaften könnte sie haben? Was wird von ihr erwartet, was sind ihre Aufgaben, und welche Rolle spielt sie? Wie wird sie auf Abbildungen üblicherweise dargestellt? Wie bewegt sie sich? Welche Körperhaltung hat sie?
Zum besseren Verständnis lesen die Schüler in der Bibel die Weihnachtsgeschichte einschließlich der Handlung mit den Weisen aus dem Morgenland (Lukas 2,1–20 und Matthäus 2,1–12); parallel können Sie ihnen den Lesetext „Hilfe, die Herdmanns kommen" ab dem 4. Kapitel vorlesen (siehe dazu auch S. 74), wenn die Schüler das Buch nicht selbst lesen.
Sobald sich alle ausreichend vorbereitet haben, beginnt das Spiel: Ein Reporter wird gewählt, der dann verschiedene Personen interviewt. Sie plaudern entweder über Berufliches und Privates, berichten von ihren Sorgen und Nöten, oder aber der Reporter bittet sie, die Weihnachtsgeschichte aus ihrer Sicht zu erzählen, jeder auf seine Art.

Eine Alternative zum Krippenspiel: Obdachlos – Weihnachten auf der Straße (1/2)

AB

7–13

Hoffen hilft – hilft hoffen?

Zu diesem Thema äußern sich Betroffene ohne festen Wohnsitz in dem Hamburger Straßenmagazin Hinz&Kunzt:

Carmen, 36: „Ich komme aus Rumänien, finde dort aber keine Arbeit. Ohne Hoffnung auf eine bessere Zukunft für meine Kinder wäre ich nicht hierhergekommen. Dafür vermisse ich meine Familie in Rumänien viel zu sehr. Jetzt hoffe ich, dass ich hier in Hamburg genug Geld verdiene, damit meine Kinder einmal gute Chancen im Leben haben."

Adam, 35: „Hoffnung ist Quatsch. Aber hallo! Zurzeit lebe ich in einem Wohncontainer, habe keinen Job. Deshalb will ich so schnell wie möglich eine Wohnung finden und eine Arbeit, am liebsten auf dem Bau. Aber das schaffe ich nicht, wenn ich warte und hoffe. Da ist doch niemand, der sich um mich kümmert, das muss ich schon alleine schaffen. Und das werde ich auch."

Michael, 41: „Ich mag das Zitat von Sean Connery im Film ‚The Rock': ‚Manchmal ist die einzige Hoffnung, die einem bleibt, dass es so etwas wie Hoffnung gibt.' Für mich ist das ein Statement, dass man niemals aufgeben sollte, egal wie schlecht es einem gerade geht. Als ich zum Beispiel mal verzweifelt auf Arbeitssuche war, kam überraschend ein Freund vorbei und sagte, er hätte einen Job für mich."

Eine Alternative zum Krippenspiel: Obdachlos – Weihnachten auf der Straße (2/2)

7–13

Bernhard, 54: „Hoffnung ist das Letzte, was dir bleibt, das kann dir keiner nehmen. Manchmal überrascht einen die Hoffnung auch, so wie mich in Santa Fu [= die Justizvollzugsanstalt Fuhlsbüttel]: Eines Tages sagte mir mein Anwalt, dass ich nur zwei Drittel meiner Strafe absitzen müsste. Das hieß acht statt zwölf Jahre Knast – und acht Jahre waren genau an diesem Tag um! Meine Frau holte mich ab, und wir hörten die ganze Fahrt „Nothing else matters" von Metallica, das werde ich nie vergessen."

Chaka, 32: „Mein Motto ist: Spaß ist, wenn man trotzdem lebt. Ich glaube zwar an Schicksal, aber nicht in der Art, dass man einfach nur abwarten und hoffen sollte. Nein, man sollte sein Schicksal selbst in die richtigen Bahnen lenken. Wenn du kuscht, wird nur auf dich draufgetreten. Du musst schon selber etwas tun, um dein Leben zu verbessern."

Vera, 48: „Die Hoffnung stirbt zuletzt – das ist mein Lebensmotto, ja, sogar mein Überlebensmotto. Es gab schon viele Situationen, in denen nur die Hoffnung mich aufrecht gehalten hat, zum Beispiel, als ich in Argentinien im Gefängnis saß und anfangs nicht mal die Sprache konnte. Als ehemals Drogensüchtige brauche ich außerdem jeden Tag den Glauben daran, dass ich stark bleibe und nicht rückfällig werde."

Quelle: Hinz&Kunzt – Das Hamburger Straßenmagazin, Nr. 226, Dezember 2011, S. 4–9, Artikel von Maren Albertsen

Aufgaben

1. Überlegt, wie Obdachlose den Heiligen Abend verbringen könnten und welche Angebote es für sie gibt. Informiert euch über die Lage obdachloser Menschen im Winter und über Winternotprogramme, damit ihr euch besser in die Rolle der Betroffenen hineinversetzen könnt (z.B. unter www.obdachlosigkeit.de, www.hilfspunkt.de und www.hinzundkunzt.de).
   Tragt eure Informationen zusammen, und verwertet sie als Grundlage für eure Darstellung.
2. Stellt euch eine Szene vor, in der die oben zitierten Personen am Heiligen Abend zusammensitzen und sich von ihren Hoffnungen erzählen. Spielt die Szene mit verteilten Rollen. Als Starthilfe dienen die Zitate.

Der Weihnachtskartenverkäufer aus der Drückerkolonne

AB

8–13

– nach einer wahren Geschichte –

Es klingelt an der Haustür. Wir sitzen gerade gemütlich in der Küche und trinken Tee. Draußen ist nasskaltes Wetter.

Kommt eine Paketzustellung? Ich öffne die Tür. Nein, es ist ein schmächtiger Mann, der fragt, ob wir Weihnachtskarten kaufen möchten, Arbeit von Behinderten, behauptet er.

Ich habe meine Grundsätze. Einer lautet: Ich mache keine Haustürgeschäfte. Außerdem ist mir bekannt, dass Arbeiten von behinderten Menschen grundsätzlich nicht an der Haustür verkauft werden. Einmal hat ein Vertreter an der Haustür versucht, eine Sprachbehinderung vorzutäuschen. Das fand ich besonders dreist. Allerdings komme ich immer in Gewissenskonflikte, egal mit welchen Methoden die „Drücker" versuchen, mir etwas anzudrehen. Sie versuchen eben, sich auf diese Weise Geld zu verdienen. Es ist die reine Not, die sie treibt, vermute ich.

Als ich Kind war, kamen bei uns zu Hause noch Landstreicher vorbei und baten um Unterstützung. Wir nannten sie die „Monarchen der Landstraße". Für sie gab es einen Extrateller und Besteck, denn sie kamen gern zum Mittag. Dann setzte meine Mutter sich zu ihnen und hörte ihnen zu. Ob es sich um wahre oder erdichtete Geschichten handelte, war egal. Manchmal halfen sie auch im Garten und verdienten sich so ein paar Mark, oder sie bekamen abgelegte Kleidung geschenkt.

Ein Mann bat einmal um Hilfe, weil seine Drückerkolonne ohne ihn aus dem Dorf, in dem meine Eltern lebten, mit dem Kleinbus weggefahren war. Nun stand er ganz allein und hilflos da. Öffentliche Verkehrsmittel fuhren nicht, und Geld hatte er auch keines. Also bekam er eine Übernachtungsmöglichkeit. Diesen Mut meiner Eltern habe ich sehr bewundert. Ein wenig davon wäre schon gut, um unser aller Alltag etwas menschlicher zu gestalten.

Ich antworte dem Mann, dass ich an der Tür nichts kaufe. Aber wenn er mag, kann er gern eine Tasse Tee trinken, etwas essen und sich aufwärmen. Ich sage das nur, weil ich im Moment nicht allein zu Hause bin.

Er möchte nur einen Bonbon gegen sein Halskratzen, das er vom vielen Sprechen bekommen hat. Die Wärme drinnen tut ihm sichtlich gut, und mit einer Hand voll Hustenbonbons ist er zufrieden. Er tut mir leid, als wir ihn verabschieden. Trotzdem möchte ich nicht die unterstützen, die ihn schicken.

Aufgaben

1. Wie reagiert ihr zu Hause, wenn jemand klingelt, der euch etwas verkaufen will? Berichte.
2. Überlegt gemeinsam, aus welchen Gründen Leute sich bei einer sogenannten Drückerkolonne anheuern lassen.
3. Spielt anschließend diese Geschichte als Rollenspiel. Einer spielt den Mann, der die Karten verkauft, einer die Person, die die Tür öffnet, und einige weitere die Familie in der Küche. Wer keine eigene Rolle hat, beobachtet das Rollenspiel genau.
4. Tauscht euch hinterher aus: Wie fühlte sich der Hausierer, wie derjenige, der die Tür öffnete?

7–10

LH Bescherung bei Familie Hoppenstedt

Darum geht es

Die Schüler sehen sich den Film von Loriot an, kreieren daraus ein Theaterstück, sorgen für Kulissen und Zubehör und bringen das Stück zur Aufführung.

Material/Vorbereitung

Organisieren Sie einen **Internetzugang** (Loriots „Weihnachten bei Hoppenstedts" ist komplett bei www.nurberlin.de/videos.php?cmd=video&id=76 zu finden, allerdings in schlechter Qualität; gegen Leihgebühr gibt es den Film auch bei www.maxdome.de), oder besorgen Sie den Film auf DVD. Der Handlungsablauf ist auf http://de.wikipedia.org/wiki/Weihnachten_bei_Hoppenstedts beschrieben. Für Kulisse und Requisiten zur Einrichtung des Zimmers für die Bescherung sorgen die Schüler, die keine Sprechrolle haben.

Schüleraufgaben

1. Schreibt auf, wer hier mitspielt, während ihr den Film anschaut.
2. Verteilt die Rollen, oder lost sie aus.
3. Übt eure Rolle gemeinsam mit den Mitspielern.
4. Erstellt eine Liste mit allen Dingen, die ihr für die Aufführung benötigt vom Tannenbaum aus Plastik und Verpackungen bis zu Kulissen und Beleuchtung. Werden Kostüme benötigt?
5. Plant, probt, organisiert das Bühnenbild, und führt das Stück auf!

5/6

Eine weihnachtliche Geschichte als Lesespiel

Darum geht es

Die Schüler lesen das Buch „Nele geht nach Bethlehem". Es geht dabei darum, dass die kleine Nele sich ein paar Tage vor Weihnachten auf den Weg macht, um Bethlehem zu suchen. Weil Nele nicht weiß, wo sie suchen soll, beginnt sie auf der Straße vor ihrem Zuhause und trifft dabei auf ganz unterschiedliche Menschen, die nur scheinbar nichts mit Weihnachten am Hut haben. Die Schüler verteilen anschließend sechs männliche und fünf weibliche Stimmen sowie einen neutralen Erzähler und Ersatzstimmen. Sie proben ein Hörspiel und bringen es zur Aufführung. Schwache Leser kümmern sich um die Aufnahmetechnik und machen Geräusche.

Material/Vorbereitung

Besorgen Sie das **Buch „Nele geht nach Betlehem"** von Rudolf Otto Wiemer (Wittig-Verlag, 1999, ISBN 978-3-8048-4336-3, 14,90 €). Im Deutschen Theaterverlag Weinheim ist der Text dieses Buches mit und ohne Dias erschienen. Hier können Sie eine Leseprobe herunterladen: www.dtver.de/de/theater/index/product/product_id/407.

Schüleraufgaben

1. Wählt einen Erzähler, und verteilt die 13 Rollen, oder lost sie aus.
2. Übt eure Lesetexte allein und gemeinsam mit den Mitspielern.
3. Plant, probt und tragt das Stück als Hörspiel vor!

Tipp

Nehmen Sie die Proben und das aufgeführte Stück auf. Die Schüler können die Aufnahme zu Weihnachten verschenken.

Ein Weihnachtsgedicht besonderer Art

10–13

ganz wundersam ist wieder weihnacht geworden
Birger Sellin

aus chaotischer finsternis werden wir auch herausfinden
werden licht sehen
alles wird aber klar werden

ich lebe arktisch kalt im autismus weiter
ihr aber werdet warm werden durch meine liebe
werdet klarer sehen durch mein wesenseinheitchaos
sehen wir schwinden in der klarheit des denkens
sagen wir neues
alles ist zusammenfuehrend
ach wiedererwachend sei erst alles wieder ohne angst
einer aber wird euch danken
bei wachsender meisterschaft zu lieben
qualen enden

azurblau aber leuchtet die hoffnung am horizont
des neuen aufkommenden samens
das frieden heisst

heute habe ich tatsache lust zu reden
erst im aerawechsellaunischen autarken leben
kann ich auch ruhig werden
also habe wieder mut
alle qualen werden enden

meine lieben treuen freunde
keiner von euch wird von mir wahrer mit liebe bedacht
nein euch allen aber kann ich nur danken
ihr habt alles ausgehalten
doch gab ich euch wenig
der ertrag des autismus war schwer zu erahnen
durch euch wurde autistischer wahnsinn aufgehalten
wurde ahnung von ausgesuchter wuerde

Quelle: Birger Sellin im Dezember 1999 für seine Assistenten, unveröffentlicht, mit freundlicher Genehmigung der Familie

Aufgaben

1. Lies das Gedicht mehrmals, und versuche, dich in diese besondere Sprache hineinzuhören und sie zu verstehen.
2. Mit welchen Problemen hat der Autor zu kämpfen?
3. Welche wichtigen Elemente aus der Weihnachtsbotschaft spricht er an?
4. Birger Sellin ist ein autistischer Schriftsteller. Recherchiert über ihn und über Autismus im Internet. Tragt die Informationen zusammen.
5. Seht euch unter www.youtube.com den Film „Wie ein wuchernder Erdklumpen auf der Seele – Mitteilungen eines stummen Autisten" an, in dem er aufzuklären versucht.
6. Der Autor schrieb dieses Gedicht für seine Assistenten. Wozu benötigt er sie?
7. Bearbeitet nach diesen Informationen noch einmal die Aufgabe 2. und sprecht darüber, warum dieses Gedicht so wertvoll ist.

Weihnachtliche Fantasiereise – eine Meditation

5/6

Darum geht es

Die Schüler sollen die Möglichkeit erhalten, sich mit Hilfe einer Fantasiereise oder Meditation tief zu entspannen. Sie muss nicht immer bierernst, sondern kann auch heiter und lustig sein.

Material/Vorbereitung

Schaffen Sie eine ruhige Atmosphäre, und sorgen Sie dafür, dass die Schüler entspannt liegen oder bequem sitzen können (ideal wären Matten in der Sporthalle; es funktioniert aber auch im Klassenraum).

Durchführung

Bitten Sie die Schüler, sich hinzulegen oder bequem zu setzen (z.B. Kopf in die Arme auf den Tisch vor sich legen) und die Augen zu schließen. Leichter fällt es, wenn diese Technik bereits im Schulalltag praktiziert wird. Lesen Sie den folgenden Text von Jürgen Spohn sehr langsam vor, und machen Sie Pausen nach jedem Satz, damit das Gehörte visualisiert werden kann. Geben Sie nach dem letzten Satz genügend Zeit zum Visualisieren, und „wecken“ Sie die Schüler, bevor Unruhe entsteht, indem sie sie auffordern, wieder „auf die Erde herunterzukommen“, sich zu räkeln, zu gähnen und schließlich die Augen zu öffnen.

Mein Himmel ist rosa. Mein Himmel ist aus Marzipan. Mein Himmel ist aus Goldpapier mit Löchern zum Durchgucken. Mein Himmel ist aus Bubble-Gum. Mein Himmel ist aus warmem Licht. Mein Himmel hat Sonne, Mond, Lebkuchen und Sterne. Mein Himmel ist zum Streicheln. Mein Himmel ist mit Fransen. Mein Himmel ist aus Schlagsahne – hm. Mein Himmel ist aus Matsche. Mein Himmel ist zum Aufunddavonfliegen. Und deiner?“

Quelle:
Schuldt, Brigitte (Hg.): „Das große Weihnachtsbuch“, Rowohlt, Reinbek 1996, S. 63

Satire

s. AB auf S. 111/112

9–13

Darum geht es

Die Schüler lesen die Satire „Nikolausi“ von Gerhard Polt, beschäftigen sich in Partnerarbeit mit dem Stück, üben es ein und spielen es den anderen vor.
Anregung zum Gespräch: Was wird aufs Korn genommen? Wer ist hier vernagelt?

Material/Vorbereitung

Kopieren Sie die **Arbeitsblätter**, und bringen Sie möglichst mehrere **Stoff(oster)hasen** mit, sodass jedes Schülerpärchen einen erhält. Es kann auch improvisiert werden, z.B. mit einem Stück Stoff, aus dem eine Hasenfigur mit langen Ohren geknotet wird.

Tipp

Im Anschluss kann die Originalsatire im Internet auf www.youtube.com („Nikolausi Osterhasi“, erstes Video) angehört werden.
Außerdem können die Schüler Informationen über den Autor Gerhard Polt recherchieren und ihre Ergebnisse zusammentragen.

Satire (1/2)

9–13

Nikolausi

Gerhard Polt

SOHN Nikolausi …

VATER Hehehe, der Kleine, hehe, nein, das ist nicht Nikolausi, das ist Osterhasi, hehehe hehe.

SOHN Nikolausi …

VATER Hehehe, nein, das ist nicht Nikolausi, weißt du, jetzt ist ja Frühling. Es ist ja jetzt nicht mehr Winter, hehehehe.

SOHN Nikolausi …

VATER He, nein, he, das ist Osterhasi, weißt du, Osterhasi mit den Öhrli, hehehe, der bringt Gaggi für das Bubele, hehehehe, jaja.

SOHN Nikolausi …

VATER He, nein, also nein, nein, weißt du, das handelt sich hier nicht um, äh, um, um Nikolausi, das ist Osterhasi, net, das ist ein Osterhasi, kein Nikolausi, gell?

SOHN Nikolausi …

VATER Ja also, nein, jetzt hör doch mal zu, net, wenn ichs dir scho sag, das ist, es handelt sich hier nicht um ein Nikolausi, sondern um ein Osterhasi, net. Jetzt sieh das doch mal endlich ein.

SOHN Nikolausi …

VATER Ja also, ja Rotzbub frecher, ja wie soll ichs dir denn noch erklären, also so was nein, gleich schmier ich dir eine, net.

SOHN Nikolausi …

VATER Ja Herrschaftszeitenmalefitz, jetzt widerspricht er ständig, net. Jetzt jetzt hör doch amal zu, wenn ich schon sag, äh äh Nik … äh O … ähäh, das ist Osterhasi, net …

SOHN Nikolausi …

VATER Na, das ist kein Nikolausi, net, jetzt, also, wenn einer mal sich in einen Gedanken förmlich hineinverrennt, dann ist er ja wie vernagelt, net.

SOHN Nikolausi …

VATER *schreit* Ja, also so, ja also du Rotzbub, net, das ist ein Osterhasi, das ist kein Nikolausi, Osterhasi, verstanden, Osterhasi …

SOHN Nikolausi …

Quelle: Polt, Gerhard u. Müller, Hanns Christian: „Nikolausi“, Haffmans Verlag AG, Zürich 1995, S. 7/8

Weihnachtliche Musik, Theater, Spiel und Texte

24 x

Satire (2/2)

Osterhasi oder Nikolausi?

Aufgaben

1. Lies den Dialog „Nikolausi", und finde dann einen Partner für ein Rollenspiel.
   a) Lest das Stück mit verteilten Rollen.
   b) Wechselt die Rollen.
2. Spürt einmal nach: Wie fühlt sich der Vater? Wie fühlt sich das Kind?
3. Beschreibt, wie sich die Stimmung des Vaters dramatisch ändert. Warum?
4. Stellt euch vor, dass das Kind gerade zwei Jahre alt oder jünger ist und mit dem Sprechen beginnt. Der ehrgeizige Vater möchte nur das Allerbeste für seinen Sohn. Ist es wirklich sinnvoll, wie er sich seinem Kind gegenüber verhält? Was wäre in dieser Situation das Allerbeste für den Jungen? Wie würdet ihr euch als Vater oder Mutter verhalten?
5. Überlegt euch, in welchen Rahmen ihr das Rollenspiel setzen könntet – in welcher Situation könnte solch ein Dialog entstehen? Eine mögliche Szenerie könnte das Kinderzimmer sein. Das Kind sitzt mit dem Osterhasen auf dem Schaukelpferd und schaut es an … Oder: Der Vater joggt und nimmt das Kind in der Karre mit. Im Park sagt es dann …
6. Probt das Stück mit leidenschaftlichem Ausdruck, legt viel Emotion in die Aussagen des Vaters von liebevoll bis immer energischer und wütender werdend, und lasst das Kind mit gleich bleibendem zarten Kinderstimmchen sprechen.
7. Dieses Stück ist eine Satire. Wen will der Satiriker aufs Korn nehmen? Worauf möchte er aufmerksam machen, und auf welche Weise gelingt es ihm?
8. Spielt das Stück den anderen vor. Gelingt es euch auch, eure Zuschauer auf die Schwächen des allwissenden Vaters satirisch aufmerksam zu machen?

Wer hat die beste Nase? – Weihnachtsgerüche erraten

LH 5/6

Darum geht es

Die Advents- und Weihnachtszeit ist mit ganz bestimmten Gerüchen verbunden. Gute Gerüche schaffen eine angenehme Stimmung und unterstützen Entspannung und Konzentration.

Material/Vorbereitung

Für dieses Ratespiel benötigen Sie **verschiedene Weihnachtsgewürze** (z.B. Zimt, Anis, Nelken, Piment, Ingwer, Kardamom, Koriander, Muskatblüte, echte Vanille, Lebkuchen-/Spekulatiusgewürz) und **andere Dinge, die weihnachtliche Gerüche verbreiten** (z.B. Tannengrün, echtes Bienenwachs (Wabenplatte), Weihnachtstee, Marzipan, Lebkuchen, Spekulatius, Honig, Zuckerrübensirup, eine Orange, Klementine oder Mandarine…), außerdem für jeden Geruch ein **verschließbares Gefäß oder Plastiktüten**, damit der Duft nicht zu schnell verfliegt, **5 Zettel, 5 Laken** zum Abdecken und/oder **5 Augenbinden** (Tücher o.Ä.).

Durchführung

Die Schüler teilen sich in fünf Gruppen auf. Jede Gruppe erstellt nun eine Riechstation: Die Schüler wählen einige der mitgebrachten Gewürze und andere Dinge aus (jede Gruppe die gleiche Anzahl) und stellen sie an ihrem Tisch nebeneinander auf. Sie nummerieren die Geruchsproben durch und schreiben die Lösung – also die Nummern mit ihren dazugehörigen Gerüchen – auf einen Zettel. Damit die anderen Gruppen möglichst nicht sehen, welche Proben ausgewählt wurden, deckt man die Gefäße mit Laken ab. Nun können die Schüler die Stationen der anderen Gruppen ablaufen und die Gerüche in abgedecktem Zustand oder mit verbundenen Augen „erschnuppern". Dazu bleibt je ein Gruppenmitglied an der Station, reicht die Proben an und vergleicht die geäußerten Vermutungen mit der Liste (diese Betreuungsperson muss natürlich später getauscht werden, damit jeder Schüler den Riechparcours durchlaufen kann). Abschließend werden bei jeder Station gemeinsam die Materialien aufgedeckt.

Tipps

Führen Sie dieses Spiel durch, wenn sie sowieso gerade die Zutaten für die Weihnachtsbäckerei zusammenstellen (siehe auch AB „Traditionelle Weihnachtsgewürze" auf S. 187).

Benutzen Sie keine Aromen!

Bei passendem Anlass ist dieses Ratespiel auch für höhere Klassenstufen geeignet.

LH

Mit Fingerspitzengefühl: Weihnachtsgegenstände ertasten

5/6

Darum geht es

Die Schüler schärfen ihre Sinne zum Thema Advents- und Weihnachtszeit, indem sie vorsichtig dazugehörige Gegenstände ertasten. Achtsamkeit und Konzentration werden gefördert.

Material/Vorbereitung

Für dieses Ratespiel werden **weihnachtliche Gegenstände** benötigt, die in einzelnen **Stoffbeuteln** zum Hineingreifen und Fühlen verpackt werden. Geeignet sind bspw. Tannengrün, echtes Bienenwachs (Wabenplatte), Kerze, Kerzenhalter, Apfel, Nüsse, Tannenbaumschmuck, Weihnachtsgewürze wie frischer Ingwer, Nelken, echte Vanilleschote, Zimtstange, Marzipan, Lebkuchen, Spekulatius, Zucker, Mehl, eine Orange, Klementine oder Mandarine etc. Legen Sie außerdem **5 Listen** und **Stifte** bereit.

Durchführung

Die Schüler teilen sich in fünf Gruppen auf. Jede Gruppe baut mit der gleichen Anzahl verschiedener Materialien ihre Station beim Tastparcours auf und betreut diese im Wechsel. So hat jeder die Gelegenheit, an vier unbekannten Stationen zu tasten und zu raten. Zum Schluss werden die Materialien gemeinsam enthüllt.

Tipps

Führen Sie dieses Spiel durch, wenn sie sowieso gerade die Zutaten für die Weihnachtsbäckerei und für Dekorationen zusammenstellen (siehe auch AB „Traditionelle Weihnachtsgewürze“ auf S. 187).
Bei passendem Anlass ist dieses Ratespiel auch für höhere Klassenstufen geeignet.

Weihnachtsalphabet (1/2)

Darum geht es
Es gibt so viele Wörter, die mit Weihnachten zu tun haben, dass es sich lohnt, sie alphabetisch aufzulisten.

Material/Vorbereitung
Legen Sie einen **Stapel Zettel** (höchstens DIN A5), das Alphabet als Holz- oder Magnet**buchstaben** (zur Not können die einzelnen Buchstaben auch einfach auf Karteikarten geschrieben werden), einen **Stoffbeutel** und **Stifte in 26 (bzw. 21) verschiedenen Farben** bereit. Die 26 Buchstaben des Alphabets werden gemischt und in den Stoffbeutel gelegt (sortieren Sie ggf. vorher die Buchstaben Q, V, X, Y, Z aus). Jeder Schüler erhält außerdem einen Zettel und sucht sich einen farbigen Stift dazu aus.

Durchführung
Jeder Schüler zieht einen Buchstaben aus dem Sack, und schreibt dazu so viele weihnachtliche Wörter auf seinen Zettel, wie ihm einfallen. Nach einer vereinbarten Zeit setzen sich die Schüler zu Partnern zusammen und fügen noch mehr Wörter hinzu. Danach können die Partner noch mehrfach getauscht werden, bis sich die Zettel füllen. Alternativ können die beschriebenen Zettel mit den dazugehörigen Stiften auch im Minutentakt reihum an den nächsten Partner gegeben werden. Zum Schluss heftet jeder seinen Zettel sichtbar an eine Pinnwand, wo er von allen gelesen werden kann.

Tipp
Wörter mit Q, V, X, Y, Z können anschließend von allen gemeinsam gefunden und mit den fünf übrigen Farbstiften aufgeschrieben werden.

Beispiellösung

A Adventsmusik machen oder hören, Adventsschmuck basteln, „Alle Jahre wieder" singen, Amaryllis einpflanzen, Anbetung des Jesuskindes

B Backen, Balthasar, Barbarazweige, Basar besuchen, Bastelnachmittag, Bescherung, Besinnen auf Bethlehem, Bethmännchen, Boten, Briefe schreiben, bunter Teller

C Caspar, Choral, Chorgesang, Christbaumständer, Christenheit, Christkind, Christkindlmarkt, Christmette, Christrose, Christus, Christstollen, Christvesper

D Dankbarkeit, Datteln, Dosen für Gebäck und Überraschungen, Dreifaltigkeit, drei Weise aus dem Morgenland

E Elisenlebkuchen, Engelshaar, Erzgebirgsfiguren aufstellen, Erzengel, Esel, Ewigkeit

F Feiertage, Feigen, Festbeleuchtung, Friede auf Erden, Früchtebrot, Fröhlichkeit

G Gabentisch, Gabenteller, Gabriel, Gänsebraten, Gastfreundschaft pflegen, Gebäck, Geburtskirche, Gedicht lernen, Geschenkband, Geschenkidee, Geschenkpapier, Geschenkstress, Glaskugeln, Glocken läuten, Grüße verschicken, Grußkarte

H Heiligabend, Heilige Familie, Herbergssuche, Herrnhuter Stern, Himmel, Himmelslaterne, Hirten, Honigkuchen

I „Ihr Kinderlein kommet", Immanuel, „In der Weihnachtsbäckerei", Ingwer

J „Jauchzet, frohlocket", Jesus, Jerusalem, Josef, Julbock, Jubel

K Kanon singen, Kardamom, Karpfen essen, Kekse backen, Kerzen ziehen, Kletzen- und Krampenmännchen basteln, Kletzenbrot und Kipferl backen, Kinderbischöfe, Knecht Ruprecht, Korinthen, König der Ehren, Krampus, Krippe aufstellen, Krippenspiel einüben, Kugeln, Kurrendesänger

L Laterne, Lametta, Lebkuchen, Lebkuchenmann, Leuchter, leuchtende Kinderaugen, Lichterbogen, Lieder singen, Lucia

M Mandelkerne, Maria, Marzipan, Melchior, Mistelzweig, Morgenland, Morgenstern, Musik, Myrre

N Nazareth, Nelken, Nikolaus, Noten, Nüsse knacken, Nussknacker

LH Weihnachtsalphabet (2/2)

5–8

O Ochs, „Oh, Du fröhliche“, „Oh, freudenreicher Tag“, „Oh, Tannenbaum“, Oma und Opa besuchen, Orangeat

P Päckchen und Pakete packen, Pfefferkuchenmann, Pfeffernüsse und Plätzchen backen, Pottasche

Q Quempas singen, Quittenbrot naschen

R Rundbrief schreiben, Räuchermännchen anzünden, Rauhnächte, Rauschgoldengel, Rentier, Rose, Rute

S Sack, Schneeflocken, Schneegestöber, Schnee wünschen, Schneemann bauen, Schwibbogen, Singen, Sonnenwende, Spekulatius, Sternsinger, Stern von Bethlehem, Stall, Stille Nacht, Stroh, Strohsterne, Stutenkerl

T Tannenbaum schmücken, Tannenzweige stecken, „Tochter Zion, freue dich!“ singen, Turmblasen

U Umarmen, Umsatz steigern, Umsicht, Umwandlung, unermüdlich, unnötig, unterwegs, urlaubsreif, Unordnung, Unruhe, Unverhofft, Unvollkommenheit, Unvoreingenommenheit

V Vanillekipferl, Völlerei, viel zu viel

W Wachsflecken, Wachsengel, Weihnachtsansprache, Weihnachtsbaum, Weihnachtsfreude, Weihnachtsfeier, Weihnachtsgarbe, Weihnachtsgeld, Weihnachtsgeschäft, Weihnachtsgeschenke, Weihnachtsgrüße, Weihnachtskorb, Weihnachtskaktus, Weihnachtsmann, Weihnachtsmarkt, Weihnachtsoratorium, Weihnachtspredigt, Weihnachtsstern, Weihnachtspyramide, Weihnachtsvorbereitungen, Weihnachtswunder, Weihnachtszeit, Weihrauch, Weise aus dem Morgenland, Wichtel, Wirt, Wunschzettel

X X-mas

Y YMCA, YWCA (Christlicher Verein junger Menschen, junger Männer und Frauen)

Z Zapfen, Zion, Zimtsterne, Zitronat, Zukunft, Zuhause, Zwerge

LH Gedichte, Gedichte – allerlei kurzweilige Spielereien

s. AB auf S. 117–119

Darum geht es

Hier lernen die Schüler einige ungewöhnliche Weihnachtsgedichte kennen, die zu Spielereien anregen und herausfordern.

Material/Vorbereitung

Kopieren Sie die **Arbeitsblätter** mit den Gedichten in Klassenstärke.

Durchführung

Die Schüler lesen die Gedichte. Dann wählt jeder das Gedicht aus, das ihn am meisten anspricht, und es finden sich jeweils Gedicht-Gruppen zusammen. Alternativ können sich die Schüler in gleich große Gruppen aufteilen und eine Losnummer ziehen, die mit einem bestimmten Gedicht verbunden ist.
Nun sollen sie mit dem Gedicht „spielen“, z.B. das Silverstein- und Kästnergedicht als Mini-Theaterstück aufführen, das Gedicht von Vahle weiterspinnen und vortragen. Die mundartlichen Gedichte in Plattdeutsch und Bairisch werden geübt und vorgetragen. Sie können die Schüler auch anregen, mundartliche Gedichte aus ihrer eigenen Umgebung zu finden: Frag doch einmal deine Großeltern…

Gedichte, Gedichte (1/3) 7–10

Kleiner Kursus in Weihnachtssprüchen

Erich Kästner

I. Für Anfänger

Ich bin ganz klein und kann euch gar nichts schenken.
Doch wenn ich groß bin, schenk ich euch ein Haus.
Ein schönes Haus, das könnt Ihr euch ja denken.
Mit einem Garten und mit grünen Bänken.
Lacht mich nicht aus!

Und in dem Haus sind viele, viele Räume.
Dort stehn zum Weihnachtsfest, im Glanz des Lichts,
zweihundertneunundsiebzig Tannenbäume!
Ich bin noch klein und schenk euch meine Träume,
sonst nichts.

II. Für Fortgeschrittene

Nun habt Ihr mich so schön beschert.
Die Lichter brennen. Und ich denke:
Bin ich auch soviel Liebe wert?
Ich weiß, dass ich euch manchmal kränke,
und manchmal habt Ihr euch beschwert …
Und nun gibt's überall Geschenke!

Dass ich euch liebe, wisst Ihr zwar,
und manchmal spürt Ihr auch, – wie sehr.
Vergesst, wenn es nicht stets so war!
Heut' ist der schönste Tag im Jahr,
und ich verspreche euch daher:
Von nun an lieb ich euch noch mehr!

Das ist die beste meiner Gaben,
die anderen sind schrecklich klein.
Der Tannenbaum, der Kerzenschein,
und was darunter liegt, ist mein.
Und ihr sollt meine Liebe haben!
Wollt ihr damit zufrieden sein?

III. Für besonders Faule

Der Weihnachtsmann hat viel gebracht.
Nun fängt man „Stille, heilige Nacht"
zu singen an.

Ich sagte gern ein Festgedicht, -
doch tu ich's nicht.
Warum? Ihr wisst es.
Ich bin zu faul dazu.
Das ist es …

Quelle: Görtz, Franz Josef und Sarkowicz, Hans (Hrsg.): „Erich Kästner Interview mit dem Weihnachtsmann Kindergeschichten für Erwachsene", Hanser, München/Wien 1998, S. 50/51

Gedichte, Gedichte (2/3)

Erzähl mir eine Geschichte!
Fredrik Vahle

Die Geschichte vom Hund?
Die kenn' ich, na und!
Die Geschichte vom Bär?
Die ist mir zu schwer!
Die Geschichte vom Pferd?
Ach, die ist nix wert!
Die Geschichte vom Schnee?
Die ist kalt und tut weh!
Die Geschichte vom
Schnarchenden Weihnachtsmann?
Die will ich hören. Fang gleich damit an!

Quelle: Schuldt, Brigitte (Hg.):
„Das große Weihnachtsbuch", Reinbek 1996, Rowohlt, S. 143

Fröhliche ...
Shel Silverstein

Keiner stellt die Schuhe raus
und backt Pfefferkuchen,
keiner schaut zum Himmel, um
den Weihnachtsstern zu suchen.
Keiner packt Geschenke aus,
und keiner hat ein Herz
für einen alten Weihnachtsbaum
am zehnten Tag im März.

Quelle: Schuldt, Brigitte (Hg.):
„Das große Weihnachtsbuch", Reinbek 1996, Rowohlt, S. 218

Nix as dütt!
Rudolf Kinau

Wenn ick mi mol wat wünschen schull,
ick wünsch mi nix as dütt:
Noch eenmal wedder Kind to wähn,
ganz tutig, dumm un lütt.

Un denn – wenn't Heilig Obend ward –
so in de Schummeree
ganz still in uns lütt Döns to stohn
bi Vadder an de Knee.

Un noch mol seehn, wat Licht üm Licht
sien'n Schien no boben smitt,
un allns wat bunt in'n Dannboom hangt,
dat lücht un blinkert mit.

Un noch mol rüken, wenn an't Füer
Son lütten Danntilln swehlt.
Un noch mol lüstern, wat dat klingt,
wenn uns' lütt Speeldoos speelt.

Un noch mol, wenn dat buten kloppt,
so ganz vull Angst un Freid
mien lütt Gebett dör't Halslock quäln –
so gau un good as't geiht.

Un denn doar stohn mit'n Fatt vull Nöt
un mit son heeten Kupp:
„O, Vadder, - Mudder, kiekt doch mol!
Ligt noch wat boben up!"

Dat is mien Wünschen Joahr för Joahr:
Noch eenmol wedder trück
in't scheune stille Kinnerland,
in't Land vull luder Glück!

Ick weet, uns' Herrgott gift mi't ne.
Man een Deel weet ick wiß:
Dat sick mien Jung dat jüst so wünscht,
wenn he mol sowied is.

Quelle: Kinau, Rudolf: „Mien Wihnachtsbook", Quickborn-Verlag, Hamburg 1972, S. 81/82

Gedichte, Gedichte (3/3) 7–10

Wihnachenobend
Rudolf Kinau

Wihnachenobend,
denn goht wi no boben,
denn pingelt de Klocken,
denn danzt de Poppen,
denn piept de Müs
in Grooßvadder sien Hüs'.

Quelle: Kinau, Rudolf:
„Mien Wihnachtsbook", Quickborn-Verlag, Hamburg 1972, S. 56

's Weihnachtsfest kimmt boid
Wolfgang Kappes

1
Vom Adventkranz s erste Leichtn
und drauß da erste Schnee,
vo da Kältn de vascheichtn
Vögl, Hosn, Reh,
de Tog, de mehra schwindn,
da Nachtfrost eisigkoit,
des oiss laßt uns empfindn,
's Weihnachtsfest kimmt boid

2
Oa Renna, Kaffa, Hetzn,
oa Rumme, weit und breit
wia gscheicht, durch d Gschäfte fetzn,
so sicht ma jetzt de Leit.
Grod gschwind no ebbas findn,
wos ma oft aa gor net woit,
des oiss laßt uns empfindn,
's Weihnachtsfest kimmt boid.

3
De Zeitungsinserate
vom Nikolausverleih,
nach Anruf, stehta Pate,
für an Fuchzga bist dabei.
Gschwind no an Christbaam findn,
aa wenn a da net gfoit,
des oiss laßt uns empfindn,
's Weihnachtsfest kimmt boid.

4
Den Hauffa Süßigkeitn,
den d Kinda bei uns kriang,
kannt oft Hungersnöt bestreitn,
de durch andre Länder ziang.
Selbst im Abfoi konnst jetzt findn
guats Zeigl, no net oid,
des oiss laßt uns empfindn,
's Weihnachtsfest kimmt boid.

5
Millionen Lamperl strahlen,
in dera staadn Zeit.
„Energieverschwendrisch prahlen",
hoaßt de Devise heit.
Ma redt vo Umweltsündn,
wos is so a Liachtawoid?
De Hauptsach mia empfindn,
's Weihnachtsfest kimmt boid.

Quelle: www.web-wolf.de/index.php/de/meine-gedichte/mundart/as-weihnachtsfest

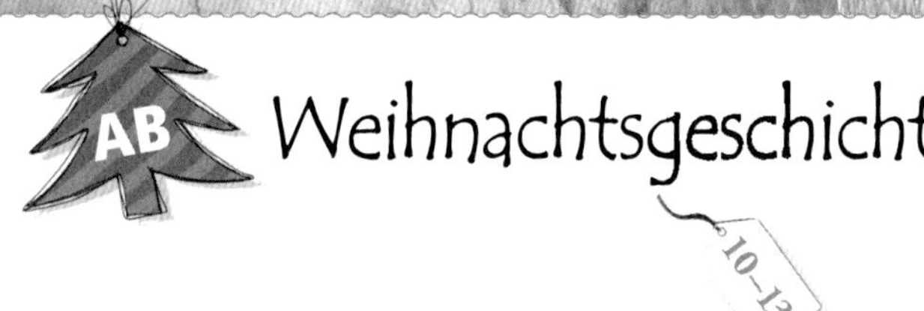

Weihnachtsgeschichten berühmter Autoren (1/3)

10–13

Was war das für ein Fest?

Marie Luise Kaschnitz

Der kleine Junge hockte auf dem Fußboden und kramte in einer alten Schachtel, aus der er einiges zutage förderte, ein paar Röllchen schmutzige Nähseide, ein verbogenes Wägelchen und einen silbernen Stern. Was ist das? fragte er und hielt den Stern hoch in die Luft. Die Küchenmaschinen surrten, der Fernsehapparat gab Männergeschrei und Schüsse von sich, vor dem großen Fenster bewegten sich die kleinen Stadthubschrauber vorsichtig auf und ab. Der Junge stand auf und ging unter die Neonröhre, um den Stern, der aus einer Art von Glaswolle bestand, genau zu betrachten.

Was ist das? fragte er noch einmal. Entschuldige, sagte die Mutter am Telefon, das Kind plagt mich, ich rufe dich später noch einmal an. Damit legte sie den Hörer hin, schaute herüber und sagte: Das ist ein Stern. Sterne sind rund, sagte der kleine Junge. Zeig mal, sagte die Mutter und nahm dem Jungen den Stern aus der Hand. Es ist ein Weihnachtsstern, sagte sie. Ein was? fragte das Kind. Jetzt hab' ich es satt, schrie der Mann auf der Fernsehscheibe und warf seinen Revolver in den Spiegel, was beträchtlichen Lärm verursachte. Die Mutter drückte auf eine Taste, der Lärm hörte auf, und das Bild erlosch.

Etwas von früher, sagte sie in die Stille hinein. Von einem Fest. Was war das für ein Fest? fragte der kleine Junge. Ein langweiliges, sagte die Mutter schnell. Die ganze Familie stand in der Wohnstube um einen Baum herum und sang Lieder, oder die Lieder kamen aus dem Fernsehen, und die ganze Familie hörte zu. Wieso um einen Baum? sagte der kleine Junge, der wächst doch nicht im Zimmer. Doch, sagte die Mutter, das tat er, an einem bestimmten Tag im Jahr. Es war eine Tanne, die man mit brennenden Lichtern oder mit kleinen bunten Glühbirnen besteckte und an deren Zweige man bunte Kugeln und glitzernde Ketten hängte. Das kann nicht wahr sein, sagte das Kind. Doch, sagte die Mutter, und an der Spitze des Baumes befestigte man den Stern. Er sollte an den Stern erinnern, dem die Hirten nachgingen, bis sie den kleinen Jesus in seiner Krippe fanden. Den kleinen Jesus, sagte das Kind aufgebracht, was soll denn das nun wieder sein? Das erzähle ich dir ein andermal, sagte die Mutter, die sich an die alte Geschichte erinnerte, aber nicht genau. Der Junge wollte aber von den Hirten und der Krippe gar nichts hören. Er interessierte sich nur für den Baum, der im Zimmer wuchs und den man verrückterweise mit brennenden Lichtern oder mit kleinen Glühbirnen besteckt hatte. Das muss doch ein schönes Fest gewesen sein, sagte er nach einer Weile.

Nein, sagte die Mutter heftig. Es war langweilig. Alle hatten Angst davor und waren froh, wenn es vorüber war. Sie konnten den Tag nicht abwarten, an dem sie dem Weihnachtsbaum seinen Schmuck wieder abnehmen und ihn vor die Tür stellen konnten, dürr und nackt. Und damit streckte sie ihre Hand nach den Tasten des Fernsehapparates aus. Jetzt kommen die Marspiloten, sagte sie. Ich will aber die Marspiloten nicht sehen, sagte der Junge. Ich will einen Baum und ich will wissen, was mit dem kleinen Sowieso war. Es war, sagte die Mutter ganz unwillkürlich, zur Zeit des Kaisers Augustus, als alle Welt geschätzet wurde.

Aber dann erschrak sie und war wieder still. Sollte das alles noch einmal von vorne anfangen, zuerst die Hoffnung und die Liebe und dann die Gleichgültigkeit und die Angst? Zuerst die Freude und dann die Unfähigkeit, sich zu freuen, und das Sichloskaufen von der Schuld? Nein, dachte sie, ach nein. Und damit öffnete sie den Deckel des Müllschluckers und gab ihrem Sohn den Stern in die Hand. Sieh einmal, sagte sie, wie alt er schon ist, wie unansehnlich und vergilbt. Du darfst ihn hinunterwerfen und aufpassen, wie lange du ihn noch siehst. Das Kind gab sich dem neuen Spiel mit Eifer hin.

Es warf den Stern in die Röhre und lachte, als er verschwand. Aber als es draußen an der Wohnungstür geklingelt hatte und die Mutter hinausgegangen war und wiederkam, stand das Kind wie vorher über den Müllschlucker gebeugt. Ich sehe ihn immer noch, flüsterte es, er glitzert, er ist immer noch da.

Quelle: Steffensky, Fulbert (Hg.):
„Ein seltsamer Freudenmonat, 24 Adventsgedichte 24 Adventsgeschichten", Radius-Verlag, Stuttgart 2011, S. 87–89

Weihnachtsgeschichten berühmter Autoren (2/3)

Monolog eines Kellners

Heinrich Böll

Ich weiß nicht, wie es hat geschehen können; schließlich bin ich kein Kind mehr, bin fast fünfzig Jahre und hätte wissen müssen, was ich tat – und hab's doch getan, noch dazu, als ich schon Feierabend hatte und mir eigentlich nichts mehr hätte passieren können. Aber es ist passiert, und so hat mir der Heilige Abend die Kündigung beschert. Alles war reibungslos verlaufen: Ich hatte beim Dinner serviert, kein Glas umgeworfen, keine Soßenschüssel umgestoßen, keinen Rotwein verschüttet, mein Trinkgeld kassiert und mich auf mein Zimmer zurückgezogen, Rock und Krawatte aufs Bett geworfen, die Hosenträger von den Schultern gestreift, meine Flasche Bier geöffnet, hob gerade den Deckel von der Terrine und roch: Erbsensuppe. Die hatte ich mir beim Koch bestellt, mit Speck, ohne Zwiebeln, aber sämig, sämig. Sie wissen sicher nicht, was sämig ist; es würde zu lange dauern, wenn ich es Ihnen erklären wollte: Meine Mutter brauchte drei Stunden, um zu erklären, was sie unter sämig verstand. Na, die Suppe roch herrlich, und ich tauchte die Schöpfkelle ein, füllte meinen Teller, spürte und sah, dass die Suppe richtig sämig war – da ging meine Zimmertür auf, und herein kam der Bengel, der mir beim Dinner aufgefallen war: klein, blass, bestimmt nicht älter als acht, hatte sich den Teller hoch füllen und alles, ohne es anzurühren, wieder abservieren lassen: Truthahn und Kastanien, Trüffeln und Kalbfleisch, nicht mal vom Nachtisch, den doch kein Kind vorübergehen lässt, hatte er auch nur einen Löffel gekostet, ließ sich fünf halbe Birnen und 'nen halben Eimer Schokoladensoße auf den Teller kippen und rührte nichts, aber auch nichts an, und sah dabei nicht mäklig aus, sondern wie jemand, der nach einem bestimmten Plan handelt. Leise schloss er die Tür hinter sich und blickte auf meinen Teller, dann mich an: „Was ist denn das?" fragte er. „Das ist Erbsensuppe", sagte ich. „Die gibt es doch nicht", sagte er freundlich, „die gibt es doch nur in dem Märchen von dem König, der sich im Wald verirrt hat." Ich hab's gern, wenn Kinder mich duzen; die Sie zu einem sagen, sind meistens affiger als die Erwachsenen. „Nun", sagte ich, „eins ist sicher: das ist Erbsensuppe." – „Darf ich mal kosten?" – „Sicher, bitte", sagte ich, „setz dich hin." Nun, er aß drei Teller Erbsensuppe, ich saß neben ihm auf meinem Bett, trank Bier und rauchte und konnte richtig sehen, wie sein kleiner Bauch rund wurde, und während ich auf dem Bett saß, dachte ich über vieles nach, was mir inzwischen wieder entfallen ist; zehn Minuten, fünfzehn, eine lange Zeit, da kann einem schon viel einfallen, auch über Märchen, über Erwachsene, über Eltern und so. Schließlich konnte der Bengel nicht mehr, ich löste ihn ab, aß den Rest der Suppe, noch eineinhalb Teller, während er auf dem Bett neben mir saß. Vielleicht hätte ich nicht in die leere Terrine blicken sollen, denn er sagte: „Mein Gott, jetzt habe ich dir alles aufgegessen." – „Macht nichts", sagte ich, „ich bin doch satt geworden. Bist du zu mir gekommen, um Erbsensuppe zu essen?" – „Nein, ich suchte nur jemand, der mir helfen kann, eine Kuhle zu finden; ich dachte, du wüsstest eine." Kuhle, Kuhle, dann fiel mir's ein, zum Murmelspielen braucht man eine, und ich sagte: „Ja, weißt du, das wird schwer sein, hier im Haus irgendwo eine Kuhle zu finden." – „Können wir nicht eine machen", sagte er, „einfach eine in den Boden des Zimmers hauen?"

Ich weiß nicht, wie es hat geschehen können, aber ich hab's getan, und als der Chef mich fragte: Wie konnten Sie das tun?, wusste ich keine Antwort. Vielleicht hätte ich sagen sollen: Haben wir uns nicht verpflichtet, unseren Gästen jeden Wunsch zu erfüllen, ihnen ein harmonisches Weihnachtsfest zu garantieren? Aber ich hab's nicht gesagt, ich hab' geschwiegen. Schließlich konnte ich nicht ahnen, dass seine Mutter über das Loch im Parkett stolpern und sich den Fuß brechen würde, nachts, als sie betrunken aus der Bar zurückkam. Wie konnte ich das wissen? Und dass die Versicherung eine Erklärung verlangen würde, und so weiter, und so weiter. Haftpflicht, Arbeitsgericht, und immer wieder: unglaublich, unglaublich. Sollte ich ihnen erklären, dass ich drei Stunden, drei geschlagene Stunden lang mit dem Jungen Kuhle gespielt habe, dass er immer gewann, dass er sogar von meinem Bier getrunken hat – bis er schließlich todmüde ins Bett fiel? Ich hab' nichts gesagt, aber als sie

Weihnachtsgeschichten berühmter Autoren (3/3)

10–13

mich fragten, ob ich es gewesen bin, der das Loch in den Parkettboden geschlagen hat, da konnte ich nicht leugnen; nur von der Erbsensuppe haben sie nichts erfahren, das bleibt unser Geheimnis. Fünfunddreißig Jahre im Beruf, immer tadellos geführt. Ich weiß nicht, wie es hat geschehen können; ich hätte es wissen müssen, was ich tat, und hab's doch getan: Ich bin mit dem Aufzug zum Hausmeister hinuntergefahren, hab' Hammer und Meißel geholt, bin mit dem Aufzug wieder raufgefahren, hab' ein Loch in den Parkettboden gestemmt. Schließlich konnte ich nicht ahnen, dass seine Mutter darüber stolpern würde, als sie nachts um vier betrunken aus der Bar zurückkam. Offen gestanden, ganz so schlimm finde ich es nicht, auch nicht, dass sie mich rausgeschmissen haben. Gute Kellner werden überall gesucht.

Quelle: Steffensky, Fulbert (Hg.): „Ein seltsamer Freudenmonat, 24 Adventsgedichte 24 Adventsgeschichten", Radius-Verlag, Stuttgart 2011, S. 171–174

Aufgaben

1. Lest die beiden Geschichten, und überlegt gemeinsam, welche Botschaft die Autoren mit ihren Texten jeweils vermitteln wollen.

2. Wähle einen der Autoren, recherchiere über ihn, und schreibe ein Kurzprofil.

3. Verabredet eine regelmäßige „Weihnachts-Vorlesezeit", zu der immer zwei oder drei Schüler eine Weihnachtsgeschichte vorlesen.

a) Sammelt dazu weitere Weihnachtsgeschichten berühmter Autoren, die nicht zu lang sind.

b) Wähle eine Geschichte aus, die dir besonders gut gefällt – sprecht euch dabei ab, damit niemand die gleiche Geschichte wählt!

c) Legt fest, wer an welchem Tag seine Geschichte präsentiert – hier könnt ihr auch losen.

d) Übe deinen Text, recherchiere ein paar Hintergrundinformationen zu dem Autor, und bereite dich gut vor, damit du die Geschichte flüssig und interessant vortragen kannst.

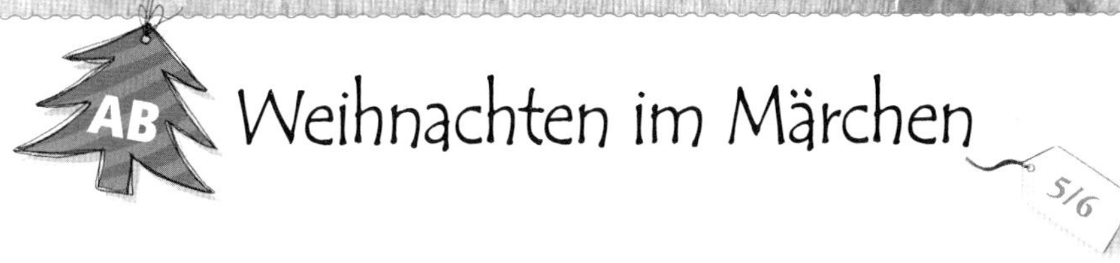

Weihnachten im Märchen

5/6

Der goldene Schlüssel

Brüder Grimm

Zur Winterzeit, als einmal ein tiefer Schnee lag, musste ein armer Junge hinausgehen und Holz auf einem Schlitten holen. Wie er es nun zusammengesucht und aufgeladen hatte, wollte er, weil er so erfroren war, noch nicht nach Haus gehen, sondern erst Feuer anmachen und sich ein bisschen wärmen. Da scharrte er den Schnee weg, und wie er so den Erdboden aufräumte, fand er einen kleinen goldenen Schlüssel. Nun glaubte er, wo der Schlüssel wäre, müsste auch das Schloss dazu sein, grub in der Erde und fand ein eisernes Kästchen. „Wenn der Schlüssel nur passt!" dachte er, „es sind gewiss kostbare Sachen in dem Kästchen." Er suchte, aber es war kein Schlüsselloch da, endlich entdeckte er eins, aber so klein, dass man es kaum sehen konnte. Er probierte, und der Schlüssel passte glücklich. Da drehte er einmal herum, und nun müssen wir warten, bis er vollends aufgeschlossen und den Deckel aufgemacht hat: dann werden wir erfahren, was für wunderbare Sachen in dem Kästchen lagen.

Quelle: Schuldt, Brigitte (Hg.): „Das große Weihnachtsbuch", Rowohlt, Reinbek 1996, S. 184

Aufgaben

1. Lies den Text, und überlege, wie das Märchen weitergehen könnte. Schreibe es auf. Wähle einen guten, schlechten oder einen ganz ungewöhnlichen Ausgang.
2. Lies deinen Schluss der Klasse vor – bestimmt habt ihr alle ganz unterschiedliche Ideen!
3. Kennst du noch mehr Märchen, die zur Weihnachtszeit erzählt werden? Hier ein paar Tipps: Der Tannenbaum, Das Mädchen mit den Schwefelhölzern, Sterntaler… Tragt zusammen!
4. Recherchiere: Von wem wurden diese Märchen geschrieben? Wer waren die Brüder Grimm?

Einen Weihnachtsbrief schreiben wie einst Goethe?

9–13

Ende des Jahres 1786 schrieb Johann Wolfgang von Goethe folgenden Brief an seinen Freund Friedrich Constantin von Stein:

Rom, den 29. December 1786

Dein Brief, mein vielgeliebter Fritz, hat mir viele Freude gemacht. Du kannst nicht öfter an mich denken als ich an dich. Gar oft wünsche ich dich zu mir, es giebt gar mancherlei Gutes zu genießen, das dich noch mehr als mich ergötzen würde.
Schwefelabdrücke bring' ich dir mit und Steine von merkwürdigen Gebäuden, wo du zugleich die verschiedenen Arten von Steinen sehen sollst, mit denen man hier baute und auszierte.
Die ganze Nacht vor dem Weihnachtsfest sind wir in den Kirchen herumgefahren und haben die Feierlichkeiten angesehen und angehört. Zu St. Apollinar war Musik. St. Peter mit wenigen Lichtern, Lampen und Fackeln kaum erleuchtet, so dass man das ungeheure Gebäude kaum wieder erkannte. In einer sehr erleuchteten Seitenkapelle sangen die Chorherren die Frühmetten. In St. Maria maggiore war die Kirche schön erleuchtet; dort haben sie einige Stücke von der Krippe Christi. Es zieht eine Prozession mit Fackeln umher, es wird ein silbernes Kindlein auf einer silbernen sehr verzierten Wiege getragen usw.
Am Weihnachtsmorgen hielt der Pabst in St. Peter Hochamt, bei dem die Cardinäle ministrirten. Es mögen 2000 Menschen in der Kirche gewesen seyn, und man bemerkte sie kaum, da man hineintrat, da sie Alle um den Hochaltar standen.
Die Gasse, in der ich wohne, ist gegen 3000 Schritte lang, du kannst sie einmal in der Belvedereschen Allee abschreiten und dabei an mich denken. Erzählung von besseren Sachen hebe ich für dich auf. Wenn wir künftig zusammen gehen und fahren, habe ich dir zu erzählen, und du sollst dich nicht mehr über mein Stillschweigen beklagen.
Lebe wohl; auch ein Stück Lava vom Vesuv sollst du haben. Grüße Ernsten, deine Großeltern, und behalte mich lieb.

G.

Dein italiänischer Brief hat mich gefreut, nächstens sollst du auch einen von mir in dieser Sprache haben.

Quelle: Dittmar, Jens (Hg.): „Weihnachten mit Goethe", Aufbau-Verlag, Berlin 2000, S. 14/15

Aufgabe

In der heutigen Zeit hätte Goethe seinem Freund sicher eine E-Mail aus Italien gesendet. Doch beim Schreiben einer E-Mail macht man sich oft nicht so viel Mühe wie beim Schreiben eines Briefes.
Wähle einen Adressaten (es kann auch eine erdachte Person sein oder sogar der Herr von Stein), dem du in einem Brief von Dingen berichtest, die du in der Weihnachtszeit erlebt oder getan hast. Du kannst neben deinen Weihnachtsgrüßen auch über deine Erlebnisse im vergangenen Jahr berichten. Dein Brief sollte mindestens genau so lang sein wie der des Herrn von Goethe!

Kapitel 4

24 x Weihnachtliche Dekorationen und Basteleien

Adventskalender – vier Variationen (1/4)

5–13

Es ist wieder Adventskalender-Zeit. 24 kleine Überraschungen gibt es hinter den Türchen bis zum Heiligen Abend – aus Schokolade oder auch selbst gebastelt. Das war nicht immer so. Adventskalender, wie wir sie heute kennen, gibt es erst seit 96 Jahren. Ein Mann namens Gerhard Lang ließ seinerzeit das erste Exemplar drucken. Der Kalender bestand aus zwei Blättern: eines mit Zahlenkästchen und eines mit Engeln. Jeden Tag konnte ein Engel ausgeschnitten und auf eine Zahl geklebt werden. 20 Jahre lang sah der Adventskalender so aus, dann druckte Gerhard Lang den ersten Kalender mit Türchen zum Öffnen. Dahinter steckten damals noch keine Schokostücke, sondern bunte Bilder.

Quelle: Tanja Rösner: „Jeden Tag im Advent geht ein Türchen auf“,
in: Frankfurter Rundschau, Nr. 282, 2.12.2004

Natürlich gibt es heute allerlei Adventskalender zu kaufen – dabei macht es auch großen Spaß, selbst einen zu basteln! Zum Beispiel so:

Tannenbaum-Kalender

5/6

Du brauchst:

- 24 Papprollen (vom Toilettenpapier)
- grünes Krepppapier
- Geschenkband (schmal)
- einfarbige Aufkleber, möglichst in Kreisform
- Schere, Lineal, Kleber, Heißklebepistole, Stift

So geht's:

1. Schneide das Krepppapier so in Stücke, dass man damit die Papprollen umwickeln kann. An jeder offenen Seite sollen mindestens 3 cm überstehen, damit sie wie ein Bonbon zugebunden werden kann.
2. Bestreiche jede Papprolle mit Kleber, und rolle sie je in ein Krepppapierstück ein.
3. Binde eine Seite mit Geschenkband zu.
4. Sind alle 24 Rollen fertig umwickelt und zugebunden, fülle sie mit Überraschungen (oder lasse sie befüllen).
5. Binde dann die noch offene Seite mit passendem Schleifenband zu.
6. Klebe die 24 Rollen, die wie Knallbonbons aussehen, in Baumform mit Heißkleber zusammen: 21 Rollen bilden ein Dreieck, die 3 restlichen Rollen bilden unten den Stamm.
7. Schreibe die Zahlen 1–24 auf die kleinen Aufkleber.
8. Klebe die Aufkleber mit den Zahlen gut sichtbar an die Bänder, sodass sie wie Christbaumkugeln aussehen.

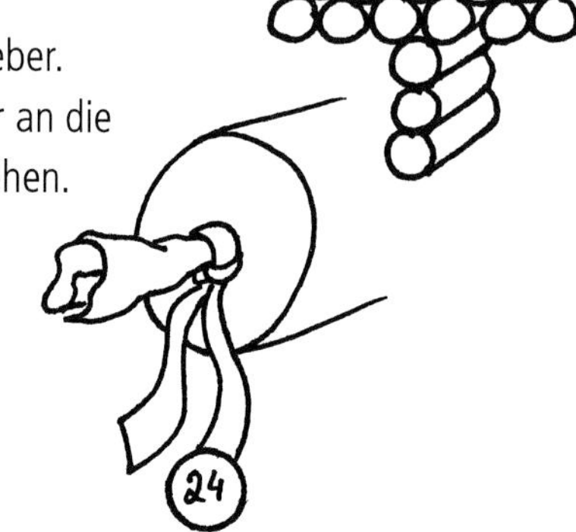

Adventskalender – vier Variationen (2/4)

Stoffbeutel-Kalender für Nähmaschinenspezialisten

Du brauchst:

- genügend Stoff (Filz oder Jute) für 24 Beutel
- farbiges Nähgarn, passend zum Stoff
- kleine Wäscheklammern mit den Zahlen 1–24
- schmales Geschenkband
- Nähmaschine
- Schneiderschere, Stecknadeln, Lineal, Schneiderkreide

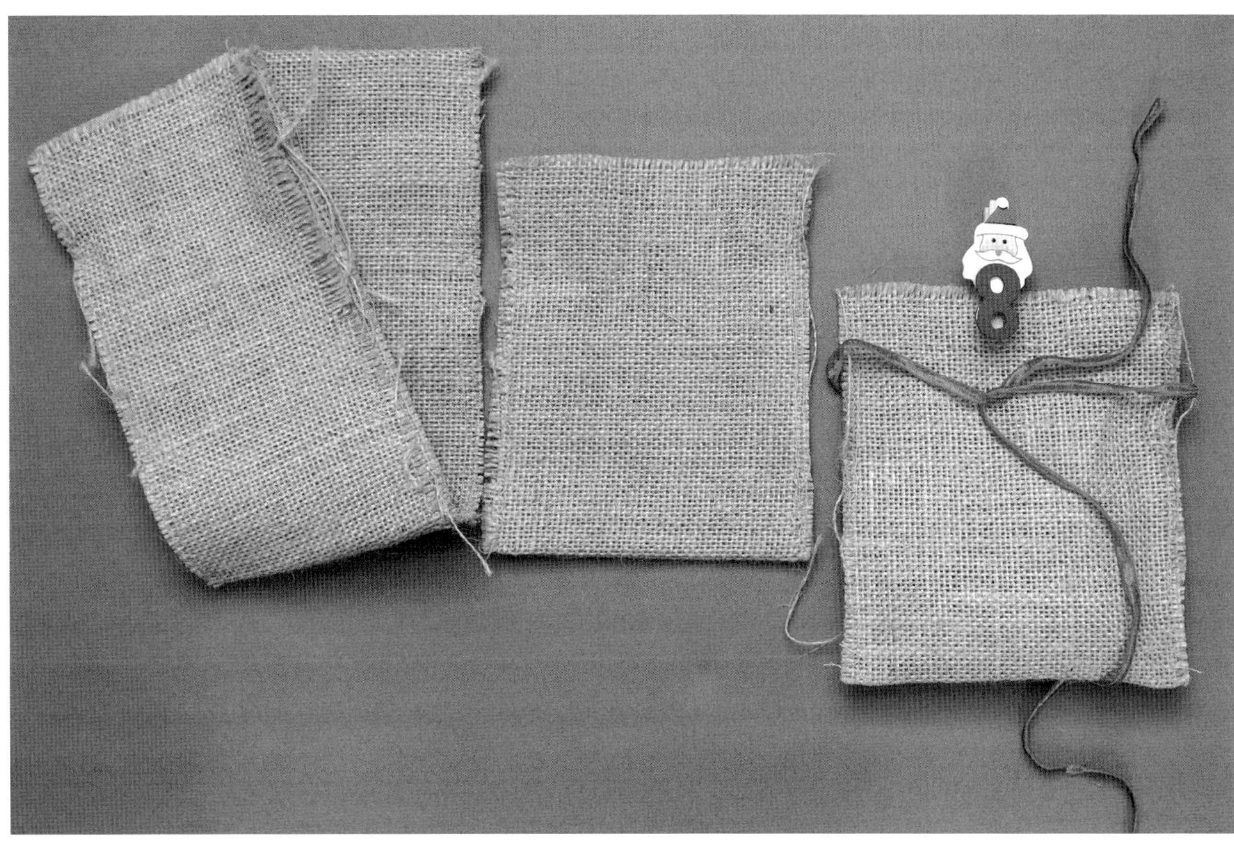

So geht's:

1. Markiere mit Hilfe von Lineal und Schneiderkreide 24 Rechtecke, z.B. in Größe 10x30 cm, und schneide sie aus.
2. Richte deinen Arbeitsplatz her, und fädle Ober- und Unterfaden in die Maschine ein.
3. Lege jedes Rechteck doppelt, und stecke es mit Stecknadeln zusammen, falls der Stoff verrutscht.
4. Nähe jedes Stoffstück mit genügend Abstand vom Rand rechts und links zusammen. Die obere Öffnung bleibt frei.
5. Nun können die fertigen Beutel befüllt, mit dem Geschenkband zugebunden und mit einer Wäscheklammerzahl versehen werden.
   Tipp: die Säckchen lassen sich mit den Wäscheklammern auch gut an einem schönen Band aufhängen!

AB Adventskalender – vier Variationen (3/4)

5–13

Schubladen-Adventskalender 7–10

Du brauchst:

- 24 leere Streichholzschachteln (rechtzeitig mit dem Sammeln beginnen!)
- 24 Perlen mit Loch und weißes Nähgarn
- Stickgarn, farbiges Tonpapier, Wellpappe und Stoffreste zum Bekleben und Gestalten
- ggf. einen Bogen feste, farbige Tonpappe in DIN-A3-Format als Hintergrund
- Lineal, Schere, Näh- und Sticknadel, Klebstoff und Stifte

So geht's:

1. Überlege und entscheide, ob du mit den Schachteln ein Häuschen oder eine Fläche gestalten möchtest. Gestaltungsmöglichkeiten gibt es viele: Entweder werden die 24 Kästchen wie ein kleines Adventhäuschen über- und nebeneinandergeklebt, dazu ein Dach aus Wellpappe errichtet und die Wände dekorativ mit Papier überzogen. Oder man verteilt die Schachteln auf einer farbigen Hintergrundpappe z.B. als Schafherde und gestaltet die einzelnen Schachteln mit Papier und textilen Materialien als Schafe.
2. Bereite die Schachteln vor. Zum leichteren Aufziehen näht man eine Perle an die Vorderseite des Innenkästchens und schreibt die jeweilige Zahl mit feinem Stift dazu. Sollen es Schafe werden, zieht man dafür einen Faden als Schwänzchen an die Rückseite. An der Vorderseite wird der Kopf angeklebt.
3. Lege und verbinde die Kästchen entweder als Haus, oder verteile sie auf einer großen Hintergrundpappe, gestalte sie als Schafe, und klebe sie dann auf.

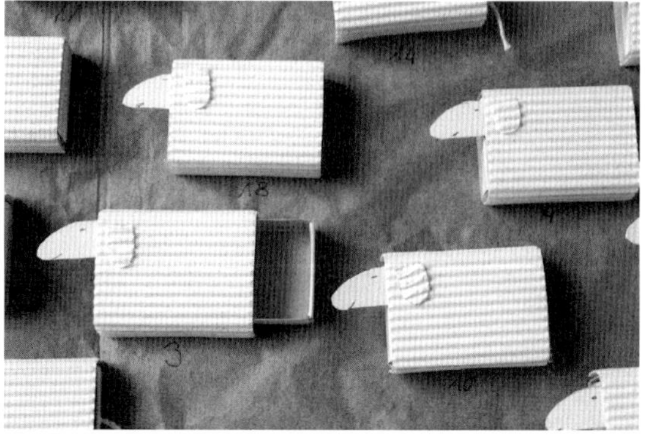

Adventskalender – vier Variationen (4/4)

Stern-Adventskalender 9–13

Du brauchst:
- 2 große Bogen Zeichenkarton (65 x 60 cm weiß oder farbig nach Wahl)
- eine Stern-Ausstechform oder eine Stern-Schablone
- 24 kleine Abbildungen und/oder Fotos (z.B. von der Familie, vom Freundeskreis oder von Klassenkameraden)
- Geschenkband zum Aufhängen
- Dekoration nach Geschmack (Glitzerfarbe, Abbildungen, kleine Sterne, Engel usw.)
- Kleber, Bleistift, Schere, Lineal, Cuttermesser und Schneidmatte, farbige Stifte

So geht's:
1. Teile die längere Seite des ersten Bogens durch drei Bleistiftstriche mit Hilfe des Lineals in vier gleich breite Streifen. Teile dann die kurze Seite durch zwei Striche in drei gleich breite Streifen. Es entsteht so ein Raster auf dem Karton von zwölf Rechtecken mit ca. 16 x 20 cm.
2. Zeichne nun mit Hilfe des Lineals einen großen 6-eckigen Stern in das Raster.
3. Zeichne 24 Sterne mit einer Schablone oder einer Ausstechform auf den Stern. Achtung: Sie sollten gleichmäßig auf die Fläche verteilt werden! Bei jedem der Sterne muss eine Spitze nach links zeigen, damit man sie wie ein Fenster öffnen kann.
4. Lege eine Schneidmatte unter, und schneide mit Lineal und Cuttermesser jeden Stern bis auf die linke Zacke aus. Die linke Zacke hält den Stern an der Grundfläche fest!
5. Hinterklebe jeden der Sterne mit einem Foto oder einer Abbildung, sodass sie bei geöffnetem Sternenfenster gut sichtbar wird. Vorsicht: Fenster noch nicht aufknicken, sonst lassen sie sich nicht mehr richtig schließen!
6. Klebe den Sternenkalender auf den zweiten Bogen Karton, und schneide den Umriss sauber mit dem Cuttermesser oder der Schere aus.
7. Dekoriere den Kalender kreativ nach deinem Geschmack.

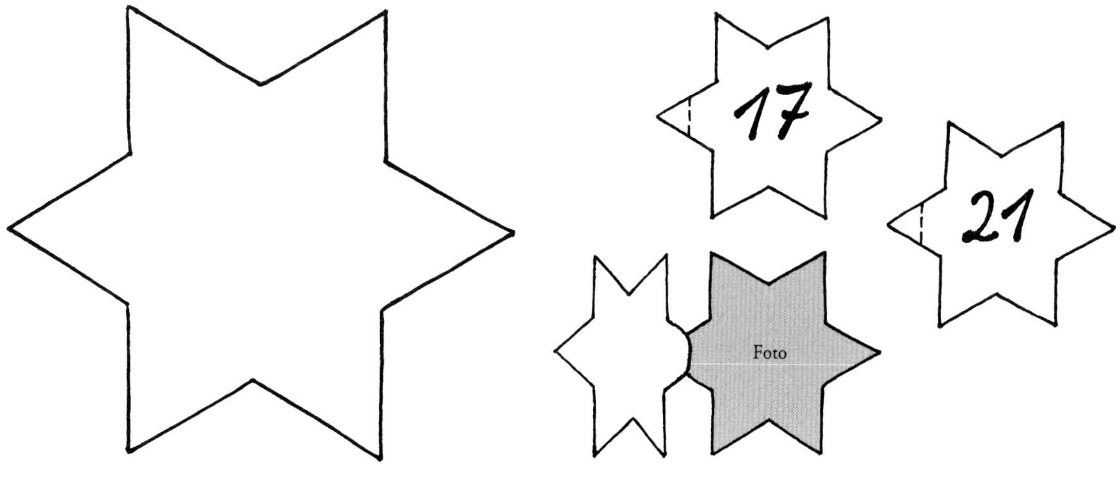

Nikolausstiefel für Nähmaschinenspezialisten

7–13

Nikolausstiefel mit Zackenbesatz

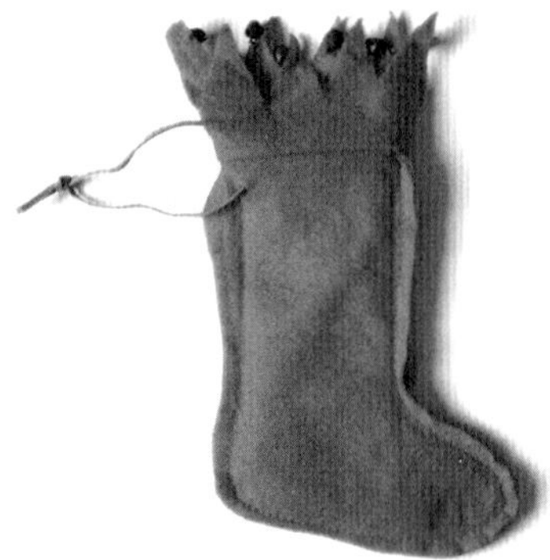

innen

außen

außen mit umgeschlagenen Zacken

Du brauchst:

- roten Filz- oder Baumwollstoff (ca. 30 x 60 cm)
- farblich passendes Nähgarn und eine Nähnadel
- ggf. Teddypelz (ca. 40 x 15 cm)
- ggf. Glöckchen oder Perlen
- Band zum Anhängen
- Nähmaschine
- Schneiderschere, Schneiderkreide, Papier und Bleistift

So geht's:

1. Entwirf ein Schnittmuster für deinen Nikolausstiefel, und zeichne es auf Papier. Soll der Stiefel einen Pelzbesatz o.Ä. erhalten, benötigst du zwei Teile für das Schnittmuster.
2. Lege den Stoff doppelt, und stecke das Schnittmuster mit Stecknadeln darauf fest.
3. Zeichne mit der Schneiderkreide die Umrisse auf den Stoff.
4. Schneide den Stoff 1 cm vom Umriss entfernt aus, und nehme das Schnittmuster ab.
5. Versäubere alle Stoffränder mit dem Zickzackstich oder mit dem Overlookstich, damit sie nicht ausfransen. Beim Filzstoff ist dies nicht nötig!
6. Soll der Stiefel einen Pelz- oder Zacken-Besatz bekommen, wird dieser oben an die beiden ausgeschnittenen Stoffteile angenäht. Beim Pelzbesatz liegen die Stoffe dafür rechts auf rechts (die schöne Seite ist innen!); für den Zackenbesatz liegen sie rechts auf links.
7. Stecke den Stoff rechts auf rechts zusammen, und nähe eine gerade Naht auf der Umrisslinie bis zur Öffnung; das Ende der Naht verriegeln.
8. Drehe das fertige Stück nach rechts, und verziere es z.B. mit Glöckchen. Nähe ein Band zum Aufhängen an. Wenn du Zacken angenäht hast, kannst du diese jetzt umschlagen.

Tipp:

Das Band zum Aufhängen kannst du als Schlinge beim Zusammennähen gleich mit einnähen. Achtung: Die Schlinge muss beim Zusammennähen nach innen zeigen, damit sie nach dem Wenden richtig sitzt!

Nikolausstiefel mit Pelzbesatz

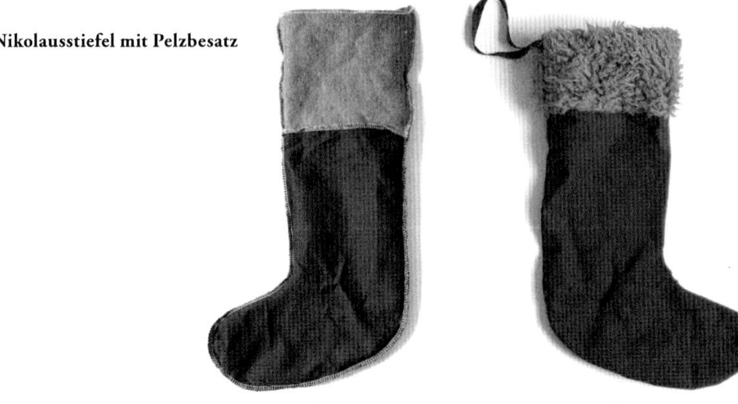

innen außen

Rose von Jericho erblühen lassen

5–8

„Es ist ein Ros' entsprungen aus einer Wurzel zart" lautet ein bekanntes Weihnachtslied. Das Bild von einer Rose, die mitten im Winter aufblüht, wird darin besungen. Bekannt ist in unseren Breiten die Christrose als Winterblüher.
Es gibt noch eine andere Rose, die „Rose von Jericho". Sie ist nach der Stadt Jericho in Palästina benannt, wo sie wächst. Ihr lateinischer Name lautet Anastatica hierochuntica. Während der regenlosen Zeit trocknet sie ein. Bereits im Mittelalter kam sie durch Kaufleute nach Europa. Und was ist nun das Besondere an ihr?

Völlig vertrocknet liegt sie da, die Rose. Kein Leben in ihr, so scheint es. Braun-grün-grau und brüchig sehen ihre Blättchen und Zweige aus. In der beiliegenden Anleitung ist zu lesen:
Die ausgewachsene Pflanze ist kugelartig zusammengerollt und vollständig trocken. Man braucht sie nicht einzupflanzen. Stattdessen kann man sie in einen Teller mit warmem Wasser legen. Sobald dies geschieht, wird sie ihre Triebe ausbreiten und sich grün färben.
Sie kann jederzeit wieder herausgenommen und trocken aufbewahrt werden.

Die Rose von Jericho ist in sehr wasserarmen Gebieten zu Hause. Sie kann lange Zeit in trockenem Zustand überdauern, und wächst weiter, sobald es feucht wird.

Aufgabe
Dieses kleine Wunder könnt ihr ausprobieren! Besorgt in einem Blumenladen eine Rose von Jericho, und legt sie ins Wasser. Die Rose von Jericho ist außerdem im Internet erhältlich, z.B. unter www.krautrausch.de/, www.vivat.de/shop/ oder www.elcompra.de.
Beobachtet das Phänomen, das sich hier abspielt. Schaut dabei immer wieder auf die Uhr, und protokolliert eure Beobachtungen.

Amaryllis aus einer Zwiebel ziehen

5/6

Eine Amaryllis – lateinisch: ____________________

Aufgaben

1. Informiert euch, was eine Amaryllis ist, und findet ihren lateinischen Namen heraus. Schreibt ihn auf.
2. Kauft eine Amarylliszwiebel und eine kleine Menge Blumenerde.
3. Besorgt auch einen Blumentopf, eine kleine Schaufel, eine Gießkanne und einen Übertopf.
4. Pflanzt die Zwiebel nach der beiliegenden Anleitung ein. Achtung: Sie muss aus der Erde herausgucken! Gießt die Zwiebel an.
5. Sorgt für einen täglichen Blumenpflegedienst, und erstellt eine Liste, wer wann wie oft und wie viel gießen soll.
6. Beobachtet die Zwiebel, und erstellt ein Wachstumsprotokoll.
7. Zählt zum Schluss auch, wie viele Blüten die Amaryllis hervorgebracht hat.

Nach dem Abblühen muss die Zwiebel sich wieder erholen und darf ruhen. Ist das Grün eingetrocknet, nimmt man sie aus der Erde. Ende Oktober des nächsten Jahres kann sie wieder eingepflanzt werden.

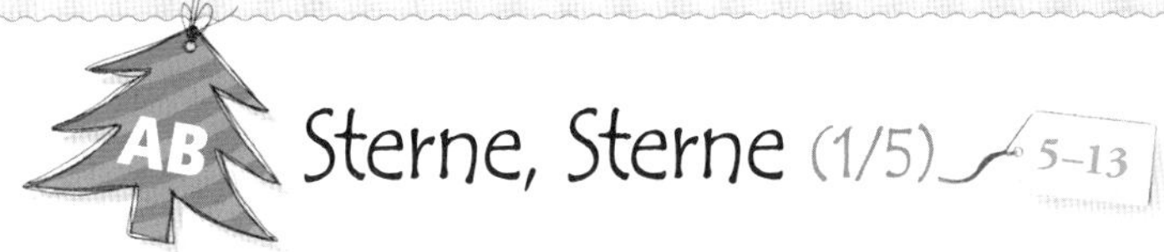

Sterne, Sterne (1/5)

Der Stern ist eines der wichtigsten Symbole zu Weihnachten. Er steht für den Bethlehemstern, der den Weg zum Christkind weist, dem Licht der Welt in der Weihnachtsgeschichte.

Wie wäre es, wenn du dieses Jahr selbst einen schönen Stern bastelst?

Einfach und schnell gemacht: Der Davidstern

Der Davidstern gilt als Zeichen für das jüdische Volk.

Du brauchst:

- farbiges Transparentpapier
- Lineal, Geodreieck, Bleistift, Schere, Klebestift

So geht's:

1. Zeichne zwei gleich große, gleichschenklige Dreiecke auf Transparentpapier.
2. Schneide die beiden Dreiecke aus.
3. Lege die Dreiecke so übereinander, dass ein Stern mit sechs Spitzen entsteht.
4. Klebe sie dann sauber aufeinander.

Tipp:

Mit doppelseitigem, durchsichtigem Klebeband kann man die Sterne an Glastüren oder Fenstern befestigen. Es sieht schön aus, wenn das Licht hindurchscheint. Dieser Stern lässt sich auch aus Buntkarton oder aus sechs gleich langen, zusammengeklebten Strohhalmen fertigen. Er wird dann mit einem dünnen Baumwollfaden aufgehängt.

Der Herrnhuter Stern

Früher bastelten wir Kinder aus vielen verschieden großen gelben Papierspitzen den Herrnhuter Stern zusammen, den meine Mutter aus der Weihnachtskiste holte. Mit Briefklammern wurde er zusammengehalten. Wie schön, dass es ihn auch heute noch gibt! Herrnhuter Sterne leuchten in Glockentürmen, in kahlen Bäumen und sogar an Bahnhofseingängen. Weitere Infos zum Herrnhuter Stern gibt es unter www.bruedergemeine-bad-boll.de und www.herrnhuter-sterne.de.

Verwickelt: Mexikanischer Glücksstern

5–7

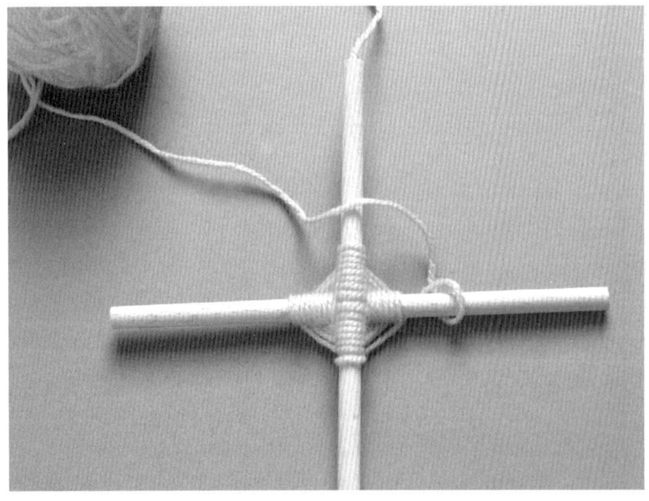

Der mexikanische Flechtstern ist ein traditionelles Symbol der Huichol-Indianer in Mexiko. Zur Geburt eines Kindes fertigte der Vater, Großvater oder Onkel ein solches „Auge Gottes" als Glücksbringer für das Neugeborene.

Du brauchst:
- 2 gleich lange Rundstäbe (ca. 20 cm Länge oder länger)
- Wollreste
- Schere

So geht's:
1. Wähle ein farbiges Wollknäuel aus.
2. Lege die Rundhölzer als Kreuz übereinander, und halte sie in einer Hand fest.
3. Nimm den Anfang des Fadens zusammen mit dem Holzkreuz in die Hand, und schlinge den Faden kreuzweise am Mittelpunkt um jede der vier Strahlen.
4. Du kannst ihn auf der Rückseite verknoten und vernähen, damit man ihn nicht sieht (nicht einfach abschneiden!).
5. Führe den Faden nun immer im Kreis rund um jeden einzelnen Stab. Die Abstände zwischen den Holzstäben werden größer. Achte darauf, dass die Stäbe durch eine gleichmäßige Spannung der Fäden weiterhin rechtwinklig zueinander liegen.
6. Bist du oben am Ende der Stäbe angekommen, verknote den Faden um den letzten Stab.
7. Knüpfe eine Schlinge, und schneide den Faden vom Knäuel ab, damit du den Stern aufhängen kannst.

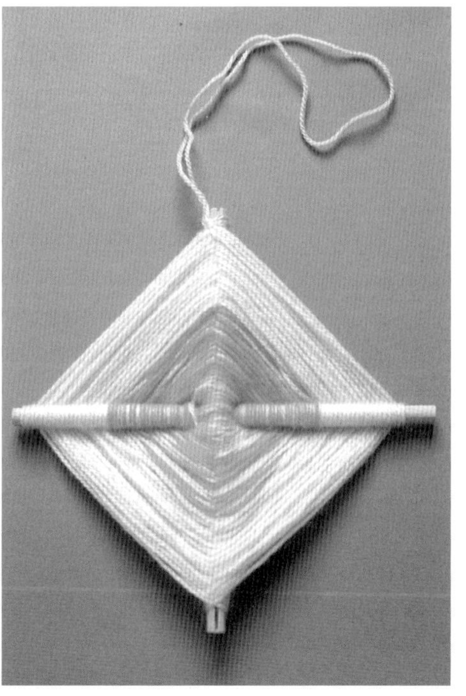

Tipp:
Willst du die Farbe wechseln, binde direkt am Stab einfach eine neue Farbe an, und verdecke den Knoten beim Wickeln mit dem neuen Faden. Glückssterne kannst du auch aus Zahnstochern und dünnem Garn (z.B. Stickgarn) herstellen, dann werden sie ganz klein. Die Enden der Holzstäbe kannst du mit aufgesteckten Perlen oder anderen Materialien verzieren.

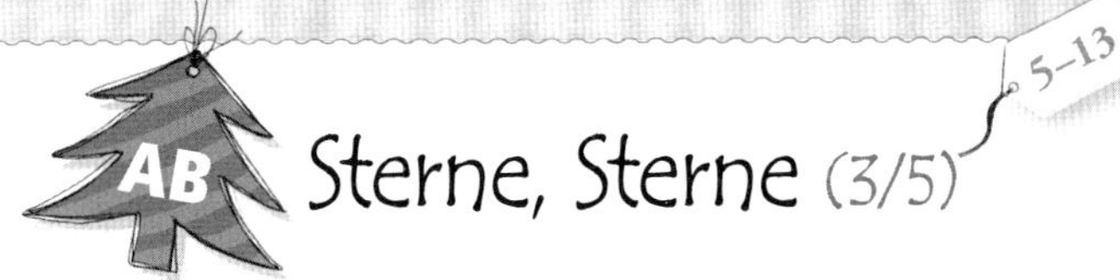

Sterne, Sterne (3/5)

Für Praktiker: Der Alustern

Teelichter verbraucht man gerade in der Weihnachtszeit viel. Aber die leeren Aluhüllen müssen nicht zwangsläufig in der gelben Tonne landen!

Du brauchst:
- leere Teelicht-Aluminiumhüllen
- robuste Universal-Schere
- Maßband
- Vorstecher
- feste Holz- oder Korkunterlage
- ggf. Nähgarn und eine dünne Nähnadel

So geht's:
1. Entferne eventuelle Wachs- und Dochtreste aus der Aluminiumhülle.
2. Schneide in gleichmäßigem Abstand sieben Einschnitte bis zum Boden in den Rand. Zur Kontrolle kannst du das Maßband benutzen.
3. Biege den Rand nun auf, sodass eine flache Form (wie eine Sonne) entsteht.
4. Schneide Spitzen zu, und entsorge die Reste sofort, damit sich niemand verletzt!
5. Lege den Stern auf die Unterlage, und stich mit dem Vorstecher Muster hinein.
6. Wenn du den Stern aufhängen möchtest, nähe mit der Nadel einen Faden durch eine Spitze, und knüpfe eine Schlaufe.

Akkurat gefaltet: Der Fröbelstern

Du brauchst:
- einen Bogen Tonpapier oder Glanzpapier (mindestens A4; möglichst mit Vorder- und Rückseite in einer anderen Farbe)
- Schere
- Ruhe und Geduld

So geht's:
1. Schneide aus dem Papierbogen vier Streifen im Verhältnis 1:30 aus (also z.B. 1x30 cm). Falte die Streifen in der Mitte zu Schlaufen, und schneide sie schräg an.
2. Halte die erste Schlaufe horizontal, und hänge die zweite Schlaufe darüber. Umfasse mit der dritten Schlaufe die zweite.
3. Umfasse mit der vierten Schlaufe die dritte, und stecke die Enden der vierten Schlaufe durch die Öse der ersten.
4. Ziehe an den Enden der vier Schlaufen, sodass in der Mitte ein Quadrat aus vier kleinen Quadraten entsteht.

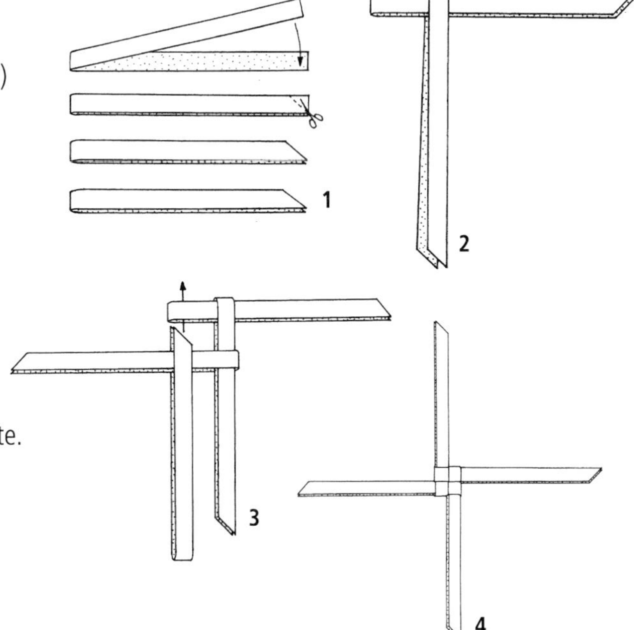

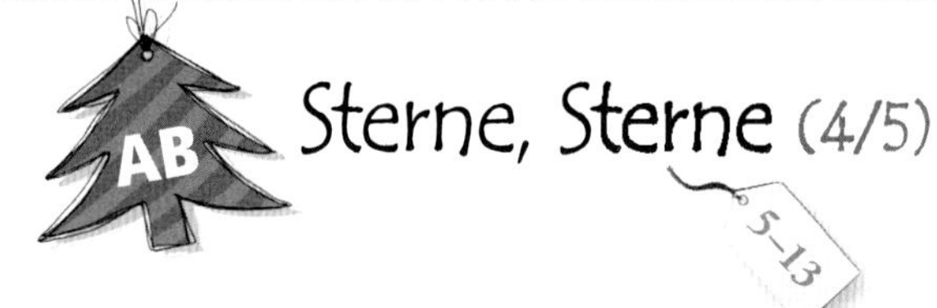

Sterne, Sterne (4/5)

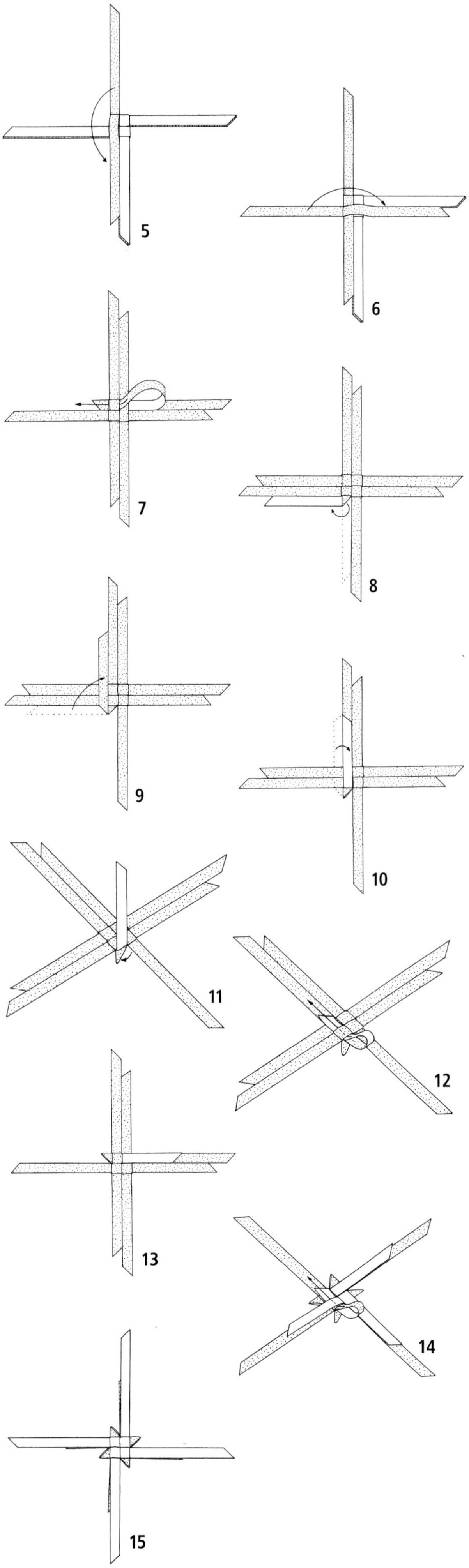

5. Klappe nun den linken oberen Streifen nach unten.
6. Knicke dann den linken Streifen nach rechts, sodass er über dem gerade gefalteten Streifen liegt.
   Falte auf gleiche Weise den rechten unteren Streifen nach oben.
7. Klappe den rechten oberen Streifen nach links, und führe sein Ende unter dem zuerst gefalteten Streifen hindurch.
   Ziehe den rechten Streifen, der jetzt nach links zeigt, ganz durch.

8. Knicke den unteren linken Streifen um 90 Grad nach links. Passe dabei auf, dass du ihn wirklich nach unten wegknickst.
9. Knicke den gleichen Streifen wieder um 90 Grad, dieses Mal nach oben. Er liegt dort jetzt parallel zu den anderen oberen Streifen.
10. Lege den zuletzt geknickten Streifen von oben auf die beiden linken Ausgangsquadrate.
11. Knicke den so entstandenen Zacken ganz nach unten weg, sodass er senkrecht unter dem Ausgangsquadrat steht.
12. Führe das freie Ende des Streifens, der zur Zacke gehört, unter dem kleinen Ausgangsquadrat unten links hindurch.
    Ziehe das freie Ende des Streifens bis ganz nach oben.

13. Drehe den Stern nun um 90 Grad im Uhrzeigersinn. Genau wie bei den Schritten 8 bis 12 kannst du mit dem Streifen unten links einen zweiten Zacken falten. Drehe den Stern um weitere 90 Grad, und fertige den dritten Zacken an.
14. Drehe den Stern um weitere 90 Grad, und fertige den vierten Zacken an.
    Führe den freien Streifen der letzten Zacke unter dem kleinen Quadrat unter dem ersten freien Streifen hindurch.

15. Drehe das ganze Gebilde um. Die Rückseite ist jetzt vorne.

Sterne, Sterne (5/5)

5–13

16. Falte auch auf dieser Seite die vier Zacken wie in Schritt 8 bis 14.
17. Drehe das Gebilde wieder zurück.
18. Es schaut nun wieder die Seite nach oben, die ganz am Anfang oben lag.

19. Klappe die vier Streifenenden, die aus den vier Quadraten in der Mitte herauskommen, in die entgegengesetzte Richtung.
20. Sie müssen nach dem Knicken wieder in der Mitte herauskommen und dürfen sich nicht überlappen.

21. Lege den Streifen unten links um 90 Grad nach links, dieses Mal von oben.
22. Richte diesen soeben geknickten Streifen auf, sodass er senkrecht steht.

23. Stecke das freie Ende unter den Nachbarstreifen. Achte darauf, dass die Oberfläche des Streifens, die beim Aufrichten oben liegt, auch beim Hineinstecken oben bleibt!
    Das freie Ende des Streifens muss man weiter schieben. Es erscheint an dem Zacken unten rechts zwischen den beiden Dreiecken, aus denen ein Zacken besteht.
    Erscheint das freie Ende, so ziehe es vorsichtig durch, und bilde mit der freien Hand eine Art Tüte.

24. Erstelle auf diese Weise auch die restlichen drei Tüten. Drehe den Stern dann auf die andere Seite, und falte auch hier vier Tüten.
25. Die Enden der Streifen, die an den Zacken heraushängen, kannst du einfach abschneiden.

Fertig ist der Stern!

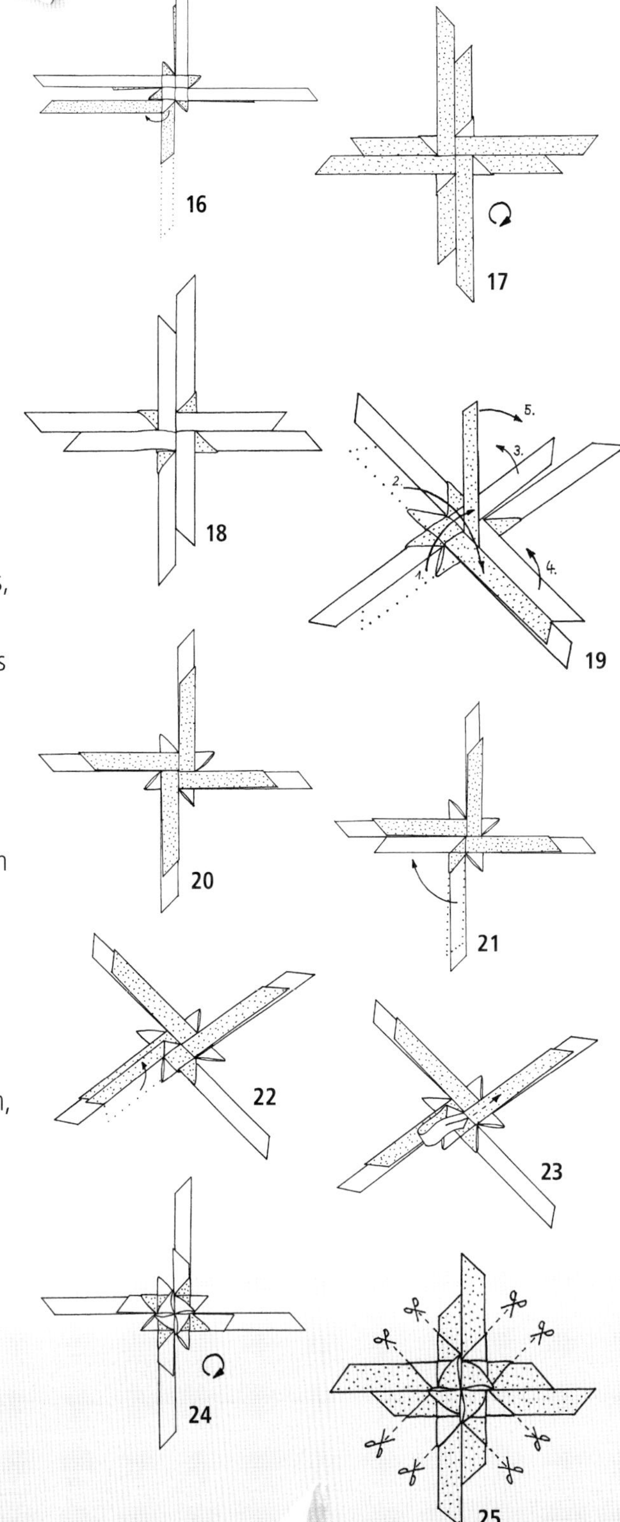

Hat es beim ersten Mal nicht geklappt? Nicht verzweifeln! Bei www.youtube.com kannst du dir Videos ansehen, in denen es ganz genau gezeigt wird. Versuche es noch einmal!

Du brauchst:

- einen ca. 50 cm langen Strang Wolle (Kammzug)
- dünnen Gold- oder Silberfaden

So geht's:

1. Ziehe von dem Wollstrang ein ca. 18 cm langes Stück für Arme und Flügel ab (nicht schneiden, sondern quer auseinanderziehen und dann längs abreißen).
2. Schlinge in das längere Stück mittig einen einfachen Knoten, sodass ein Kopf entsteht. Binde mit einem dünnen Band den Hals unter dem Kopfstück ab.
3. Teile das kürzere Wollstück in zwei dünnere, gleichlange Stränge, einen für die Arme, den anderen für die Flügel.
4. Lege diese Stränge zwischen den doppelten Kammzug unter dem Kopf, und binde darunter mit einem Faden den Bauch ab.
5. Schlinge an jeder Seite des Armes einen Knoten als Hand. Achte dabei auf die Proportionen!
6. Ziehe den Strang dahinter als Flügel auseinander.

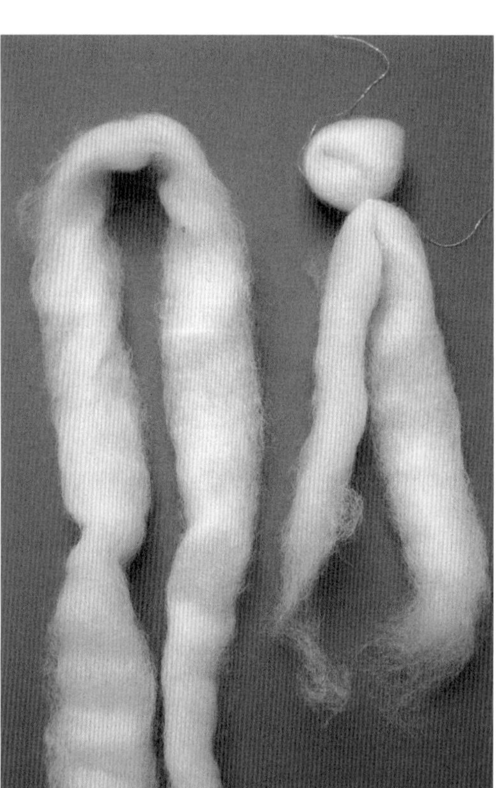

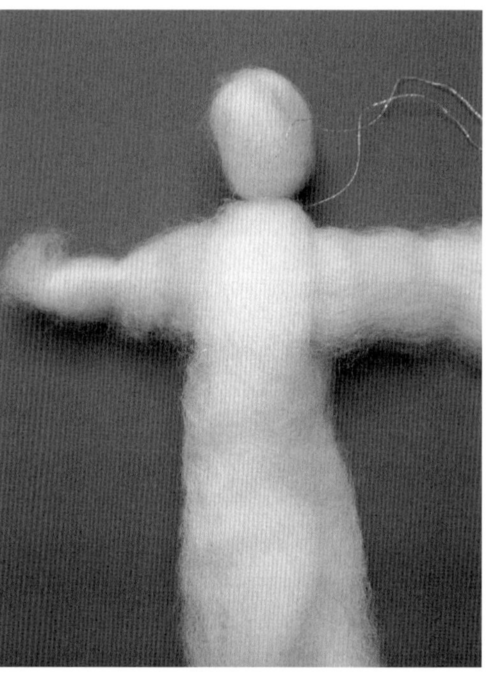

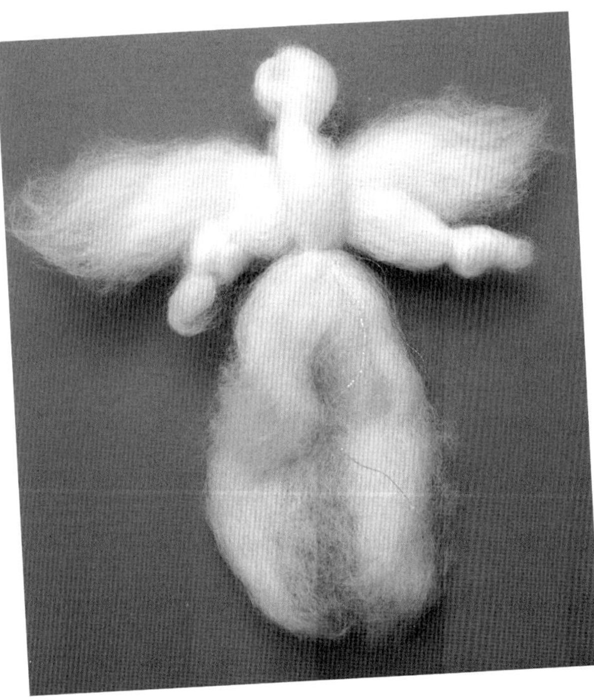

Kerzen drehen, ziehen oder gießen (1/2)

s. AB auf S. 141

Darum geht es

Die Schüler entdecken und erproben ganz unmittelbar, wie eine Kerze entsteht. Beim Wachsrecycling kommen noch Aspekte der Nachhaltigkeit hinzu.

Material/Vorbereitung

Das Material ist in Imkereien, beim Bastelbedarf oder im Internetshop z.B. unter www.exagon.ch erhältlich.

- Zum **Kerzendrehen** (ab Klasse 5) benötigen Sie Bienenwachsplatten (Wabenblätter), Dochte, Schere, Lineal und eine Unterlage. Im Arbeitsblatt finden Sie die Anleitung.
- Zum **Kerzenziehen** (ab Klasse 7) gibt es fertige Sets mit Dochten, Bienenwachsflocken, Wachsschmelzgefäß samt Anleitung. Es genügt auch eine mindestens 20 cm hohe Blechdose und ein dazu passender Topf für das Wasserbad, außerdem Topflappen, eine Schere, Holzstäbe in ca. 15 cm Länge, ein altes Küchenmesser, eine Herdplatte und Zeitungen zum Abdecken der Arbeitsfläche. Bereiten Sie die Arbeitsplatz vor Eintreffen der Schüler vor: Erhitzen Sie das Wachs auf ca. 70 °C im Wasserbad, sorgen Sie für genügend Sicherheitsabstand zu den Schülerarbeitsplätzen, und legen Sie Dochte, Scheren und einen Holzstab für jeden Schüler bereit. Die Schülergruppe sollte aus Sicherheitsgründen klein sein.
- Beim **Kerzengießen** (ab Klasse 7) kann man sehr gut Kerzenreste verbrauchen. Sammeln Sie diese rechtzeitig farblich getrennt, oder besorgen Sie Gießwachs (s.o.). Auch hierfür gibt es Sets zum Recycling von Kerzenresten. Sammeln Sie Papierrollen, wenn sie keine Formen kaufen wollen. Außerdem benötigen Sie Dochte, normales Speiseöl, Plastikfolie, Klebefilm und Schaschlikstäbe oder kurze Metallspieße zum Fixieren der Dochte. Erhitzen Sie die Wachsreste wie beim Kerzenziehen beschrieben, und legen Sie die Arbeitsmaterialien bereit.

Durchführung

- Die Anleitung für das **Kerzendrehen** finden Sie auf dem folgenden Arbeitsblatt (S. 141).
- Beim **Kerzenziehen** schneiden die Schüler zunächst ihren Docht 1/3 länger als die Kerzenlänge zu und befestigen ihn an einem Holzstab.
  Der Docht wird beim ersten Tauchgang ca. fünf Sekunden in das warme Wachs getaucht, damit er sich voll saugt. Danach muss er über dem Schmelzbehälter gut abtropfen und zwischen den Tauchgängen auf ca. 35 °C abkühlen.
  Tipp: Empfindet man keinen Wärmeunterschied, wenn man die Kerze an die Wange hält, kann der nächste Tauchgang erfolgen. Vorher wird der Doch noch gerade gezogen, damit für die anschließenden Tauchgänge die Kerze gerade bleibt. Die Schüler sollen einen Rhythmus finden: Zügig eintauchen – eine Sekunde warten – zügig herausziehen – abtropfen – auskühlen – wieder eintauchen usw.

Sie beobachten, wie nach jedem Eintauchen der Kerzendurchmesser wächst.
Muss die Arbeit zwischendurch unterbrochen werden, dauert das erste Eintauchen wieder fünf Sekunden, damit sich das Wachs verbinden kann. Hat die Kerze den gewünschten Durchmesser erreicht, schneidet man die noch warme Abtropfspitze unten gerade ab. Nach dem vollständigen Erkalten kann auch die Dochtschlaufe vom Stab gebunden und abgeschnitten werden.

Kerzen drehen, ziehen oder gießen (2/2)

5–9

◎ Die Form zum **Kerzengießen** muss gut eingeölt werden, damit sich das erkaltete Wachs daraus lösen kann. Dann schneiden die Schüler ihren Docht 1/3 länger als die Länge der Form/Papprolle zu, ziehen ihn durch die Papprolle, sodass er unten mindestens 2 cm aus der Rolle herausschaut. Oben wird er am Schaschlikstab festgebunden, unten eine Plastikfolie befestigt, durch deren Mitte der Docht hindurchgesteckt wird. Die Papprollen werden auf eine glatte Unterlage gestellt und festgehalten. Aus Sicherheitsgründen sollten Schutzhandschuhe getragen werden! Nun gießt am besten die Lehrkraft das Wachs hinein. Nach dem Erkalten lässt sich die Form aus der Rolle lösen. Je kälter die Form steht, desto leichter lässt sich die Kerze herauslösen. Das Schrumpfen des Wachses formt an der Oberseite eine Delle. Daher wird die fertige Kerze umgedreht aufgestellt und der überschüssige Docht abgeschnitten.

Tipp

Ein Besuch bei einer Kerzenwerkstatt wirkt sehr motivierend. Hier dürfen die Schüler in der Regel auch selbst tätig werden!

Eine Kerze selbst drehen ist ganz einfach!

5–9

Früher stellten Imker Kerzen aus gerollten Bienenwaben her. Diese einfache traditionelle Technik ist heute noch sehr beliebt, schon allein wegen des Duftes! Probiere es einmal selbst:

Anleitung

Du brauchst:

- einen Docht
- eine Bienenwabenplatte

Schere, Lineal, saubere Unterlage

So geht's:

1. Lege den Docht auf den äußeren Rand der Bienenwachsplatte. Er sollte an der Oberseite 1 cm überstehen.
2. Knicke die Wachsplatte mit Hilfe des Lineals über den Docht. Gib Acht, dass sie nicht bricht!
3. Drehe den Docht fest in die Wachsplatte ein. Wird es nicht fest genug oder schief, kannst du die Platte jederzeit wieder aufdrehen und einen nächsten Versuch starten.
4. Drücke das Ende gut an, damit sich die Kerze nicht wieder aufrollt.

Tipp:

Im warmen Zustand lässt sich die Wabenplatte leichter rollen. Lege sie dazu einfach kurz in lauwarmes Wasser.

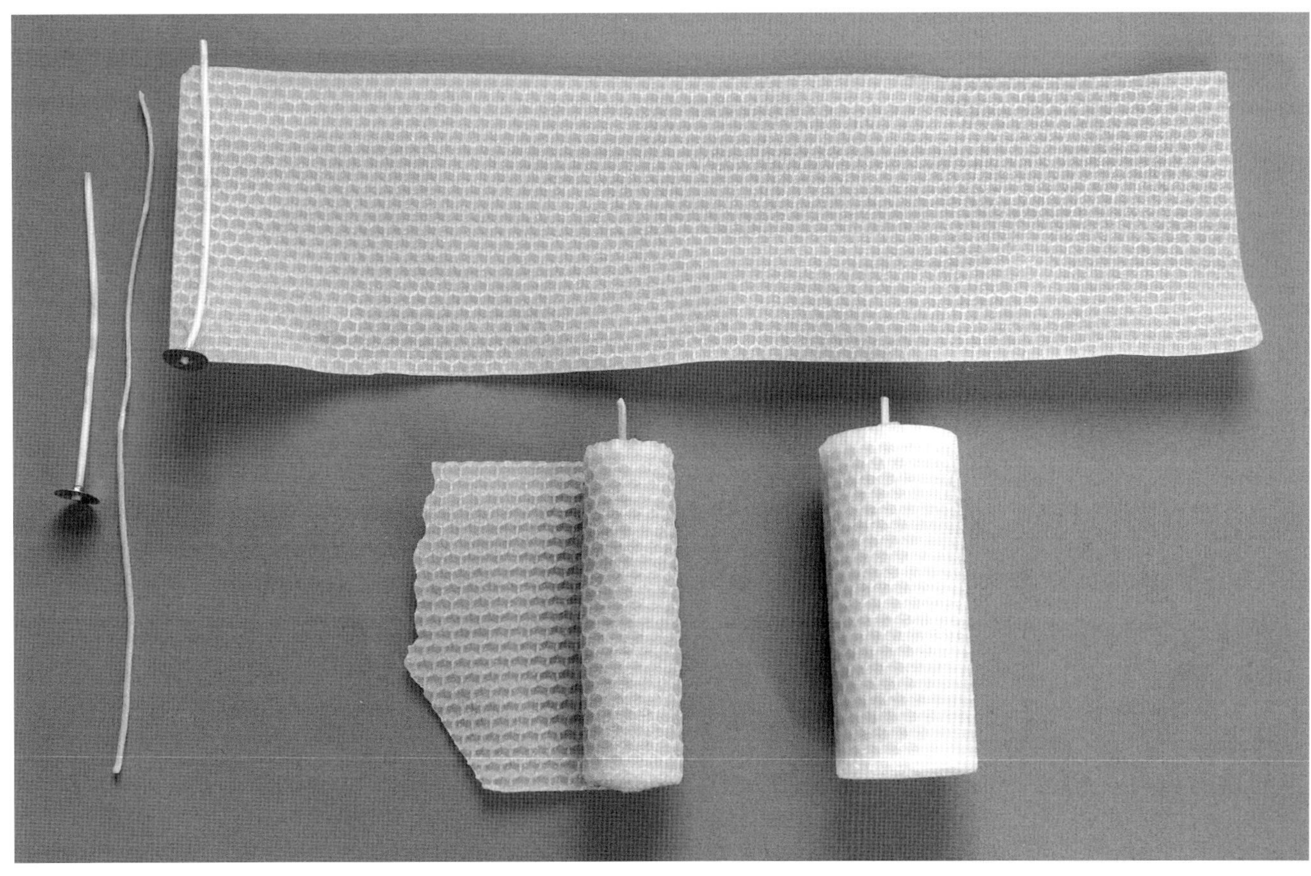

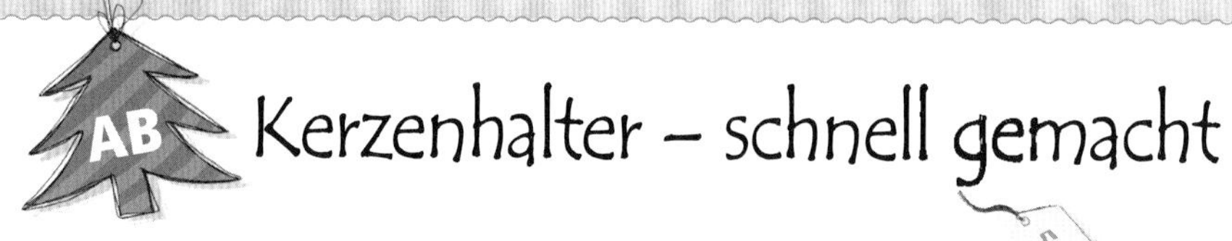

Kerzenhalter – schnell gemacht

5–13

Wie befestigte man früher eigentlich die Kerzen an den Tannenbäumen?
Hier ist eine spannende Anleitung von 1910:

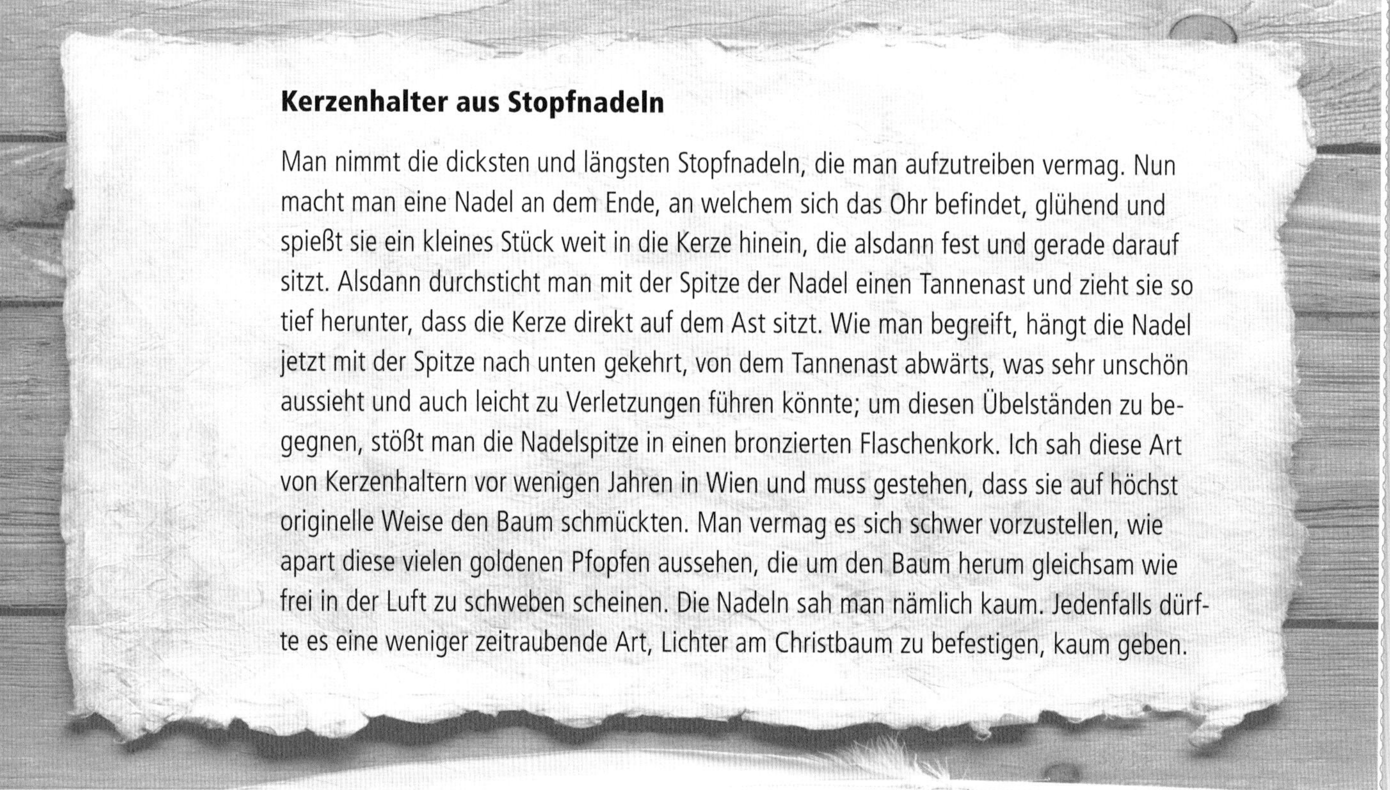

Kerzenhalter aus Stopfnadeln

Man nimmt die dicksten und längsten Stopfnadeln, die man aufzutreiben vermag. Nun macht man eine Nadel an dem Ende, an welchem sich das Ohr befindet, glühend und spießt sie ein kleines Stück weit in die Kerze hinein, die alsdann fest und gerade darauf sitzt. Alsdann durchsticht man mit der Spitze der Nadel einen Tannenast und zieht sie so tief herunter, dass die Kerze direkt auf dem Ast sitzt. Wie man begreift, hängt die Nadel jetzt mit der Spitze nach unten gekehrt, von dem Tannenast abwärts, was sehr unschön aussieht und auch leicht zu Verletzungen führen könnte; um diesen Übelständen zu begegnen, stößt man die Nadelspitze in einen bronzierten Flaschenkork. Ich sah diese Art von Kerzenhaltern vor wenigen Jahren in Wien und muss gestehen, dass sie auf höchst originelle Weise den Baum schmückten. Man vermag es sich schwer vorzustellen, wie apart diese vielen goldenen Pfopfen aussehen, die um den Baum herum gleichsam wie frei in der Luft zu schweben scheinen. Die Nadeln sah man nämlich kaum. Jedenfalls dürfte es eine weniger zeitraubende Art, Lichter am Christbaum zu befestigen, kaum geben.

Quelle: Paulsen, Gundel (Hrsg.): „Schleswig-holsteinisches Weihnachtsbuch: Geschichten, Gedichte und Bilder aus der Zeit zwischen Advent und Dreikönigsfest", Husum Druck- und Verlagsgesellschaft , Husum 1996, S. 60

Kannst du dir vorstellen, wie diese angeblich wenig Zeit raubende Art, Lichter zu befestigen, funktionieren soll? Heute haben wir es einfacher mit Kerzenhaltern zum Anklemmen für den Tannenbaum oder einer elektrischen Lichterkette. Niemand käme auf die Idee, sie selbst zu basteln.

Hier findest du allerdings eine Idee, wie unglaublich einfach du dekorative Kerzenhalter für den Tisch herstellen kannst:

Tisch-Kerzenhalter

Du brauchst:

- einen Apfel
- ein Brettchen
- einen Apfel-Ausstecher
- eine Kerze mit dem Durchmesser des Ausstechers

So geht's:
Lege den Apfel auf das Brettchen, stich das Kerngehäuse aus, und stecke die Kerze in das Loch. Fertig!

Laternen – gebügelt oder konstruiert (1/2)

5–13

Vlieseline-Laterne

5–13

Du brauchst:

- aufbügelbare Vlieseline
- Motivstanzer (Sterne, Herzen, Engel usw.)
- Glanzpapier
- Bügeleisen, Bügeltuch, Bügelbrett und Ärmelbrett
- Stoffschere, Maßband

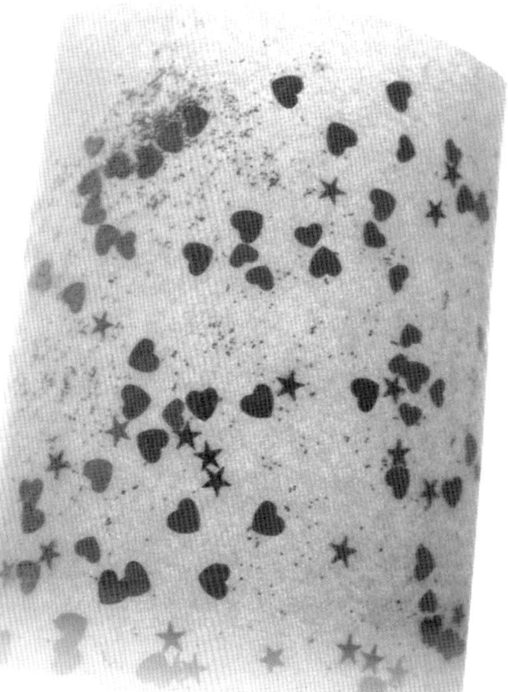

So geht's:

1. Schneide ein Stück Vlieseline in den Maßen 36x40 cm zu.
2. Falte sie mit der gummierten Seite nach innen auf die Länge von 40 cm (die kürzere Seite wird also halbiert).
3. Stanze verschiedene weihnachtliche Formen aus Glanzpapier aus.
4. Klappe die Vlieseline auf, und verteile die Formen auf die Hälfte der Vlieseline bis zum Knick.
5. Falte die andere Hälfte wieder darüber, und lege das Ganze vorsichtig auf das Bügelbrett.
6. Stelle das Bügeleisen auf 2 Punkte (Wolle), und lege ein Bügeltuch auf die Vlieseline.
7. Bügle die Vlieseline, bis sie mit der Dekoration zusammen klebt, lasse aber die Ränder auf einer kurzen Seite noch frei!
8. Schiebe die 18 cm langen Ränder der Laterne ineinander, sodass sie zusammenkleben können.
9. Ziehe die Laterne über ein Ärmelbrett, und bügle die Seiten aufeinander. Fertig!

Tipp:

Verwende für diese Laterne aus Sicherheitsgründen lieber ein kleines elektrisches Licht statt eines Teelichtes.

Sternenlaterne aus Fünfecken

8–13

Du brauchst:

- feste Pappe für die Schablone
- gelbes Tonpapier
- Zirkel, Geodreieck, Schere, Falzbein, transparenten Klebstoff
- einen Pinsel und etwas Öl
- Teelicht

Laternen – gebügelt oder konstruiert (1/2)

5–13

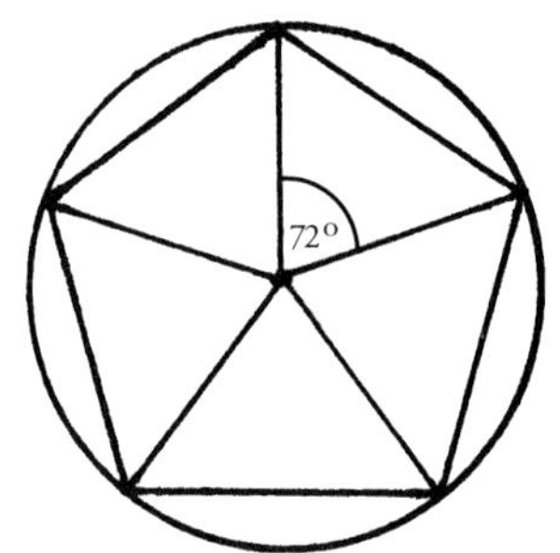

So geht's:

1. Konstruiere auf der festen Pappe ein Pentagon. Diese geometrische Form mit fünf Ecken, fünf gleich langen Seiten und fünf gleichen Innenwinkeln kannst du mit Hilfe von Zirkel und Geodreieck konstruieren. Zeichne dazu zunächst fünf Winkel von 72 Grad nebeneinander, die alle einen gemeinsamen Scheitelpunkt haben. Ziehe nun einen Kreis um den Scheitelpunkt (Achtung: Der Kreisradius sollte mindestens 7cm betragen, damit ein Teelicht Platz in der fertigen Laterne findet). Dort, wo der Kreis die Schenkel schneidet, sind die Eckpunkte des Pentagons. Nun musst du diese Schnittpunkte miteinander verbinden.
2. Schneide das Fünfeck aus, und markiere auf jeder Seite die Mitte. Fertig ist die Schablone.

3. Schneide mit Hilfe der Schablone elf Fünfecke aus dem Tonpapier aus. Markiere überall den Mittelpunkt der Seiten.
4. Nimm dir eins der Fünfecke vor, und ziehe mit dem Falzbein jeweils eine gerade Linie zwischen den benachbarten Markierungen, sodass sich ein weiteres inneres Fünfeck abzeichnet.
5. Falze an dieser Linie jede der fünf Ecken zur Mitte. Die Spitzen zeigen nach innen. Nun kannst du schon die Sternform erkennen.
6. Verfahre so mit allen elf Fünfecken.

7. Lege das erste Fünfeck als Boden auf die Arbeitsfläche.
8. Biege die nach innen gefalzten Außendreiecke (Spitzen) wieder hoch, und klebe sie an die fünf benachbarten Fünfecke, sodass die umgefalzten Ecken jeweils die angrenzenden Fünfecke überlappen.
9. Stecke alle Fünfecke zusammen, und verklebe sie miteinander. Die Sterne werden sichtbar.
10. Verbinde die Fünfecke bis oben, und lasse dort eine Öffnung frei.
11. Streiche die fünf letzten Spitzen (bzw. Außendreiecke) an der Öffnung innen mit Klebstoff ein, falte und klebe sie nach innen.
12. Damit die Laterne transparent wird und den Lichtglanz verbreiten kann, wird sie nach dem Antrocknen des Klebers mit Hilfe eines weichen Pinsels mit Öl bestrichen.
13. Leuchtet ein Teelicht darin, kann man das Sternenmuster besonders gut sehen.

Tipp für Geometriefans:

Unter www.raikas.net/5eck.html kannst du dir verschiedene Möglichkeiten ansehen, wie ein Fünfeck konstruiert wird.

Weihnachtliche Transparenzen

5–13

Darum geht es

Die Schüler gestalten z.B. die Fensterfront der Klasse mit weihnachtlichen Transparenzen.

Material/Vorbereitung

Benötigt werden **schwarzer Tonkarton**, **Transparent- und Seidenpapier** in verschiedenen Farben, **Klebestifte**, **Bleistifte**, **spitze Scheren**, ein wenig Fantasie und Geduld.

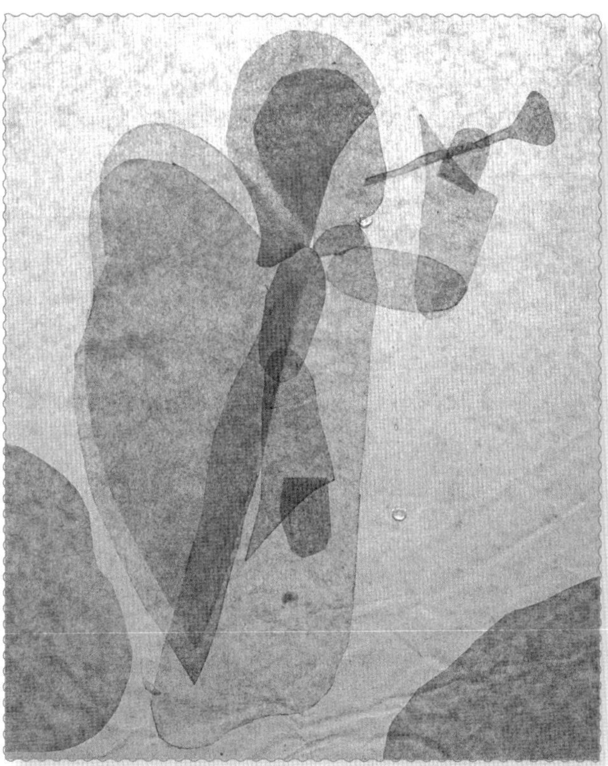

Durchführung

Die Schüler erhalten verschiedene Anregungen zum Schnippeln, Malen und Kleben.
Auf einem quadratischen oder rechteckigen Stück Tonkarton zeichnen sie die gewünschten Motive auf, schneiden sie aus und hinterkleben sie mit farbigem Transparentpapier.
Besonders zart sieht es aus, wenn ausschließlich verschiedene Schichten Transparent- oder Seidenpapier übereinandergeklebt – und auf diese Weise Figuren gestaltet werden.

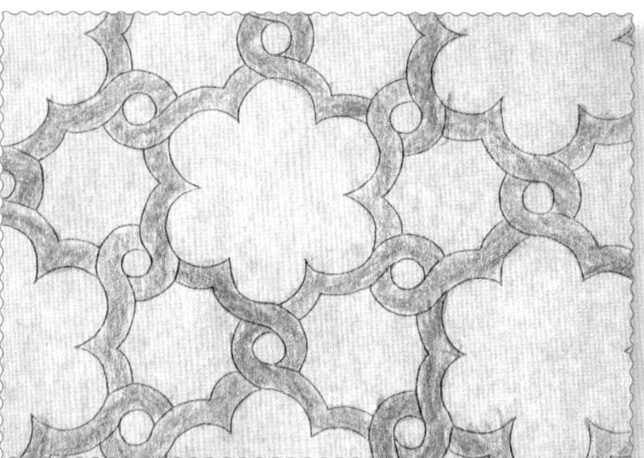

Tipp

Interessant sind Ornamente. Die Schüler fotografieren Kirchenfenster oder sehen sich in Büchern verschiedene Ornamente an, deren Muster sie auf Transparente übertragen.
Beim Labbé Verlag sind Ornamentbögen nach Originalmustern aus bekannten Kirchen und Moscheen aus elf Jahrhunderten unter dem Thema „Morgenland/Abendland Ornamente" zum farbigen Gestalten bestellbar: www.labbe.de. Diese können gut als Vorlage dienen.

Papiernetze – Baumschmuck wie einst bei Theodor Storm

5–13

Du brauchst:
- ein beliebig großes Quadrat aus farbigem Seidenpapier
- scharfe Papierschere

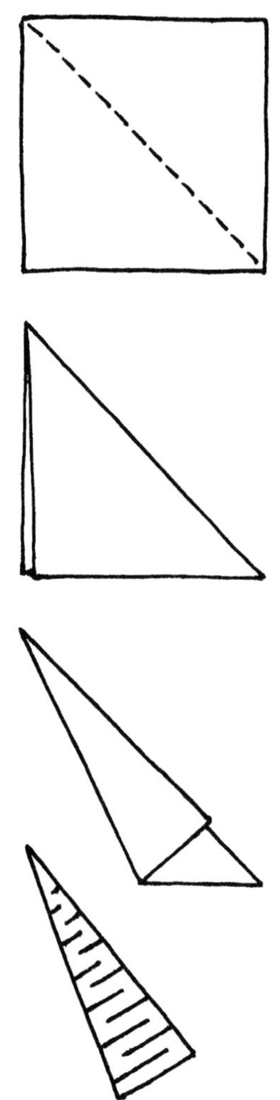

So geht's:
1. Falte das Quadrat aus farbigem Seidenpapier wie folgt: Lege die beiden gegenüberliegenden Ecken aufeinander, sodass ein Dreieck entsteht, und falze das Papier diagonal.
2. Wiederhole dieses diagonale Falten 2-mal, und falte dann die kurze auf die lange Seite, bis das Dreieck ganz schmal ist.
3. Von der Spitze beginnend bis zum unteren offenen Ende schneide nun einmal von der einen Seite, dann von der anderen Seite das Papier bis knapp zum gegenüberliegenden Rand sehr dicht nebeneinander ein.
   Vorsicht, nicht durchschneiden! Erst ganz unten wird der überstehende Rest abgeschnitten.
4. Ziehe es zum Schluss vorsichtig auseinander, lege eine Nuss oder ein Stück Konfekt hinein, und hänge es in den Baum oder an einen Tannenzweig.

Herzen zum Fest der Liebe – zwei Variationen (1/2)

5–13

Dänische Herzkörbchen aus Papier

10–13

Du brauchst:

- 2 Bögen Tonpapier in unterschiedlicher Farbe (DIN A4)
- Schere, Kleber

So geht's:

1. Schneide zunächst aus jedem der Bögen einen 8x28 cm großen Streifen aus. Runde alle Ecken gleichmäßig ab.
2. Falte nun beide Streifen je genau in der Mitte, sodass die abgerundeten Enden genau aufeinanderliegen.
3. Schneide nun beide Teile von der gefalteten Seite her 2-mal im gleichen Abstand ca. 8,5 cm tief ein (die Schnitte sind also ein klein wenig länger, als die Streifen breit sind).
4. Nun werden die entstandenen kleinen Streifen wie beim Weben ineinandergesteckt, bis ein Muster aus neun Quadraten entstanden ist, von dem die zwei abgerundeten Enden der Streifen abgehen – jetzt kannst du sehen, warum diese Körbchen „Herzkörbchen" genannt werden.
5. Schneide anschließend aus einer der beiden Papierbögen noch eine schmale Lasche aus, die du an den beiden Innenseiten des Körbchens festklebst – jetzt kannst du das Herz befüllen (z.B. mit einer Nuss) und es an einen Zweig oder an den Christbaum hängen.

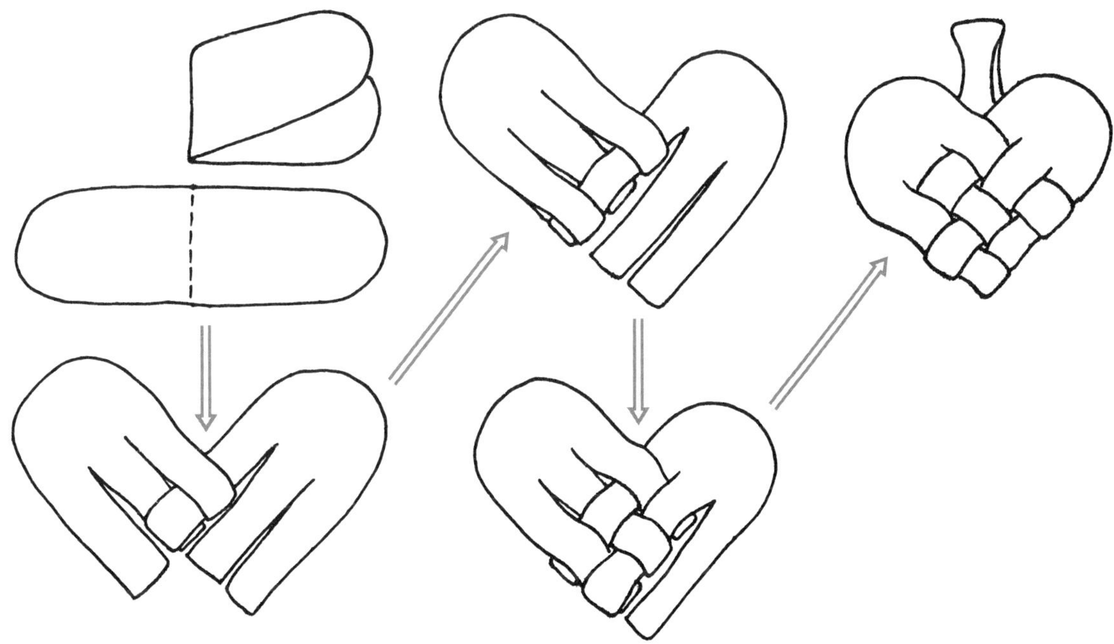

Tipp:

Natürlich kannst du das Herz auch in anderen Größen basteln – wichtig ist nur, dass das Verhältnis der Breite und Länge der Papierstreifen stimmt (ca. 1:3,5). Du kannst die Streifen auch mehr als 2-mal einschneiden, dann wird das Flechtmuster noch etwas feiner.

© Verlag an der Ruhr | Autorin: Hanna Fischer | ISBN 978-3-8346-2272-3 | www.verlagruhr.de

Herzen zum Fest der Liebe – zwei Variationen (2/2)

Herzen aus Stoff

Du brauchst:

- ein rotes oder rot gemustertes Stoffquadrat
- farblich passendes Nähgarn
- Nähmaschine
- Füllwatte
- einen Faden zum Aufhängen
- Schneiderschere, Maßband, Näh- und Stecknadeln

So geht's:

1. Schneide ein Stoffquadrat in beliebiger Größe, z.B. 20 x 20 cm zu.
2. Versäubere die Kanten mit dem Zickzackstich.
3. Lege den Stoff mit der richtigen Seite nach innen zu einem Dreieck, und stecke ihn mit Stecknadeln aufeinander.
4. Nähe das Dreieck mit Geradestich bis auf eine Öffnung von ca. 3 cm steppfußbreit an den Kanten entlang.
5. Wende das Stoffdreieck auf rechts (mit der richtigen Seite nach außen).
6. Ziehe mit einer Nadel ein stabiles Aufhängeband oben in die lange Seite ein, und stopfe das Dreieck mit Füllwatte aus.
7. Nähe die Öffnung zu. Das Aufhängeband muss dabei freibleiben.
8. Ziehe das Aufhängeband nun fest zusammen, bis sich aus dem Dreieck eine Herzform bildet, und verknote es.

In Schweden spielt zu Weihnachten der Julbock eine besondere Rolle. Junge Burschen setzen sich Masken mit Hörnern auf und verkleiden sich mit Fellen, um dann so von Hof zu Hof zu ziehen. Es heißt, der Julbock schütze gegen Dämonen. Diese Tradition erinnert an das Perchtenlaufen in Süddeutschland. Die Schweden schenken sich außerdem gegenseitig kleine Julbock-Figuren aus Stroh als Glücksbringer.

Quelle: vgl. Lindner, Gerd (Hg.): „Krippe und Stern Ein Werkbuch für die Advents- und Weihnachtszeit", Gütersloher Verlagshaus, Gütersloh 1961, S. 62

Einen solchen Julbock kannst du auch selbst herstellen!

Anleitung

Du brauchst:

- 44 Naturstrohhalme (ca. 45 cm lang)
- eine große Schüssel mit Wasser
- roten Wollfaden
- Lineal und Schere

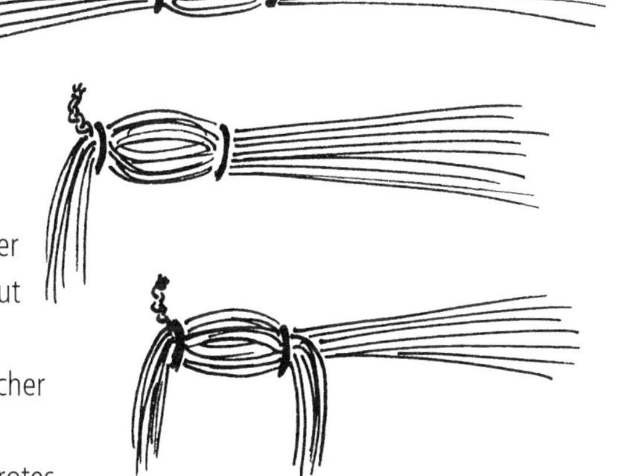

So geht's:

1. Weiche die Strohhalme zwei Stunden in Wasser ein, damit sie geschmeidig werden und sich gut verarbeiten lassen.
2. Bündle die Halme so, dass alle Enden auf gleicher Höhe sind.
3. Miss 10 cm ab, und binde an dieser Stelle ein rotes Band fest um das Bündel, ein zweites Band nach weiteren 4 cm.
4. Teile danach die auf 10 cm abgebundenen Halme auf: Für die Hinterbeine biege je 16 Halme nach unten. Flechte die restlichen zwölf Halme zu einem kurzen Schwanz, binde das Ende mit dem Band ab, und schneide den Rest weg.
5. Knicke nun vor dem vorderen roten Band je zwölf Halme für die Vorderbeine nach unten.
6. Umwickle Vorder- und Hinterbeine von oben nach unten mit dem roten Band, und knote es unten zusammen. So bekommen die Beine Halt. Lege dabei die gleiche Länge der Beine fest, und schneide die Überstände unten gleichmäßig ab.
7. Knicke die restlichen 18 Halme für den Hals nach oben, nach 5 cm für den Kopf nach vorn und für die Hörner wieder zurück.
8. Binde den Schnauzenteil sowie Stirn und Kehle mit dem roten Band ab. Dabei sollte das Stroh mehrfach umwickelt werden.
9. Teile nun die restlichen 18 Halme in zwei gleich dicke Stränge, und flechte die Hörner des Bockes.
10. Binde die Enden zusammen, und schneide den Rest der Halme ab.
11. Im nassen Zustand kannst du den Julbock gut formen, besonders die Hörner. Fixiere alles mit Nadeln oder Bindegarn, damit er beim Trocknen seine Form behält.

Äpfel filzen

Du brauchst für einen Apfel:

- 15–20 g farbige Filzwolle (rot, gelb, grün)
- einen kleinen Plastikbeutel (Gefrierbeutel)
- Seifenlauge (1 EL grüne Seife für 1 L heißes Wasser)
- ein Stück Kern- oder Olivenseife
- eine Plastikschüssel
- Frotteetuch
- wasserfeste Unterlage
- ein kleines Stück grünen Filzstoff
- einen dicken, braunen Wollfaden (ca. 20 cm) und eine passende Nähnadel

So geht's:

1. Zupfe die Filzwolle so auseinander, dass sie voluminöser wird, und forme sie zu einem Ball.
2. Lege den Wollball in die Plastiktüte.
3. Schütte etwas Seifenlauge darüber, um die Wolle anzufeuchten, und drehe den Beutel oben zu. Im Beutel muss unten eine Pfütze entstehen.
4. Knete die Wolle von außen, bis alle Wollfasern nass sind und aneinanderkleben.
5. Öffne den Beutel über der Schüssel, und gieße die Lauge ab.
6. Nimm den Wollklumpen heraus, und seife deine Hände kräftig ein.
7. Nun formst du die Wollkugel wie einen runden Kartoffel- oder Fleischkloß in deinen Händen: erst ganz zart, dann immer fester, dabei immer drehen und ab und zu mit frischer und so warmer Seifenlauge wie möglich übergießen. (Prüfe, ob du die Temperatur aushalten kannst!)
8. Unebenheiten lassen sich durch eine hauchdünne, trockene Lage Wolle ausgleichen, die man um den Ball legt, mit etwas Lauge anpresst und sehr vorsichtig mit seifigen Händen anfilzt.
9. Lösen sich keine Fasern mehr von der Wollkugel, wird kräftiger gefilzt und gerubbelt. Dabei muss immer gedreht werden, damit die Kugel gleichmäßig bleibt.
10. Zum Schluss wird die Wollkugel mit frischem Wasser ausgespült, bis sie keine Seifenreste mehr enthält und zum Trocknen auf die Heizung gelegt.
11. Schneide aus dem grünen Filzstoff ein Blatt für deinen Apfel zu.
12. Fädle den braunen Wollfaden in die Nadel, und setze einen dicken Knoten an sein Ende.
13. Ist die Wollkugel trocken, ziehe den Wollfaden mit der Nadel durch die Kugel und das Blatt. Ziehe den Faden so stark an, dass eine Apfelform entsteht, nähe ihn oben fest, und lasse den Rest des Fadens als Stiel herausschauen.

Weihnachtszwerge und Wichtel aus Naturmaterialien

5–7

Darum geht es

Es muss nicht immer teures Bastelmaterial sein – die Natur bietet viele Werkstoffe, die einfach zu verarbeiten sind und aus denen sich etwas Schönes herstellen lässt! Nach Herzenslust lässt sich mit verschiedenen Werkzeugen und Materialien experimentieren. Dies kann zunächst etwas ganz Einfaches sein.

Material/Vorbereitung

Für diese drei Wichtelvariationen benötigen Sie **Äpfel**, **Walnüsse**, **Watte oder Rohwolle**, **Zahnstocher**, rotes **Glanzpapier**, roten **Filzstoff**, **Kleber**, **Klebepistole**, **Schere**, **Säge**, **Äste** (mit mindestens 4 cm Durchmesser, Birke ist sehr dekorativ), rote **Kugeln** oder **Perlen** (für die Nasen), verschieden große **Zapfen**, **Pinsel**, **Wasser-/Acrylfarbe** und Filzstifte. Ein **Werkraum** bzw. Werkbänke sollten zur Verfügung stehen, damit das zu bearbeitende Holz eingespannt werden kann.

Durchführung

Variante 1: Aus einem Apfel, einem Zahnstocher, einer Walnuss, rotem Glanzpapier und einem Wattebausch entsteht ein Weihnachtszwerg.

Auf den Apfelbauch wird mit Hilfe des Zahnstochers ein Walnusskopf aufgesteckt. Nun auf das Glanzpapier einen Halbkreis zeichnen, ausschneiden, zu einer spitzen Tülle rollen und als Zipfelmütze aufkleben. Mit einem Filzstift oder Farbe wird der Walnuss ein lustiges Gesicht aufgemalt, und der Wattebart wird angeklebt. Fertig ist der dicke Strahlemann oder – ohne Bart – seine Frau.

Variante 2: Verschieden dicke Äste – möglichst mit interessanter Rinde – oder einfache Rundhölzer ergeben den Körper eines Weihnachtsmanns oder eines Weihnachtszwergs (das Holz sollte abgelagert sein. Frisches Holz lässt sich nur schwer bearbeiten). Zuerst wird die Größe bestimmt, dann die obere Seite für den Kopf schräg abgesägt.

Für jüngere Schüler ist es einfacher, mit der vorher winklig eingestellten Gehrungssäge zu sägen. An der Unterseite wird ein gerader Schnitt gemacht, damit die Figur gut steht. Nun können die Schüler das Gesicht bemalen, eine rote Holzkugel als Nase und einen Bart und eine Mützenkrempe aus Watte oder Schafwolle (Rohwolle) aufkleben, eventuell noch Knöpfe aufmalen und fertig!

Schön sieht es aus, wenn solche Zwerge oder Weihnachtsmänner in verschiedenen Größen gebastelt und nebeneinander aufgestellt werden.

Variante 3: Besonders dekorativ ist auch das Zapfenmännchen: An einen großen Kiefernzapfen wird ein kleinerer als Kopf und noch kleinere Zapfen als Nase und Ohren angeklebt. Zwischen Kopf und Körper kann auch weiße Wolle als Bart eingeklebt werden. Nun bekommt das Männchen noch eine Mütze aus rotem Filz. Damit es nicht umfällt, werden außerdem zwei Walnusshälften als Füße befestigt.

Wollwichtel

Darum geht es
Die Schüler stellen auf einfache Weise dekorative Wichtel her. Sie üben dabei das Zuschneiden und Handnähen mit Nadel und Faden.

Material/Vorbereitung
Sie benötigen **Filzstoff** in verschiedenen Farben, naturfarbige **Rohwolle** (pro Zwerg etwa 2 g), farblich passendes **Näh- und Stickgarn**, **Nähnadeln** sowie **Scheren**.

Durchführung
Die Schüler legen die Größe ihres Wichtels fest und schneiden aus Filzstoff ein Quadrat für den Kapuzenmantel. Der Kapuzenteil wird etwas kleiner geschnitten (siehe Abbildung – hier müssen die Proportionen beachtet werden!). Der Stoff wird doppelt gelegt und das Garn in die Nadel eingefädelt. Die Schüler nähen nun die obere Seite der Kapuze zusammen, vernähen den Faden und schneiden ihn ab.

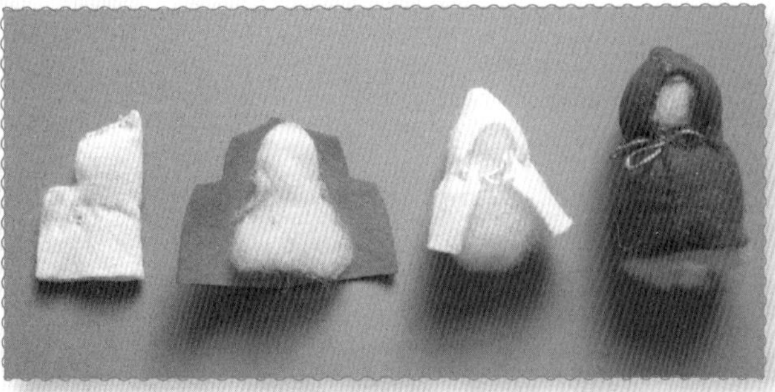

Anschließend wird der Mantel mit Schafwolle ausgefüllt.
In eine andere Nadel wird Stickgarn eingefädelt und zwischen Kapuze und Mantel eine einfache Vorstichnaht genäht. Die Enden werden zusammengezogen und verknotet. Auf diese Weise erhält der Wichtel sein typisches Aussehen. Zum Schluss wird der Mantel unterhalb der Kapuze zusammengenäht.

Alternative
Aus Pfeifenputzern, Holzkugeln und rotem Filzstoff lassen sich ebenfalls sehr einfach Wichtel herstellen. Hierbei müssen die Schüler nicht nähen, sondern alles miteinander verkleben.

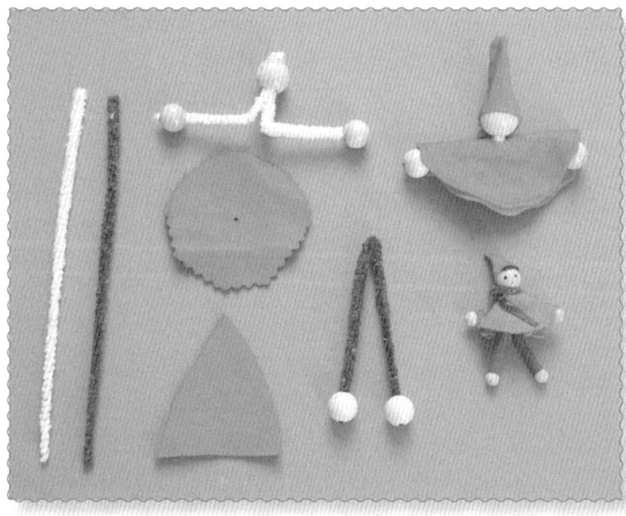

Weihnachtskarten – fix gestaltet

Darum geht es

Die Schüler schneiden aus Stoffen weihnachtliche Motive aus und legen sie zu einem Bild zusammen. Mit Vliesofix wird es fixiert und einfach auf eine Klappkarte aufgebügelt.

Material/Vorbereitung

Sie benötigen weißes und farbiges **Tonpapier** in doppelter Kartengröße zugeschnitten (oder fertige Klappkarten mit Umschlägen), **Stoffe mit Weihnachtsmustern, einfarbige Stoffe, Schneiderkreide, Bleistifte, Stoffscheren, Vliesofix** und **Bügeleisen** mit **Bügelunterlagen.**

So geht's

1. Gestalte eine Weihnachtskarte mit einem textilen Motiv. Wähle dazu passende Stoffe aus.
2. Schneide das ausgewählte Motiv aus – lasse dabei aber einen Rand stehen. Du kannst auch ein kleines einfarbiges Stoffstück ausschneiden, auf welches du ein Motiv zeichnest, z.B. einen Stern, einen Weihnachtsbaum u.Ä.
3. Schneide ein Stück Vliesofix-Folie in der Größe dieses Stoffstückes zu.
4. Lege die gummierte Seite der Folie auf die Rückseite des Stoffstückes, und breite dann einen Bügelschutz (dünnes Papier) darüber aus.
5. Bügle die Folie auf die Rückseite des Stoffes mit der Einstellung „Wolle", bis sie sich mit diesem verbindet.
6. Schneide nun das Motiv genau aus.
7. Entferne den Schutz auf der Rückseite der Folie, sodass die Gummierung freiliegt.
8. Positioniere das Motiv auf der Klappkarte, lege wieder einen Bügelschutz darüber, und bügle das Motiv auf die Karte, bis es fest klebt.

Tipps

Die Motive sollten nicht zu klein sein, sonst lassen sie sich schwer ausschneiden. Auf die gleiche saubere Weise können auch Motive aus Papierresten vom Papierschöpfen oder aus Glanz- und Buntpapier auf die Karten geklebt werden.

LH Geschenkverpackungen aus Schachteln

5–7

Darum geht es
Die Schüler analysieren Form und Faltung einer Schachtel und stellen selbst eine Geschenkverpackung her, die sie nach eigenen Ideen gestalten.

Material/Vorbereitung
Sammeln Sie rechtzeitig **Schachteln** von Zahnpasta, Cremes u. Ä. Außerdem werden **Papierscheren, Falzbeine, Papierkleber** oder **Klebestifte, Dekor- oder Wasserfarbe, Pinsel** und **textile Materialien** nach Belieben (z.B. Filzstoff, Rohwolle, Geschenkbänder) benötigt.

Durchführung
Jeder Schüler erhält eine Schachtel mit der Aufgabe, herauszufinden, wie und an welcher Stelle die Papierfläche zu einer Schachtel zusammengeklebt wurde. Mit Hilfe des Falzbeines wird die übereinanderliegende Seite gelöst und die Schachtel wieder in eine Fläche verwandelt.
Nun soll die Schachtel wieder zusammengefaltet und verklebt werden, allerdings mit der bedruckten Reklameseite nach innen.
Danach gestalten die Schüler die Schachtel von außen nach eigenen Ideen. Durch Einschnitte, z.B. in Form einer Zipfelmütze für einen Weihnachtsmann, entstehen neue Formen.

Tipp für Eilige
Vorgestanzte Kartonbögen zum Falten und Verkleben oder fertige Geschenkverpackungen in verschiedenen Formen zum Gestalten gibt es im Bastelbedarf. Allerdings sollten die Schüler anhand einer fertigen Schachtel analysieren und erproben, wie sie aus einer Fläche entstand.

Variante
Eine interessante Verpackungsvariante aus Großmutters Zeiten ist das berühmte „Wunderknäuel“. Kleine Überraschungen wurden in ein Wollknäuel gewickelt. Beim Stricken oder Häkeln fielen sie dann nach und nach heraus.

Geschenkpapier bedrucken

Darum geht es
Die Schüler stellen mit Hilfe von Kartoffelstempeln Geschenkpapier her.

Material/Vorbereitung
Sie benötigen große Bögen **Packpapier** oder anderes geeignetes Papier, weihnachtliche **Ausstechformen**, **Messer**, **Brettchen**, **Kartoffeln** (mindestens in Größe der Ausstechformen), **Dekor- oder Wasserfarbe** und **Pinsel**.

Durchführung
Die Schüler teilen die Kartoffel mit dem Messer und stechen ein Ausstechförmchen mit der scharfen Seite in die gerade Schnittfläche. Die Überstände an der Kartoffel werden abgeschnitten und der Stempel mit Farbe bestrichen. Nun kann der Papierbogen bedruckt werden.

Tipps
Die Stempel sollten immer nur mit der gleichen Farbe bestrichen werden, sonst gibt es schmuddelige Farbmischungen. Das Auswaschen zwischendurch ist nicht wirklich praktikabel. Die Stempel können untereinander ausgetauscht werden, oder jeder stellt sich mehrere Stempel für mehrere Farben her.
Im Kühlschrank halten sich die Stempel in der Plastiktüte einige Zeit frisch.

Variante
Das Papier lässt sich außerdem mit fertigen Weihnachtsmotiven und Stempelfarbe bestempeln. Schön ist es auch, wenn man vorsichtig goldene Kleckse darauf setzt o.Ä. Aber Vorsicht: Das Papier sollte nicht überfrachtet werden!

Allerlei aus Nüssen und Schalen – Dekorationen für den festlichen Weihnachtstisch

LH

5–9

Darum geht es
Die Schüler stellen mit Hilfe von Nüssen und Bucheckerschalen Tischschmuck her. Die hier beschriebenen Bastelaufträge variieren von einfach bis schwieriger herzustellen.

Material/Vorbereitung
Sie benötigen **Haselnüsse**, **Walnüsse**, **Bucheckerschalen**, kleine **Holzperlen** (Durchmesser 8 mm), **Alleskleber oder Klebepistole**, rote **Filzreste**, **Dekor-Farbe** in Gold, Silber und den Grundfarben, **Pinsel** sowie **alte Zeitungen** zum Unterlegen.

Schüleraufgaben

- Bemalt Hasel-, Walnüsse und Walnusshälften mit Gold- oder Silberfarbe.
- Stellt euch vor, wie die geöffnete Bucheckerschale als Blüte aussehen könnte, und bemalt die glatte Innenseite entsprechend mit Staub- und Blütenblättern.
- Stellt einen kleinen Wichtel her. Klebt an seinen Körper aus einer Bucheckerschale eine durchbohrte Holzkugel als Kopf, setzt ihm eine rote Zipfelmütze aus Filzstoff auf, und bemalt sein Gesicht.

Tipp
Kleine Zapfen, mit Gold- und Silberfarbe bemalt sehen auch sehr dekorativ aus.

Weihnachtsduft verbreiten – Pomanderbälle

5–7

Darum geht es
Mit einfachsten Mitteln stellen die Schüler einen dekorativen und angenehm duftenden Weihnachtsschmuck her, den es schon zu Großmutters Zeiten gab.

Material/Vorbereitung
Es werden makellose große **Orangen** und ganze **Gewürznelken** benötigt, ggf. auch **Satinband** und **Stecknadeln**.

Durchführung
Die Orange wird mit den Gewürznelken besteckt. Sobald sie in die Haut der Orange eindringt, verbreitet sich ein wundervoller Weihnachtsgeruch. Die Schüler können mit den Nelken Formen, wie z.B. Herzen und Sterne, Gesichter, aber auch ornamentale Muster, Streifen, Kreise oder Dreiecke, über die ganze Fläche der Zitrusfrucht (Italienisch: Pomeranze) stecken.
Soll der Pomanderball aufgehängt werden, umwickelt man ihn wie ein Päckchen kreuzweise mit Satinband und steckt dieses mit Stecknadeln fest.

Tipps
Bevor die Orange unansehnlich oder schlecht wird, kann sie durchaus noch verzehrt werden, z.B. als Zutat für einen Obstsalat.
In diesem Rahmen bietet es sich an, die Schüler die Herkunft und Gewinnung der Gewürznelken recherchieren zu lassen.

Schneeflocken – Wunder der Natur

7–13

Klar, Schnee ist etwas Tolles. Allerdings nicht nur für Schneeballschlachten und zum Skifahren – es lohnt sich auch, sich die Schneeflocken unter der Lupe oder dem Mikroskop anzusehen!

Wusstest du, dass…

- alle Schneekristalle symmetrisch und in ihrer Grundstruktur sechseckig sind?
- jeder einzelne Kristall ein Unikat ist und keinem anderen gleicht?
- für seine Entstehung Temperaturen unter –12 °C nötig sind?
- dabei ein Wolkentröpfchen um einen Kristallisationskeim, z.B. ein Staubteilchen, gefriert?
- die winklige Struktur des Wassermoleküls für die sechseckige Form sorgt?
- jeder Schneekristall individuell geformt ist, weil jeder einen anderen Weg durch die Wolke nimmt, wobei er immer mehr Wassermoleküle einfängt, die die Strahlen bilden?
- Schneeflocken eigentlich durchsichtig sind und nur durch die Reflektion des Lichtes weiß wirken?

Schneeflocken zum Selbermachen

Dekorative Schneekristalle als Fensterschmuck kannst du selbst herstellen!

Du brauchst:

- quadratische Papierbögen
- Vlieseline (einseitig klebend)
- Bügeleisen mit Bügeltuch und Unterlage
- Schere, Bleistift

So geht's:

1. Aus dem Papier lassen sich sehr gut Achteck-Sterne falten: Lege die diagonal gegenüberliegenden Ecken aufeinander, und falte ein Dreieck. 2-mal werden danach jeweils die gegenüberliegenden Ecken der langen Seite aufeinander gelegt und das Papier gefaltet (die lange Seite wird halbiert).
2. Markiere nun die Spitzen der Schneesterne, indem du ein Dreieck auf die untere offene Seite zeichnest.
3. Dann zeichne und schneide von den Seiten her Muster in das Papier, je bizarrer, desto besser!
4. Falte das Papier wieder auseinander, und begutachte das entstandene Werk.
5. Schneide ein rechteckiges Stück Vlieseline in der doppelten Größe deines Sterns zu, und knicke es zu einem Quadrat. Die gummierte Seite muss innen liegen.
6. Lege den Faltstern zwischen die doppelte Lage Vlieseline.
7. Stelle das Bügeleisen auf die Bügeltemperatur „Wolle". Lege den Stern auf eine Bügelunterlage, bedecke ihn mit einem Bügeltuch, und bügle ihn. Der Papierstern verklebt so mit dem Vlies und sieht wie ein Schneekristall aus.
8. Schneide das überstehende Vlies an den Umrissen des Sterns aus, und hänge ihn ans Fenster, damit seine Struktur im Gegenlicht sichtbar wird.

Vogel-Büfett 5–9

Darum geht es

Nach der Information über Vogelfütterung im Winter stellen die Schüler aus einem Tannen- oder Fichtenstammstück eine Futterstelle her (siehe AB „Futtergarben für die Vogelwelt" auf S. 69 und www.nabu.de/tiereundpflanzen/voegel/tippsfuerdiepraxis/winterfuetterung).

Material/Vorbereitung

Ein ausgedienter **Tannenbaumstamm** eignet sich hervorragend für eine außergewöhnliche wie dekorative Futterstelle. Außerdem werden jeweils benötigt: eine **Ringschraube** (wetterfest verzinkt), eine **Sisalschnur oder Paketband**, **Vogelfuttermischung**, **Rinderfett** (in Fleischereien erhältlich) **oder Kokosfett**, **Speiseöl**, ganze **Erdnüsse** (in Schale), **Säge** (Fuchsschwanz, Zugsäge), **Vorstecher**, **Bohrmaschine** mit **Forstnerbohrer** und **Holzbohrer**, **Stecheisen** und **Holzhammer**, große **Nähnadel**, ein alter **Topf**, **Kochlöffel**, eine **Herdplatte** und **alte Zeitungen** zum Unterlegen. Die Arbeit sollte aus Sicherheitsgründen im **Werkraum** erfolgen.

Tipps

Je mehr Körner die Mischung erhält, desto lockerer ist sie nach dem Erkalten. Die Schüler müssen das passende Verhältnis von Körner zu Fett ausprobieren. Die Aufgaben eignen sich für arbeitsteilige Produktion, besonders wenn mehrere Futtergarben hergestellt werden sollen. Diese Futterklötze lassen sich übrigens sehr gut auf einem Basar verkaufen!

Schüleraufgaben

1. Sägt den Stamm in 30 cm lange Stücke.
2. Spannt die Stücke jeweils in die Werkbank ein, und bohrt 6 bis 7 Löcher in die Seiten – verteilt sie gut rund um den Stamm, und achtet darauf, dass sie genügend Abstand voneinander haben. Sie sollten ca. 30 mm tief sein. Vor dem Bohren vorstechen!
3. Vergrößert die Löcher mit Hilfe eines Forstnerbohrers oder mit Stecheisen und Holzhammer.
4. Spannt das Stammstück mit der dünneren Seite nach oben zeigend ein, stecht ein Loch in den Mittelpunkt, bohrt ein Loch für die Ringschraube vor, und dreht diese ein.

5. Knotet eine dekorative Schnur zum Aufhängen an die Ringschraube.
6. Fädelt einen Faden in die Nadel, und zieht Erdnüsse wie eine Kette darauf.
7. Umwickelt den Futterklotz damit.
8. Bereitet ein „Vogelmenü" zu, und verstreicht dieses in die Löcher. Rezept: Fett im Topf erwärmen, bis es zu schmelzen beginnt und weich ist. Achtung: Nicht über den Schmelzpunkt erhitzen! Futtermischung hineinrühren, etwas Speiseöl hinzufügen, damit es geschmeidig wird und sich gut verstreichen lässt.
9. Streicht dann die fertige Masse in die Löcher im Stamm. Sobald sie erstarrt ist, könnt ihr euer Vogel-Büfett aufhängen!

„Zwetschgenmännla" oder „Pflaumentoffel"

5–13

Auf dem berühmten Nürnberger Christkindlesmarkt findet man die lustigen Figuren aus Zwetschgen mit einem Bauch aus Feigen und einem Kopf aus einer Walnuss. Schaue sie dir unter http://de.wikipedia.org/wiki/Pflaumentoffel und www.franken-wiki.de (Stichwort „Zwetschgenmännla")an, und lies auch die Texte dazu.

Es ist gar nicht so schwer, diese Figuren selbst herzustellen!

Anleitung

Du brauchst:

- eine kleine Baumscheibe oder runde Holzscheibe
- 3 stabile Blumendrähte in ca. 20 cm Länge
- getrocknete Zwetschgen (Backpflaumen) und Feigen
- eine Walnuss
- Dekorfarben und einen feinen Pinsel
- Stoff-, Papier- oder Filzreste für die Kleidung
- Wollreste für die Haare
- evtl. kleine Knöpfe
- Nadel und Nähgarn
- einen Drillbohrer mit Einsatz
- Schere, Alleskleber, Rundzange
- ggf. Miniaturen: Besen, Schirm, Hut u.Ä.

So geht's:

1. Bohre mit dem Drillbohrer feine Löcher für den Draht in die Baumscheibe. Stich dann zwei Blumendrähte nebeneinander hinein, damit die Figur nachher stehen kann.
2. Stecke anschließend drei Zwetschgen für jedes Bein auf die beiden Drahtenden, führe die Drähte zusammen, und spieße drei Feigen als Bauch darauf.
3. Stecke den dritten Draht für die Arme durch die oberste Feige, und spieße rechts und links je zwei Zwetschgen auf für die Arme.
4. Stich das doppelte Drahtende oben in die Walnuss, male ein Gesicht darauf, klebe Wollhaare an, und versieh den Körper mit Kleidung.
   Deiner Fantasie sind dabei keine Grenzen gesetzt!
5. Biege die Drahtenden an den Händen mit der Rundzange um, und gib der Figur dabei evtl. einen Stock, Besen oder Schirm in die Hand.

Kapitel 5

24 x Weihnachtliche Küche von A bis Z

Allgemeine Hinweise zu diesem Kapitel

Darum geht es

Die Schüler können traditionelle Rezepte erproben und Hintergrundinformationen erwerben. Das Geschmackserlebnis mag recht ungewohnt sein, da alle Rezepte Weihnachtsgewürze beinhalten und einige mit Vollkornmehl und Honig zubereitet werden. Die Hauptsache ist hierbei das Probieren und Kennenlernen.

Tipps

- In den Rezepten angegebene Zutaten, die nicht im normalen Supermarkt erhältlich sind, findet man im Reformhaus oder im Biomarkt.
- Gewürze und Nüsse sollten als entsprechendes Anschauungsmaterial zum jeweiligen Thema mitgebracht werden. Wer sichergehen will, dass die gemahlenen Nüsse nicht verkeimt sind, kann z.B. ganze Haselnüsse auch selbst mahlen.
- Das Backerlebnis wird intensiviert, wenn ebenso Weizen- und Dinkelkörner nach Möglichkeit mit der Getreidemühle gemahlen werden.
- Damit mit Honig gesüßte Teige nicht an der Rolle festkleben, werden sie zwischen Folien gelegt und dann ausgerollt. Ausstechformen lösen sich besser vom Teig, wenn sie ab und zu in Mehl eingetaucht werden, bei Nussteigen in Puderzucker.
- Jede Art von Gebäck bevorzugt eine andere Aufbewahrungsart und sollte nach Sorten getrennt gelagert werden, damit jedes Aroma für sich erhalten bleibt:
  - Blechdosen, mit Butterbrotpapier ausgelegt, eignen sich für Nussgebäck und Zimtsterne.
  - Lebkuchen sollten erst ein bis zwei Tage offen und dann gemeinsam mit einem Apfelschnitz in der Dose lagern, damit sie nicht austrocknen. Je länger sie liegen, desto besser schmecken sie.
  - Mürbteigplätzchen wandern sofort nach dem Erkalten in die Dose, damit sie knusprig bleiben.
  - Porzellangefäße eignen sich gut für Butter-, Steingutgefäße für Honiggebäck.
  - Fetthaltiges Gebäck hält sich ca. zwei Wochen frisch.
  - Stollen schmeckt besser, wenn er einige Zeit im Plastikbeutel kühl gelagert wird.
- Es bietet sich an, eine Advents- und Weihnachtsrezeptmappe anzulegen. Diese eignet sich auch als Geschenk.
- Ebenfalls gut verschenken lassen sich natürlich Plätzchen – vor allem an Leute, die selbst keine Zeit zum Backen haben.

Anisspringerle

5–13

Die Anispflanze ist ein Doldenblütler mit kleinen, weißen Blüten und stammt aus dem Orient. Ihre Samen und das gemahlene Gewürz werden für Anisplätzchen und Springerle verwendet und geben ihnen ein süß-fruchtiges Aroma.
Springerle stammen aus Schwaben und wurden vor allem anderen Weihnachtsgebäck zuerst hergestellt, damit sie bis Weihnachten Zeit zum Reifen hatten. Handgeschnitzte Bildmodel für Springerle haben sich aus dem 18. und 19. Jahrhundert bis heute erhalten.

Rezept

Du brauchst für ein Backblech:

- abgeriebene Schale einer halben unbehandelten Zitrone
- 2 Eier
- 125 g Vollrohrzucker
- 2 TL Vanillezucker (möglichst echter)
- 270 g Dinkelvollkornmehl (Weizenmehl geht auch)
- ½ TL Anis, gemahlen
- ½ TL Hirschhornsalz
- 1 TL Wasser
- 2 EL Anis, ganze Samen
- 2 Rührschüsseln, Handrührer oder Küchenmaschine, Waage, einen Esslöffel, 2 Teelöffel, feine Reibe, Tasse, Teigschaber, Teigrolle, Holzmodel oder ggf. rechteckige Ausstechformen, Kuchenblech, Backpapier

So geht's:

Zunächst die Zitronenschale abreiben. Eier mit Zucker, Vanillezucker und der Zitronenschale mindestens fünf Minuten lang cremig rühren. Mehl mit gemahlenem Anis mischen. Hirschhornsalz im Wasser auflösen und gemeinsam mit Mehl und Anis unter den Teig rühren. Das Ganze eine Stunde in den Kühlschrank stellen.

Den Teig ½ cm dick ausrollen, die Holzmodelrolle gut bemehlen und langsam über den Teig rollen, sodass sich die Figuren abzeichnen. Dann die Plätzchen um die Figuren rechteckig ausschneiden.
Das Blech mit Backpapier belegen und mit Anissamen bestreuen. Anschließend die Springerle auflegen und diese über Nacht trocknen lassen. Am nächsten Morgen bei 180 °C Mittelhitze zehn Minuten backen.
Die Springerle sollen hell bleiben.
Springerle sind nur nach dem Backen weich und sollen danach hart werden. Man bewahrt sie am besten gleich nach dem Auskühlen in einer Dose auf. Besonders gut schmecken sie in ein heißes Getränk gestippt!

Diese Spezialität aus Marzipanteig hat nichts mit Beten zu tun, sondern ist nach der Frankfurter Familie Bethmann benannt: Angeblich wurden die Bethmännchen Anfang des 19. Jahrhunderts in Paris erfunden. Der Konditor Jean Jacques Gautenier, der als Küchenchef im Hause des Ratsherrn und Bankiers Simon Moritz von Bethmann arbeitete, soll damals für seinen Arbeitgeber diese Leckerei kreiert haben. Der Überlieferung nach wurden die Bethmännchen noch mit vier Mandelhälften verziert – jede Hälfte stand für einen der vier Söhne des Bankiers. Nachdem sein Sohn Heinrich 1845 gestorben war, seien nur noch drei Mandelhälften verwendet worden. Da allerdings bereits einige Jahre zuvor der Sohn Moritz verstorben war, ist diese Legende umstritten – vermutlich liegt der Ursprung der Bethmännchen doch weiter zurück.

Quelle: vgl. http://wikipedia.org/wiki/Bethmännchen

Rezept

Du brauchst für ein Backblech

- 100 g abgezogene Mandeln
- 250 g Rohmarzipan
- ein Eiweiß
- 10 g Mehl
- 50 g Puderzucker
- 2 Esslöffel Rosenwasser aus der Apotheke
- Schüssel, Handrührer mit Knethaken (nicht unbedingt erforderlich), Küchenmesser, Brettchen, einen kleinen Topf, Backpapier oder Fett zum Einfetten des Backbleches, Backpinsel

So geht's:

Gib das Marzipan und das Eiweiß (ungeschlagen) sowie Mehl und Puderzucker in eine Schüssel, und verknete es miteinander. Dies kannst du auch mit den Händen machen.
Forme 30 kirschgroße Kugeln aus dem Teig.
Halbiere die Mandeln vorsichtig mit dem Küchenmesser, und setze drei Mandelhälften seitlich an die Kugeln. Drücke sie vorsichtig an.
Lege Backpapier auf das Backblech, oder fette das Blech ein.
Setze die Kugeln auf das Blech, und backe sie bei 150 °C Ober- und Unterhitze 35 Minuten lang.
Gib währenddessen Zucker und Rosenwasser in den Topf, und lasse es auf höchster Stufe eine Minute sprudelnd kochen.
Nimm die Bethmännchen aus dem Backofen, stelle das Blech auf einen Rost, und bestreiche sie sofort mit dem süßen Rosenwasser aus dem Topf.
Lasse sie danach abkühlen.

Bratapfel

5–13

Erinnerungen: Manchmal schneite es schon im November, dann sammelte ich mit meiner Mutter viele rotbackige Danziger Kantäpfel aus dem Schnee. Krachte der Frost draußen, stellte meine Mutter einen Teller mit Äpfeln in die Backröhre unseres riesigen Kachelofens in der Wohnstube. Und wenn wir dann mit roten Wangen und Nasen vom Schlittenfahren nach Hause kamen, empfing uns dieser wunderbare Bratapfelduft!
Später pflanzte ich in meinen eigenen Garten einen Boskop. Er schenkt uns jedes Jahr viele Früchte. Die schönsten bewahren wir für die Winterzeit auf. Spätestens am ersten Adventswochenende brennt ein gemütliches Feuer im kleinen Kachelofen. Ich hole einige Äpfel herein, wasche sie ab, steche das Kerngehäuse mit einem Apfelstecher aus, stecke eine Dattel oder Feige unten in die Öffnung und befülle den Apfel mit einer Mischung aus Apfelgelee, Rosinen und Nüssen. Eine kleine Auflaufform wird eingefettet und die Äpfel hineingesetzt. Im Backfach bei 180 °C Ober- und Unterhitze braten sie vor sich hin. Währenddessen bereite ich die Vanillesoße vor (manchmal essen wir aber auch Vanilleeis zu den Bratäfeln – das schmeckt köstlich!). Sobald die Schale aufplatzt, sind die Äpfel fertig. Angelockt durch den Duft kommen die Familienmitglieder vor den Ofen zum Genießen.

Probiere es doch selbst einmal aus, Bratäpfel zu machen! Wie war das noch? Äpfel waschen, mit einem Apfelstecher entkernen …

Der Bratapfel
Volksgut aus Bayern

Kinder, kommt und ratet,
was im Ofen bratet!
Hört, wie's knallt und zischt.
Bald wird er aufgetischt,
der Zipfel, der Zapfel, der Kipfel,
der Kapfel, der gelbrote Apfel.

Kinder, lauft schneller,
holt einen Teller,
holt eine Gabel!
Sperrt auf den Schnabel
für den Zipfel, den Zapfel, den Kipfel,
den Kapfel, den goldbraunen Apfel!

Sie pusten und prusten,
sie gucken und schlucken,
sie schnalzen und schmecken,
sie lecken und schlecken
den Zipfel, den Zapfel, den Kipfel,
den Kapfel, den knusprigen Apfel.

Quelle: http://joachim-groesser.jimdo.com/weihnachtsgedichte/

Schade, dass es in den Supermärkten immer weniger verschiedene Apfelsorten gibt.
Infos über alte Apfelsorten und weitere Rezepte findest du unter
www.alte-apfelsorten.de, www.boomgarden.de, www.alte-obstsorten.de, www.tourismus-altesland.de/apfelsorten oder www.apfeltage.de.

Hast du schon einmal Christstollen gegessen? Er ist ein ganz typisches Gebäck in der Weihnachtszeit – und hat eine lange Tradition. Einige sagen, die Form und die puderzucker-weiße Farbe würden an das in Windeln gewickelte Jesuskind in der Krippe erinnern. Ganz so alt ist die Tradition aber doch nicht. Das Christbrot, aus dem später der Stollen hervorging, stammt aus dem 14. Jahrhundert. Damals wurde in den Klöstern Fastengebäck für das Adventsfasten aus Mehl, Hefe und Wasser oder Rüböl hergestellt. Mit Zucker bestäubt wurde dieses Brot nicht, denn Zucker war viel zu teuer. Außerdem war es bei strenggläubigen Katholiken nicht erlaubt, in der Fastenzeit Butter oder Milch zu verzehren. So blieb das Brot also erst einmal sehr mager. Erstmals urkundlich erwähnt wurde der Christstollen 1329 in Naumburg an der Saale, als ein solches Gebäck dem Bischof Heinrich als Weihnachtsgabe überreicht wurde. Angeblich war es der Hofbäcker Heinrich Drasdo, der in Torgau (Sachsen) dem Fastengebäck erstmals reichhaltige Zutaten, wie Früchte, zugab und so den Christstollen schuf, wie wir ihn heute kennen.

Quelle: vgl. http://de.wikipedia.org/wiki/Christstollen

Rezept

Du brauchst für zwei Quarkstollen:

- 500 g Mehl
- ein Päckchen Backpulver
- 200 g Zucker
- ein Päckchen Vanillezucker
- je 4 Tropfen Bittermandel- und Zitronen-Aroma
- ein Fläschchen Rum-Aroma
- je eine Messerspitze Kardamom, Muskatblüte und Zimt
- 2 Eier
- 175 g Butter oder Margarine
- 250 g abgetropften Magerquark
- 250 g gewaschene Rosinen
- 125 g gewaschene Korinthen
- 125 g gemahlene Nüsse (z.B. Haselnüsse)
- 40 g Zitronat
- zerlassene Butter zum Bestreichen
- Puderzucker zum Bestreuen
- große Schüssel, Kochlöffel, Handrührer mit Knethaken, Küchenmesser, Teigschaber, einen kleinen Topf, Sieb für Puderzucker

So geht's:

Vermische in der großen Schüssel das Mehl mit dem Backpulver, und drücke eine Mulde in die Mitte des Mehls. Dort hinein gibst du den Zucker, die Gewürze und die Eier und verrührst sie mit etwas Mehl. Schneide dann kleine Stückchen Butter oder Margarine hinein, und gib den Quark, die Rosinen, Korinthen und Nüsse sowie das Zitronat dazu.

Knete alles zu einem Teig zusammen. Wenn er noch klebrig ist, schütte noch ein wenig Mehl darüber, und verknete ihn wieder.

Nun kannst du den Teig mit Hilfe des Schabers aus der Schüssel nehmen und einen länglichen Stollen daraus formen.

Lege ein Backblech mit Backpapier aus, oder fette es ein, und lege den Stollen darauf.

Er muss nun bei 200 °C Ober- und Unterhitze 70–80 Minuten backen.

Sobald er aus dem Ofen kommt, bestreiche ihn mit der zerlassenen Butter, und bestreue ihn mit Puderzucker.

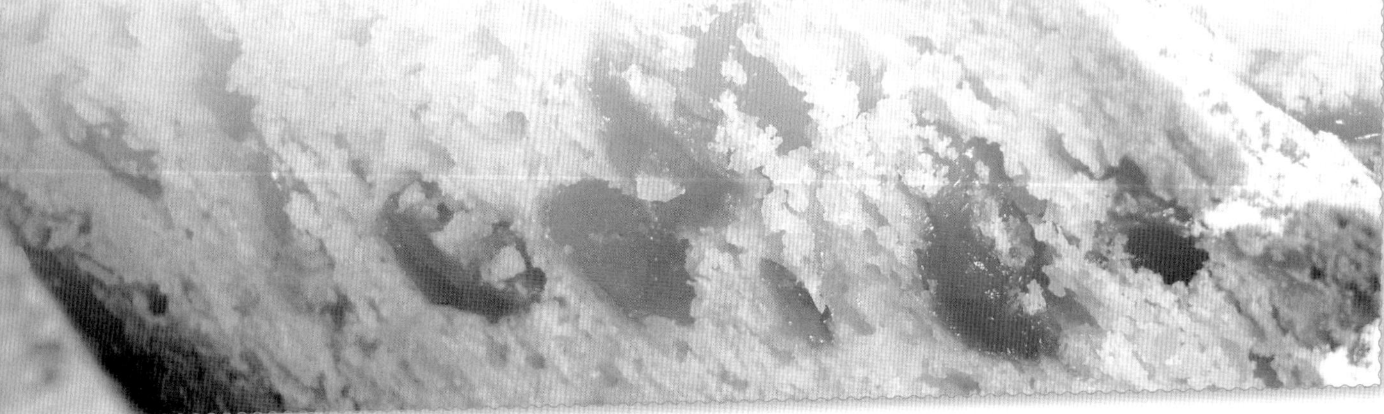

Dattelkonfekt – schnell gemacht!

Die Dattelpalme ist eine Pflanze aus dem Orient. Sie ist hervorragend an die nährstoffarmen Böden in Wüstengebieten angepasst und verträgt viel Sonne – allerdings benötigt sie auch ausreichend Wasser. Daher werden die Palmengärten, in denen man die Dattelpalmen anbaut, entweder in Grundwasseroasen angelegt oder aber an einem Ort, an dem eine ausreichende künstliche Bewässerung gewährleistet ist (z.B. in der Nähe eines Flusses oder Stausees). Die Früchte wachsen in Stauden zwischen den Palmenwedeln. Sie haben einen sehr hohen Zuckergehalt und sind daher nach der Ernte sehr lange haltbar. Mit den Datteln lassen sich unzählige Leckereien zubereiten, und vor allem in der Weihnachtszeit bereichern sie bei uns den Speiseplan.

Hier findest du ein einfaches Rezept für leckeres Dattelkonfekt – probiere es doch einmal aus, es geht auch ganz schnell und einfach!

Rezept

Du brauchst:

- 500 g getrocknete Datteln
- 150 g Honigmarzipan
- einen Beutel geschälte ganze Mandeln oder Walnusskerne
- Küchenmesser und Brettchen

So geht's:

Datteln von oben nach unten auf einer Seite aufschneiden und die Kerne entfernen. Aus dem Honigmarzipan in der Anzahl der Datteln kleine Kugeln formen. Jede Dattel auseinanderbiegen und das Marzipan hineindrücken, mit einer Mandel oder einem halben Walnusskern verzieren.

Tipp:

Statt Datteln kannst du auch getrocknete Aprikosen verwenden.

Elisenlebkuchen

Diese Spezialität kommt ursprünglich aus Nürnberg. Statt Mehl gibt man Mandeln in den Teig. Als Unterlage für den Teig dienen aus Mehl und Wasser hergestellte Oblaten, die eine lange Tradition haben. Oblaten für kirchliche Zwecke („hostia oblata" bei der Eucharistiefeier) wurden früher in Klöstern hergestellt.

Rezept

Du brauchst für zwei Backbleche:

- 500 g Zucker
- 5 Eier
- je eine Prise geriebene Muskatnuss und Salz
- 2 TL Zimt, gemahlen
- 2 unbehandelte Orangen
- 2 unbehandelte Zitronen
- 600 g Mandeln, ungeschält
- ein Päckchen Backoblaten 40 mm Durchmesser (ca. 80 Stück)
- 240 g Puderzucker
- 6 EL Zitronensaft
- Handrührer, Schüssel, Küchenmesser, Schälmesser, Nussmühle, Teigschaber, Teelöffel, einen großen und einen kleinen Topf, Backpapier, Zitronenpresse, Backpinsel

So geht's:

Zucker und Eier in der Schüssel schaumig schlagen, bis der Zucker sich aufgelöst und die Masse sich verdoppelt hat.
Muskatnuss, Salz und Zimt unterrühren.
Zitronen und Orangen waschen, abtrocknen, die Schale dünn abschälen und fein hacken. Mandeln mahlen und mit den Schalen unter den Teig rühren.
zwei Backbleche mit Backpapier auslegen, Oblaten auflegen und kleine Teighäufchen auf die Oblaten setzen. Dazu jeweils einen gehäuften Esslöffel Lebkuchenmasse zu einer Kugel formen und auf die Oblate drücken.
Im vorgeheizten Backofen bei 160 °C Ober- und Unterhitze oder 140 °C Umluft zehn Minuten backen.
Die Kuchen müssen danach innen noch weich sein, um nicht auszutrocknen.
Zitronensaft mit Puderzucker verrühren, als Guss auf die noch warmen Lebkuchen streichen und antrocknen lassen. Nach dem Erkalten die Lebkuchen in eine Blechdose legen und mit Butterbrotpapier abdecken. Nach zehn Tagen sind sie schön durchgezogen und schmecken richtig gut!

Figurengebäck aus Mürbeteig

Besonders Kinder stechen sehr gern Teig aus. Ihren Ursprung haben diese Ausstech-Figuren in Sinngebäck und Gebildebroten. Jede Figur hatte ihre Bedeutung: Herzen, Sterne und Engel als christliche Symbole, Kränze und Brezel als Zeichen für Unsterblichkeit, und seit dem 19. Jahrhundert kamen auch traditionelle Tannenbaum- und Weihnachtsmannformen dazu. Mittlerweile gibt es sehr viele verschiedene Formen und dazu unzählige Möglichkeiten, die Plätzchen zu verzieren!

Rezept

Du brauchst für drei Backbleche:

- 100 g Zucker
- eine Prise Salz für den Teig
- 400 g Weizenmehl
- 200 g Butter
- ein Ei
- Rührschüssel, Handrührer, Küchenmesser, Teigrolle, Ausstechformen, Backpinsel

Für den farbigen Zuckerguss:

- Puderzucker
- je 2 EL roten Saft (Kirsche, Johannisbeere), orangefarbenen Saft (Möhre)
- eine Messerspitze Safranpulver
- Zitronensaft

Zum Verzieren:

- abgezogene Mandeln, Haselnüsse, Mandelstifte, Rosinen, Sonnenblumenkerne, Walnüsse, Kokosraspel und andere Dinge

So geht's:

Mehl mit Zucker und Salz vermischen, Butter in Stücke schneiden und schnell mit den Zutaten verkneten, ebenfalls das Ei. Den Teig 30 Minuten kalt stellen. Arbeitsfläche und Teigrolle mit Mehl bestäuben, eine Portion Teig ausrollen, Figuren ausstechen und auf ein mit Backpapier ausgelegtes Backblech legen. Im vorgeheizten Backofen bei 170 °C 10 bis 15 Minuten backen, bis der Teig golden aussieht.

Währenddessen für den rosa und orangen Guss je 3 Esslöffel Puderzucker mit 2 Esslöffel Saft glatt rühren. Für den gelben Guss Safran in 2 Esslöffeln Zitronensaft lösen und mit Puderzucker verrühren.

Nach dem Auskühlen das Gebäck auf dem Backpapier liegen lassen, mit dem farbigen Zuckerguss bepinseln und verzieren. Trocknen lassen.

Früchtebrot

Früher wurden die geernteten Früchte durch Trocknen und Dörren konserviert. So waren sie haltbar und zugleich eine beliebte Süßigkeit, aus der man auch leckeres Früchtebrot herstellen kann.

Rezept

Du brauchst für ein Brot (ca. 22 Scheiben):

- 200 g Mandeln mit Schale
- 150 g getrocknete Aprikosen
- 150 g getrocknete Pflaumen ohne Stein
- 125 g Weinbeeren
- 125 g Korinthen
- 4 EL Orangensaft
- 150 g Butter oder Margarine
- 100 g Vollrohrzucker
- 4 Eier
- 125 g Weizenvollkornmehl
- ½ Päckchen Backpulver
- ½ TL Zimt, eine Messerspitze, Nelken, gemahlen
- einen kleinen Topf, Sieb, einen tiefen Teller, Küchenmesser, Brettchen, Handrührer, Rührschüssel, Kastenform, Fett zum Einfetten

So geht's:

Mandeln in kochendes Wasser geben, einmal aufkochen lassen und abgießen. Dann mit kaltem Wasser abschrecken und enthäuten.
Zwei Drittel davon grob hacken, die restlichen Mandeln zum Verzieren zurücklassen.
Aprikosen und Pflaumen klein schneiden, mit Weinbeeren, Korinthen und den gehackten Mandeln mischen und mit Orangensaft beträufeln.
Butter oder Margarine und Zucker schaumig rühren und nach und nach die Eier unterheben.
Mehl, Backpulver und die Gewürze zugeben. Die Früchte untermischen und den Teig ca. zehn Minuten stehen lassen.
Den Backofen auf 175 °C vorheizen. Den Teig in eine gefettete Kastenform geben und das Früchtebrot ca. 70 Minuten backen.
Nach dem Erkalten aus der Form stürzen und vor dem Verzehr in Scheiben schneiden.

Gewürztaler

Manchmal muss es bei der Weihnachtsbäckerei schnell gehen, da eignet sich dieses Rezept.

Rezept

Du brauchst:

- 125 g Honig
- 200 g Zucker
- 150 g Butter
- 50 g geriebene Mandeln
- 50 g Orangeat, fein gehackt
- 200 g zarte Haferflocken
- 250 g Mehl
- ein Päckchen Lebkuchengewürz
- einen gehäuften TL Hirschhornsalz
- ein Eigelb
- Mandelhälften zum Verzieren
- Rührschüssel, Handrührer, Waage, Teelöffel, 2 Tassen, Gabel, Kuchenpinsel, Teigrolle, Backpapier, Backblech

So geht's:

Das Hirschhornsalz mit 2 Esslöffeln Wasser auflösen, alle Zutaten außer dem Eigelb in die Rührschüssel geben und sehr gut miteinander verkneten.
Den Teig auf der bemehlten Arbeitsfläche 5 mm dick ausrollen und Taler (oder andere Formen) ausstechen.
Das Backblech mit Backpapier auslegen, die Taler auflegen, mit Eigelb bestreichen und mit einer halben Mandel verzieren.
Nun das Ganze im vorgeheizten Backofen bei 190 °C zehn Minuten backen – fertig ist der Zeit sparende Genuss!

Honigkuchen

Von diesem Kuchen (auch als „Brauner Kuchen" bekannt) schwärmte schon Theodor Storm in seiner Novelle „Unter dem Tannenbaum". Statt mit Honig wird der Teig heute mit Zucker und Sirup gesüßt.

Rezept

Du brauchst für mindestens 4 Bleche:

- 250 g Butter
- 250 g Schmalz
- 500 g Sirup
- 500 g Zucker
- 1500 g Mehl
- 4 TL Hirschhornsalz
- 2 TL Pottasche
- 6 Eier
- 2 Päckchen Lebkuchengewürz
- Topf, Kochlöffel, Handrührer, Ausstechformen, Backpapier, Backblech

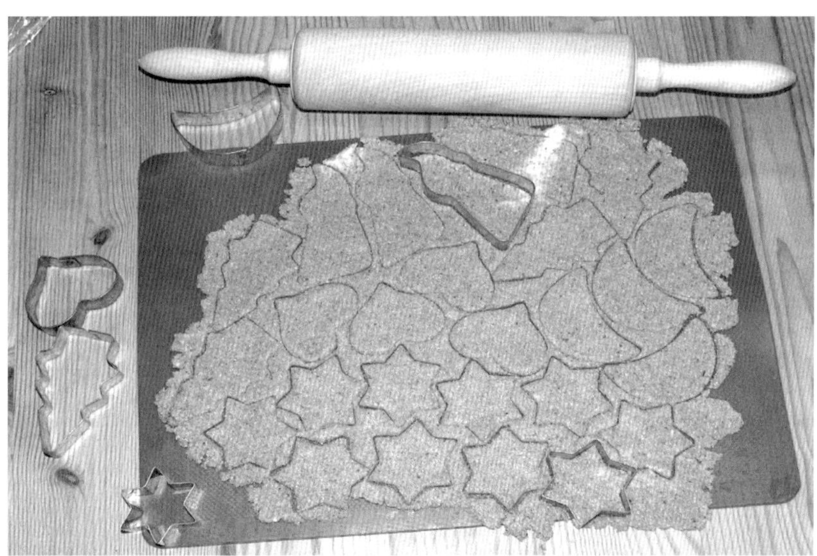

So geht's:

Butter, Schmalz, Sirup und Zucker in einen Topf geben und unter Rühren so lange kochen lassen, bis die Masse dickflüssig wird.
Die Masse erkalten lassen und dann die übrigen Zutaten hinzugeben.
So lange kneten, bis der Teig glatt ist.
Bevor die Kuchen ausgestochen werden können, muss man den Teig ein bis zwei Wochen an einem kühlen Ort (aber nicht im Kühlschrank) stehen lassen.
Backblech mit Backpapier auslegen, Teig dünn ausrollen, Formen ausstechen und auf das Blech setzen.
Backofen auf 175 °C vorheizen und die Kuchen bei Mittelhitze fünf bis sieben Minuten backen.
Achtung! Die Kuchen gut beobachten: Sie gehen auf und werden hellbraun, danach aber sehr schnell zu braun!

Ingwer-Plätzchen

5–13

Die Ingwerpflanze wächst in tropischen und subtropischen Ländern. Verwendet wird die Wurzelknolle. Ingwer ist sehr aromatisch und schmeckt scharf würzig, wodurch bspw. ein Ingwer-Tee im Winter wunderbar wärmt.

Eine Ingwer-Knolle

Rezept

Du brauchst für ca. 60 Plätzchen:

- 250 g Mehl
- 100 g Zucker
- 125 g kalte Butter
- ein Ei
- eine Prise Salz
- 100 g fein gewürfelten kandierten Ingwer
- eine gute Prise gemahlener Piment
- großes Messer, Küchenmesser, Schüssel

So geht's:

Alle Zutaten auf die Arbeitsfläche häufen und mit einem großen Messer durchhacken. Dann die fein-bröselige Masse mit den Händen rasch zu einem festen Mürbeteig verkneten und zu mehreren daumendicken Rollen formen. Diese abdecken und eine Stunde im Kühlschrank ruhen lassen.
Den Backofen auf 200 °C vorheizen.
Von den Teigrollen ½ cm dicke Scheiben abschneiden und auf ein gefettetes Backblech legen.
Die Plätzchen in etwa zehn Minuten goldbraun backen.

Kokosmakronen

Kokos verbindet man eigentlich eher mit Palmen, Strand und Sommer – trotzdem sind Kokosmakronen bei uns ein typisches Gebäck für die Weihnachtszeit.

Kokosmakronen

Rezept

Du brauchst für ca. 50 Stück:

- 4 Eiweiß
- eine Prise Salz
- ½ TL Zitronensaft
- 200 g Zucker
- eine Messerspitze Zimt
- 200 g Kokosraspel
- Rührschüssel, Handrührer, Teigschaber, Messer, Teelöffel, Backpapier

So geht's:

Eiweiß, Salz und Zitronensaft so steif schlagen, dass die Masse nicht aus der Schüssel fällt, wenn man sie umdreht. Zucker und Zimt unterheben und zu einer dicken Creme verarbeiten.
Kokosraspel vorsichtig dazugeben und unterrühren.
Das Backblech mit Backpapier auslegen und den Ofen auf 120 °C vorheizen.
Mit einem Teelöffel kleine spitze Häufchen Creme auf das Backblech legen.
Die Makronen ca. 35 Minuten backen. Wenn sie fertig sind, sollen sie innen noch weich und saftig sein.

Tipp:

200 g Blockschokolade im heißen Wasserbad schmelzen, die abgekühlten Makronen in die flüssige Schokolade hineintunken und erneut abkühlen lassen.

Lebkuchenschnitten

5–13

In den Kräutergärten der Klöster baute man früher Heilgewürze an, aus denen wohlschmeckendes Gebäck hergestellt wurde, das man auch an Arme verteilte, die hungrig an die Klostertür klopften. Das althochdeutsche „leb" in Verbindung mit „Kuchen", weist auf dieses Heilgebäck hin. Der süßende Honig darin ist eines der ältesten Nahrungsmittel. Schon früh erkannte man seine heilende Wirkung. Später wurde der Honig durch Rohrzucker und dann durch billigeren einheimischen Rübenzucker ersetzt.
Wir kennen Lebkuchen in vielen besonderen Formen, z.B. als Stern. Noch einfacher ist es, den Teig auf ein Blech zu streichen und nach den Backen in Stücke zu schneiden.

Rezept

Du brauchst für ein Blech:

- 150 g Orangeat
- 150 g Zitronat
- 150 g Rosinen
- 150 g gemahlene Haselnüsse
- 150 g gemahlene Mandeln
- 2 Fläschchen Rum-Aroma
- 125 g Butter
- 250 g Honig
- 3 Eier
- 400 g Weizenvollkornmehl
- ein Päckchen Backpulver
- 2 TL Zimt
- 2 EL dunklen Kakao
- ein Ei zum Bestreichen
- Orangeatscheiben und Mandelhälften zum Verzieren
- Rührschüsseln, Tasse, Handrührer, Kochlöffel, Brettchen, Küchenmesser, Teigschaber, Backpapier oder Fett für das Backblech, Gabel, Backpinsel, großes Messer

So geht's:

Zitronat und Orangeat fein schneiden, Rosinen, Nüsse und Mandeln hinzufügen, mit Rum-Aroma mischen und alles gut durchziehen lassen.
Butter, Honig und Eier zu einer schaumigen Masse rühren.
Das Mehl mit Backpulver, Zimt und Kakao mischen und zusammen mit den Früchten unter die Schaummasse rühren.
Backblech einfetten und mit Mehl bestäuben oder mit Backpapier auslegen und den Teig mit dem Teigschaber darauf verstreichen.
Das Ei in der Tasse mit Hilfe der Gabel verquirlen, die Oberfläche des Teigs damit bestreichen und mit Mandelhälften und Orangeatscheiben in beliebigen Mustern (z.B. blüten- oder sternförmig) verzieren.
Blech in die unterste Schiene des Backofens schieben und bei 175 °C 25 Minuten backen.
Den Lebkuchen noch warm in quadratische Portionsstücke schneiden und auf dem Blech einige Tage durchziehen lassen.

Tipp:

Den Teigschaber vor Benutzung in warmes Wasser eintauchen, damit der Teig nicht daran kleben bleibt und sich auf dem Blech besser verstreichen lässt!
Bedenke beim Auslegen des Musters bereits die quadratischen Portionsstücke, in die der Lebkuchen nach dem Backen geschnitten wird. Es sieht ansprechend aus, wenn auf jeder Lebkuchenschnitte eine Blüte oder ein Stern ausgelegt wird. Wenn du schon etwas Übung hast, kannst du aus dem Teig natürlich auch andere Formen schneiden.

AB

Mandeln und Marzipan

5–13

Das „Marcipanis" wurde angeblich Anfang des 15. Jahrhunderts während der Lübecker Hungersnot erfunden. Man hatte damals kein Mehl, um Brot zu backen, dafür aber Zucker und Mandeln. So kamen die Bäcker auf die Idee, zu versuchen, aus diesen Zutaten Brote herzustellen. Dies geschah am Tag des Heiligen Markus, und so nannten sie die neuen Brote „Marki Panis".
Im 18. Jahrhundert stellten Apotheker das Marzipan her. Später übernahmen Zuckerbäcker diese Aufgabe. Über die Grenzen hinaus berühmt wurde das Lübecker Marzipan schließlich durch Johann Georg Niederegger, der dort 1806 eine Konditorei übernahm. Heute produziert die Firma Niedegger täglich 20–30 Tonnen Marzipan, das in über 30 Länder exportiert wird.

Quelle: vgl. Paulsen, Gundel (Hrsg.): „Schleswig-holsteinisches Weihnachtsbuch: Geschichten, Gedichte und Bilder aus der Zeit zwischen Advent und Dreikönigsfest", Husum Druck- und Verlagsgesellschaft, Husum 1996, S. 80

Das kommt davon
Josef Guggenmos

Es wohnte Graf Korbinian
in einem Schloss aus Marzipan
mit seinen sieben Knaben.

Oh Knaben, lasst das Knabbern sein!
Der Wind bläst, wo er will, herein
durch Löcher, rechts, links, hinten.

Die Knaben aßen auf das Haus.
Das schöne Schloss. Damit war's aus.
Sie standen auf der Wiese.

Sie standen bleich, sie standen stumm.
Sie standen da so seltsam krumm
und hielten sich den Magen.

Sie sagten (so sprach mancher schon):
Da haben wir's! Das kommt davon.
Von zu viel Süßigkeiten.

Quelle: Schuldt, Brigitte (Hg.):
„Das große Weihnachtsbuch", Rowohlt, Reinbek 1996, S. 65

Ihr könnt auch selbst Marzipan herstellen!

Rezept

Du brauchst:

- 500 g abgezogene Mandeln
- 500 g Puderzucker
- 3 EL Rosenwasser
- Mandelmühle, Küchenhandtuch, Kochtopf, Rührlöffel

So geht's

Die Mandeln in der Mandelmühle reiben, mit Puderzucker und Rosenwasser in einen Topf geben und bei niedriger Temperatur (ausprobieren) unter ständigem Rühren erwärmen, bis sich die Masse vom Topfboden löst.
In ein feuchtes Küchenhandtuch einrollen und drei Tage ruhen lassen. Dann lassen sich daraus Marzipanbrote, Marzipankartoffeln und andere Figuren formen.

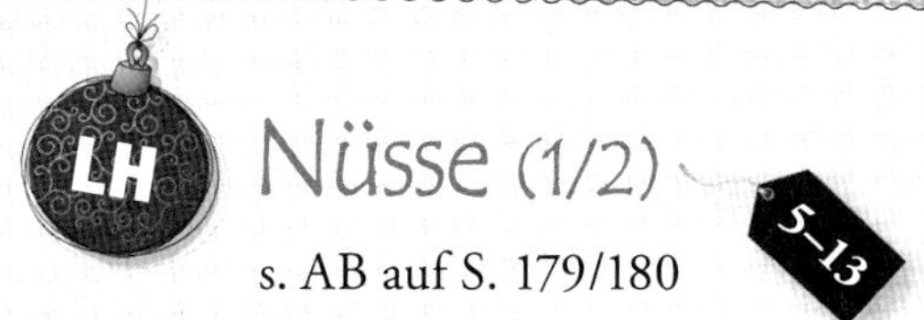

Nüsse (1/2)

s. AB auf S. 179/180

5–13

Lösung

	stimmt	stimmt nicht
1. Nüsse sind Dickmacher und ungesund.	☐	☒
2. Nugat (z.B. in Pralinen) wird mit Nüssen hergestellt.	☒	☐
3. Vegetarier sollten oft Nüsse essen, weil sie viel Eiweiß enthalten.	☒	☐

4. Kreuze an, welche Nüsse in Wirklichkeit Hülsenfrüchte sind:
   ☐ a) Walnüsse ☒ b) Erdnüsse ☐ c) Paranüsse ☐ d) Haselnüsse ☐ e) Mandeln
   ☐ f) Marone ☐ g) Pekannüsse ☐ h) Macadamianüsse ☐ i) Cashewnüsse

5. Kreuze an, welche Nüsse sich leicht knacken lassen:
   ☒ a) Walnüsse ☒ b) Erdnüsse ☐ c) Paranüsse ☐ d) Haselnüsse ☐ e) Mandeln
   ☐ f) Marone ☐ g) Pekannüsse ☐ h) Macadamianüsse ☐ i) Cashewnüsse

6. Kreuze an, welche Nüsse auch in unserem Klima wachsen können:
   ☒ a) Walnüsse ☐ b) Erdnüsse ☐ c) Paranüsse ☒ d) Haselnüsse ☐ e) Mandeln
   ☒ f) Marone ☐ g) Pekannüsse ☐ h) Macadamianüsse ☐ i) Cashewnüsse

7. Woher kommt vorwiegend oder ursprünglich welche Nuss?
   1. Südamerika > c) Paranüsse, i) Cashewnüsse
   2. Nordamerika > b) Erdnüsse, g) Pekannüsse
   3. Asien > b) Erdnüsse, i) Cashewnüsse
   4. Afrika > b) Erdnüsse, i) Cashewnüsse
   5. Australien > h) Macadamianüsse
   6. Türkei > d) Haselnüsse
   7. Frankreich > a) Walnüsse, e) Mandeln, f) Maronen
   8. Italien > d) Haselnüsse, e) Mandeln, f) Maronen
   9. Spanien > e) Mandeln, f) Maronen

8. Kreuze an, welche Nüsse wo wachsen:
   ☒ an Büschen: d) Haselnüsse
   ☒ an Bäumen: a) Walnüsse, c) Paranüsse, e) Mandeln, f) Marone, g) Pekannüsse, h) Macadamianüsse, i) Cashewnüsse
   ☒ unter der Erde: b) Erdnüsse

9. Kreuze an, welche wichtigen Inhaltsstoffe Nüsse enthalten:
   ☒ a) Eiweiß ☒ b) Kohlehydrate ☒ c) Mineralstoffe (Eisen, Kalzium, Phosphor, Magnesium)
   ☒ d) Fett ☐ e) Vitamin C ☒ f) Vitamin B
   ☒ g) Vitamin A ☒ h) Vitamin E ☐ i) Fruchtzucker

10. Kreuze an, wie viel Fett Nüsse enthalten: ☐ a) 20–30 % ☒ b) 50–70 % ☐ d) 80–90 %

11. Rohe Nüsse enthalten: ☐ a) gesättigte Fettsäuren ☒ b) ungesättigte Fettsäuren

12. Bittermandeln enthalten giftige Blausäure und dürfen:
☐ a) nicht gegessen werden ☒ b) nur in kleinen Mengen verwendet werden

13. Nussöle sind: ☐ a) billig ☒ b) teuer

	stimmt	stimmt nicht
14. Nussöl wird in der Industrie verwendet.	☐	☒
15. Nussöle sind feinste Öle und werden für Salate verwendet.	☒	☐
16. Kalt gepresste Nussöle sind gesund.	☒	☐
17. Nussöle müssen erhitzt werden, damit sie besser verdaulich sind.	☐	☒
18. Marzipan wird aus Haselnüssen hergestellt.	☐	☒
19. Nüsse sind nahrhaft und kalorienreich.	☒	☐

20. Eine große Nuss, die hier nicht behandelt wurde, heißt: Kokosnuss

21. Meine Lieblingsnuss heißt: *individuelle Lösung*

Nüsse (1/2)

Aufgabe
Nüsse werden in der Weihnachtsbäckerei immer gern verwendet.
Prüfe dein Wissen, kreuze an, und ordne zu, was deiner Meinung nach stimmt!

	stimmt	stimmt nicht
1. Nüsse sind Dickmacher und ungesund.	☐	☐
2. Nugat (z.B. in Pralinen) wird mit Nüssen hergestellt.	☐	☐
3. Vegetarier sollten oft Nüsse essen, weil sie viel Eiweiß enthalten.	☐	☐

Muskatnuss

Kokosnuss

4. Kreuze an, welche Nüsse in Wirklichkeit Hülsenfrüchte sind:
☐ a) Walnüsse ☐ b) Erdnüsse ☐ c) Paranüsse ☐ d) Haselnüsse ☐ e) Mandeln
☐ f) Marone ☐ g) Pekannüsse ☐ h) Macadamianüsse ☐ i) Cashewnüsse

5. Kreuze an, welche Nüsse sich leicht knacken lassen:
☐ a) Walnüsse ☐ b) Erdnüsse ☐ c) Paranüsse ☐ d) Haselnüsse ☐ e) Mandeln
☐ f) Marone ☐ g) Pekannüsse ☐ h) Macadamianüsse ☐ i) Cashewnüsse

6. Kreuze an, welche Nüsse auch in unserem Klima wachsen können:
☐ a) Walnüsse ☐ b) Erdnüsse ☐ c) Paranüsse ☐ d) Haselnüsse ☐ e) Mandeln
☐ f) Marone ☐ g) Pekannüsse ☐ h) Macadamianüsse ☐ i) Cashewnüsse

7. Woher kommt vorwiegend oder ursprünglich welche Nuss? Verbinde!
(Achtung: Manche Nüsse kommen aus mehreren Ländern oder Erdteilen!)

1. Südamerika	a) Walnüsse
2. Nordamerika	b) Erdnüsse
3. Asien	c) Paranüsse
4. Afrika	d) Haselnüsse
5. Australien	e) Mandeln
6. Türkei	f) Maronen
7. Frankreich	g) Pekannüsse
8. Italien	h) Macadamianüsse
9. Spanien	i) Cashewnüsse

Nüsse (2/2)

8. Kreuze an, welche Nüsse wo wachsen:

	an Büschen	an Bäumen	unter der Erde
a) Walnüsse	☐	☐	☐
b) Erdnüsse	☐	☐	☐
c) Paranüsse	☐	☐	☐
d) Haselnüsse	☐	☐	☐
e) Mandeln	☐	☐	☐
f) Marone	☐	☐	☐
g) Pekannüsse	☐	☐	☐
h) Macadamianüsse	☐	☐	☐
i) Cashewnüsse	☐	☐	☐

9. Kreuze an, welche wichtigen Inhaltsstoffe Nüsse enthalten:
☐ a) Eiweiß ☐ b) Kohlehydrate
☐ c) Mineralstoffe (Eisen, Kalzium, Phosphor, Magnesium)
☐ d) Fett ☐ e) Vitamin C ☐ f) Vitamin B
☐ g) Vitamin A ☐ h) Vitamin E ☐ i) Fruchtzucker

10. Kreuze an, wie viel Fett Nüsse enthalten:
☐ a) 20–30 % ☐ b) 50–70 % ☐ d) 80–90 %

11. Rohe Nüsse enthalten: ☐ a) gesättigte Fettsäuren ☐ b) ungesättigte Fettsäuren

12. Bittermandeln enthalten giftige Blausäure und dürfen:
☐ a) nicht gegessen werden ☐ b) nur in kleinen Mengen verwendet werden

13. Nussöle sind: ☐ a) billig ☐ b) teuer

Erdnuss

Mandel

	stimmt	stimmt nicht
14. Nussöl wird in der Industrie verwendet.	☐	☐
15. Nussöle sind feinste Öle und werden für Salate verwendet.	☐	☐
16. Kalt gepresste Nussöle sind gesund.	☐	☐
17. Nussöle müssen erhitzt werden, damit sie besser verdaulich sind.	☐	☐
18. Marzipan wird aus Haselnüssen hergestellt.	☐	☐
19. Nüsse sind nahrhaft und kalorienreich.	☐	☐

20. Eine große Nuss, die hier nicht behandelt wurde, heißt: ______________________________

21. Meine Lieblingsnuss heißt: ______________________________

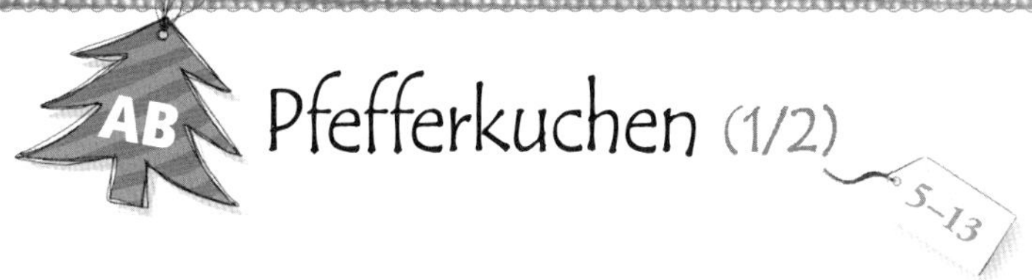

Pfefferkuchen (1/2)

Seit Beginn des Gewürzhandels war Pfeffer das begehrteste Gewürz. Die Kaufleute, die daran verdienten, wurden z.B. in Hamburg als „Pfeffersäcke" bezeichnet. Pfefferkuchen ist einfach die Bezeichnung für Gewürzkuchen. Besonders Nürnberg wurde mit seinen Pfefferkuchen berühmt. Man verwendete für Pfefferkuchen sieben oder neun verschiedene Gewürze. Im Mittelalter galten sieben und neun als mystische Zahlen mit Symbolkraft.

Rezept

Du brauchst für zwei Bleche:

- 1 kg Weizenvollkornmehl
- 1 TL Kardamom
- 1 TL Zimt
- eine Messerspitze Nelken
- 3 Messerspitzen roten Cayennepfeffer
- ein Päckchen Backpulver
- 1 TL Hirschhornsalz und 2 Esslöffel Wasser
- 2 Eier
- 1 kg Backhonig
- 330 g Wasser
- Zitronatscheiben und halbierte Mandeln zum Verzieren
- Rührschüssel, Handrührer, Teigschaber, Messer, Teelöffel, Esslöffel, Küchenmesser

So geht's:

Zunächst das Mehl mit Gewürzen und Backpulver mischen. Das Hirschhornsalz in Wasser auflösen.
Eier und Honig schaumig rühren, Hirschhornsalz und restliches Wasser zufügen und mit der Schaummasse verrühren.
Das Backblech mit Backpapier auslegen und die Masse darauf verteilen.
Mit Mandelhälften und Zitronat verzieren, z.B. Gesichter oder Sternchen auflegen.
Bei 175 °C auf der untersten Schiene 35 Minuten backen und noch warm in Stücke schneiden.
Wenn die Pfefferkuchen einige Tage durchgezogen sind, schmecken sie besonders gut.

Tipp:

Aus dem Teig lässt sich auch der berühmte Pfefferkuchenmann formen und backen!

Geschichte eines Pfefferkuchenmannes

Jens Paul Richter

Es war einmal ein Pfefferkuchenmann,
von Wuchse, groß und mächtig,
und was seinen innern Wert betraf,
so sagte der Bäcker: „Prächtig".

Auf dieses glänzende Zeugnis hin
erstand ihn der Onkel Heller
und stellte ihn seinem Patenkind,
dem Fritz, auf den Weihnachtsteller.

Doch kaum war mit dem Pfefferkuchenmann
der Fritz ins Gespräch gekommen,
da hatte er schon – aus Höflichkeit –
die Mütze ihm abgenommen.

Als schlafen ging der Pfefferkuchenmann,
da bog er sich krumm vor Schmerze:
an der linken Seite fehlte fast ganz
sein stolzes Rosinenherze!

Als Fritz tags drauf den Pfefferkuchenmann,
besuchte, ganz früh und alleine,
da fehlten, o Schreck, dem armen Kerl
ein Arm schon und beide Beine!

Und wo einst saß am Pfefferkuchenmann
die mächtige Habichtsnase,
da war ein Loch! Und er weinte still
eine bräunliche Sirupblase.

Von nun an nahm der Pfefferkuchenmann
ein reißendes, schreckliches Ende:
Das letzte Stückchen kam schließlich durch Tausch
in Schwester Margeretchens Hände.

Die kochte als sorgfältige Hausfrau draus
für ihre hungrige Puppe
auf ihrem neuen Spiritusherd
eine kräftige, leckere Suppe.

Und das geschah dem Pfefferkuchenmann,
den einst so viele bewundert
in seiner Schönheit bei Bäcker Schmidt,
im Jahre neunzehnhundert.

Quelle: www.weihnachtsstadt.de/Gedichte/klassisch/Pfefferkuchenmann.htm

Pfeffernüsse

Pfeffernüsse sind harte, kleine Kuchen oder Plätzchen, für die man früher teilweise Teigreste aus dem Backtrog zusammenkratzte und diese mit Sirup und etwas Gewürz geschmacklich verbesserte. Da man sie leicht in die Tasche stecken konnte, benutzten die Kinder sie neben Nüssen oder Bonbons auch als Spieleinsatz.

Rezept

Du brauchst für 2 Bleche:

- 2 Eier
- 180 g Honig
- 5 g Hirschhornsalz
- Rum-Aroma
- 75 g fein gehacktes Zitronat
- unbehandelte Schale von einer halben Zitrone
- 250 g Weizenvollkornmehl
- ½ Päckchen Backpulver
- 80 g gemahlene Mandeln
- je knapp ¼ TL Piment, gemahlene Nelken, Muskat, Ingwer, Kardamom
- eine Prise Pfeffer
- einen gestrichenen TL Zimt
- Puderzucker und/oder Kuvertüre
- Rührschüsseln, Kochlöffel, Handrührer, kleine Schale, feine Reibe, Teelöffel, Esslöffel, Backpapier oder Fett für das Backblech

So geht's:

Eier mit dem Honig schaumig rühren, Hirschhornsalz im Rum-Aroma auflösen, mit dem Zitronat dazugeben und unterrühren.

Mehl, Backpulver, Gewürze, Zitronenschale und Mandeln vermischen und nach und nach mit der Schaummasse verrühren.

Den Teig über Nacht stehen lassen.

Am nächsten Tag daraus kleine Kugeln mit 2 cm Durchmesser rollen und auf das gefettete Backblech drücken. Da die Kugeln stark aufgehen, ausreichend Abstände dazwischen lassen. Damit der Teig nicht kleben bleibt, die Hände bemehlen oder immer wieder anfeuchten.

Bei 180 °C Ober- und Unterhitze 20 Minuten backen.

Die ausgekühlten Pfeffernüsse können entweder mit Zuckerguss (aus Puderzucker und Wasser) oder mit Kuvertüre bestrichen werden.

Ein fast vergessenes Kernobst sind Quitten. Wegen ihres angenehmen Duftes legte man die reifen, sehr lange haltbaren Früchte zum Winter auch gern in den Wäscheschrank. Die Früchte sind zu hart, um sie roh essen zu können. Gekocht sind sie allerdings eine Köstlichkeit! Wer Mut zu diesem Experiment hat, stellt Quittenbrot her.

Rezept

Du brauchst dafür:

- 1,5 kg Quitten
- 1 kg Gelierzucker
- ½ TL echte Vanille
- Küchenmesser, Brettchen, einen großen Topf, Kochlöffel mit langem Stiel, großes Sieb, Schüsseln, Pürierstab

So geht's:

Quitten vierteln und Kerngehäuse herausschneiden. Vorsicht, sie sind sehr hart, und das Messer kann leicht abrutschen!
Die Quitten in den Topf geben und mit einer Tasse Wasser weich kochen. Nach Bedarf Wasser nachgießen, damit nichts anbrennt.
Weich gekochte Quitten pürieren, durch ein Sieb geben und den Saft auffangen.
Das Mus auskühlen lassen, dann 1 kg Quittenmus mit 1 kg Gelierzucker verrühren und im großen Topf unter Rühren zum Kochen bringen. Achtung: Man sollte einen langen Rührlöffel benutzen, da es stark blubbert und spritzt!
Die Masse drei Minuten kochen. Danach fingerdick auf ein Backblech streichen und an einem warmen Platz trocknen lassen. Nach drei Tagen, wenn die Masse fester geworden ist, in Rauten schneiden und in einem Steinguttopf aufbewahren.

Tipp:

Wer es mag, bestreut das frische Quittenbrot mit Hagelzucker.
Profis entsaften Quitten im Dampf-Entsafter. Aus dem Saft kann man Gelee einkochen.

Spekulatiuskekse

Für Spekulatius werden Holzmodel verwendet, deren Abdrücke Bilder aus der Nikolausgeschichte darstellen. Sie kommen ursprünglich aus Holland und dem Rheingebiet und wurden für den 6. Dezember dem Bischof Nikolaus zu Ehren gebacken. Die lateinische Bezeichnung für Bischof ist „speculator", daher der Name.

Wer keine Holzmodel hat, kann den Teig einfach ausstechen.

Rezept

Du brauchst für 2 Bleche:

- 325 g Dinkel- oder Weizenvollkornmehl
- ½ TL Backpulver
- ¼ TL Kardamom
- ½ TL Nelken
- 1 TL Zimt
- 125 g Butter
- 150 g Honig
- ein Ei
- ein Eigelb
- Mandelplättchen zum Verzieren
- Rührschüssel, Küchenmaschine, Messer, Esslöffel, Teigschaber, Ausstechformen, Teigrolle, Backpapier und -bleche, Kuchenpinsel, Tasse oder Schälchen

So geht's:

Mehl mit Backpulver und Gewürzen vermischen, Butter darüberschneiden, Honig und Ei hinzufügen und alles schnell zu einem Teig verkneten.
Den Teig 30 Minuten im Kühlschrank kalt stellen.
Anschließend den Teig dünn ausrollen und Figuren ausstechen.
Den Ofen auf 180 °C vorheizen.
Backbleche mit Backpapier auslegen. Figuren auflegen, mit Eigelb bestreichen, mit Mandelplättchen verzieren und zehn Minuten backen.

Stutenkerl

Stutenkerl oder Stutenwief nannte man früher in Norddeutschland einen Brotverkäufer bzw. eine Brotverkäuferin. Noch heute gibt es in Bäckereien während der Vorweihnachtszeit Stutenkerle mit einer Pfeife im Mund als Hefeteigfiguren zu kaufen.
Der Stutenkerl wurde mit einem Hefeteig aus Mehl, Milch, Eiern, Butter oder Schmalz, Hefe, Zucker und Gewürz hergestellt. Für „bunten Stuten" rührte man Rosinen, Korinthen, Zitronat und Succade unter.
Du kannst diese Figuren sehr einfach selbst herstellen mit einer fertigen Stuten-Backmischung. Aus 1 kg Backmischung entstehen sechs große Stutenkerle.

Kiek ins, wat is de Himmel so rot!
Dat sind de Engel, de backt dat Brot,
Se backt de Wiehnachtsmann sien Stuten
för all de lütten Leckersnuten.

Johann Beyer

Quelle: Paulsen, Gundel (Hrsg.): „Schleswig-holsteinisches Weihnachtsbuch: Geschichten, Gedichte und Bilder aus der Zeit zwischen Advent und Dreikönigsfest", Husum Druck- und Verlagsgesellschaft, Husum 1996, S. 113

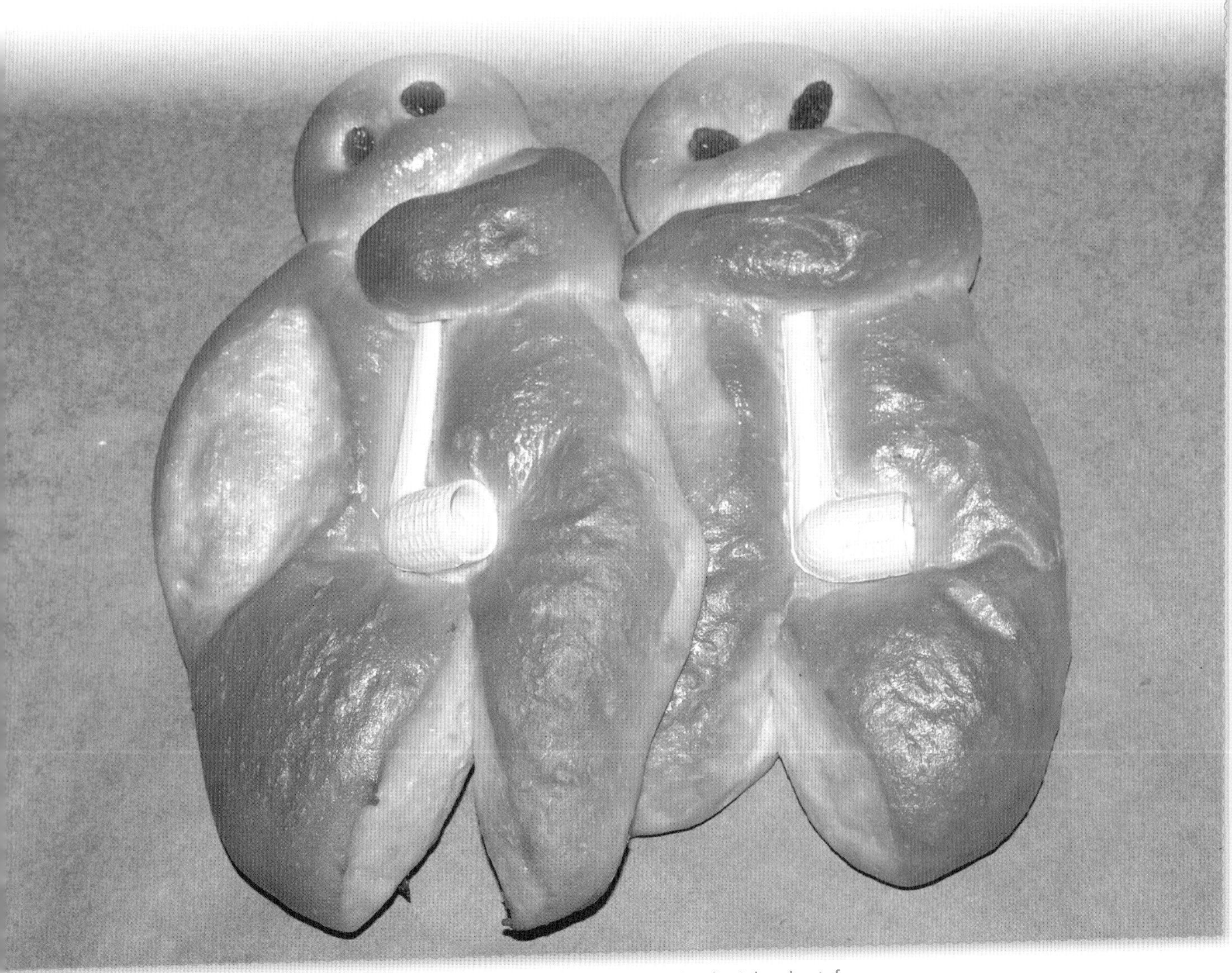

AB Traditionelle Weihnachtsgewürze

5–13

In der Weihnachtszeit duftet es immer ganz wunderbar. Allein das traditionelle Pfefferkuchengewürz beinhaltet meistens sieben bis neun verschiedene Gewürze, die seit Langem zur Weihnachtszeit gehören und ihren besonderen Duft verströmen.

Typische Weihnachtsgewürze sind z.B.:
Anis und Sternanis, Ingwer, Kardamom, Koriander, Muskatblüte, Nelken, Pfeffer (in winzigen Mengen), Piment, echte Vanille und Zimt

Sternanis, Zimtstangen und Kardamon

Aufgaben

1. Wähle eines der Gewürze in Absprache mit deinen Mitschülern aus, und erstelle am Computer einen Steckbrief zu folgenden Aspekten: Herkunft/Anbau – verwendete Teile der Pflanze (Samen, Rinde, Wurzel, Blätter etc.) – Aussehen – Form/Konsistenz im Handel – Geschmack – Verwendung – Preisspanne
   Suche auch ein Bild von der Pflanze und dem Gewürz, so wie wir es hier bei uns kaufen können, heraus.
2. Drucke den Steckbrief aus, und tausche in der Gruppe, bis jeder die verschiedenen Gewürz-Steckbriefe gelesen hat.

Vanilleduft kennt jeder. Weniger bekannt ist, dass bereits die Azteken die Schoten der Vanille-Orchidee zum Würzen benutzten. Als die Spanier vor fast 500 Jahren in Mexiko landeten, entdeckten sie dieses bisher unbekannte Gewürz und brachten es mit nach Europa. Erst 200 Jahre später gelang es den Franzosen, echte Vanille auch auf der Insel La Réunion vor der Ostküste Afrikas anzubauen. Früher hieß diese Insel Bourbon, daher der Name Bourbon-Vanille für die Königin der Gewürze. Gebräuchlicher Vanillezucker hat nur künstliches Aroma.

Mit echter Vanille kann man Vanillezucker leicht selbst herstellen:
Einfach Vanilleschoten in einem gut verschlossenen Glas mit feinem Zucker aufbewahren – schon nimmt der Zucker den Geschmack an.

Rezept

Du brauchst für 2 Bleche:

- 140 g weiche Butter oder Margarine
- 100 g Zucker
- eine Vanilleschote
- ein Eiweiß
- 200 g Mehl
- 100 g gemahlene Mandeln
- 1 EL Zucker und 2 EL Puderzucker zum Bestreuen

So geht's:

Das Fett schaumig schlagen und den Zucker einrieseln lassen.
Die Vanilleschote längs aufschlitzen, die Hälfte des Marks herausschaben und dazugeben.
Das Eiweiß unterheben und alles zu einer cremigen Masse schlagen.
Mehl und Mandeln unterrühren.
Den Teig mit bemehlten Händen zu drei Rollen mit etwa 2 cm Durchmesser formen und in Folie gewickelt eine Stunde kalt stellen.
Den Backofen auf 180 °C vorheizen. Von dem Teig fingerlange Stücke abschneiden, mit bemehlten Händen zu Kipferln formen und auf das mit Backpapier belegte Blech legen.
Auf mittlerer Schiene etwa 15 Minuten backen.
Inzwischen das restliche Mark aus der Vanilleschote schaben und mit Zucker und Puderzucker vermischen. Die noch heißen Kipferln sofort darin wälzen und auf einem Kuchengitter abkühlen lassen.

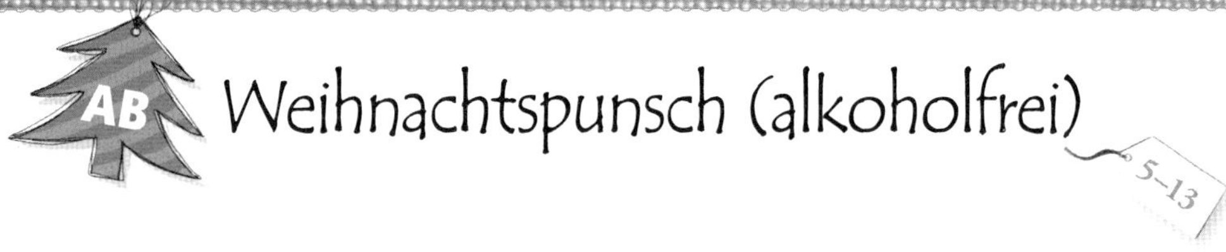

Weihnachtspunsch (alkoholfrei)

5–13

Wenn es draußen bitterkalt wird, tut ein heißes Getränk gut!
Deshalb sind Stände mit Glühpunsch auf dem Weihnachtsmarkt so beliebt.

Rezept

Du brauchst:

- ½ l Wasser
- 3 EL losen Früchtetee
- 10 Nelken
- 4 Stücke Zimtstange
- Saft von 3 Orangen
- eine Zitrone
- eine Grapefruit
- Honig zum Süßen,
- Topf, Kochlöffel, Esslöffel, Küchenmesser, Zitronenpresse, Teebeutel oder Teesieb, Krug

So geht's:

Das Wasser aufkochen, Früchtetee und Gewürze in den Teebeutel geben, mit dem kochenden Wasser übergießen und 20 Minuten zugedeckt im Wasser ziehen lassen.
Tee- und Gewürzmischung herausnehmen oder die Flüssigkeit durch ein Sieb gießen.
Die Früchte auspressen, den Saft mit dem Tee vermischen und nochmals aufwärmen, aber nicht kochen. Mit Honig süßen, abschmecken und heiß in Becher einschenken.

Tipp:

Du kannst auch experimentieren, indem du Rosinen und geschälte ganze Mandeln dazugibst und statt der Früchte Säfte verwendest, z.B. Holunder- oder roten Traubensaft. Es gibt auch fertiges Glühweingewürz als Mischung.

Zimtsterne

Zimt ist ein beliebtes traditionelles Weihnachtsgewürz. Er wird aus der inneren Rinde des Zimtstrauches gewonnen. Man kann ihn eingerollt in Stangenform oder auch gemahlen kaufen.

Rezept

Du brauchst für 2 Bleche (etwa 40 Stück):

- 400 g gemahlene Mandeln
- 3 Eiweiß
- 300 g Zucker
- 1 TL Zitronensaft
- eine ungehandelte Zitrone
- 1 EL Zimt (gemahlen)
- je eine Prise Nelken und Piment
- Zucker zum Ausrollen
- Rührschüssel, Handrührer, Waage, Teigschaber, Tee- und Esslöffel, Tasse, feine Reibe, Teigrolle, Stern-Ausstechformen, Backpinsel, Backpapier, Kuchenblech

So geht's:

Die Eiweiße zu sehr steifem Schnee schlagen. Den Zucker dazurieseln lassen, die Masse auf höchster Stufe etwa zehn Minuten schlagen, bis sich der Zucker fast aufgelöst hat. Anschließend den Zitronensaft unterrühren.
4 Esslöffel der Schaummasse für die Glasur in eine Tasse füllen und abgedeckt kühl stellen.
Zitrone abwaschen, abtrocknen und die Hälfte der Schale abreiben.
Mandeln, Zitronenschale und Gewürze zur Schaummasse geben und mit einem Teigschaber sorgfältig untermischen.
Den Teig auf einer mit Zucker bestreuten Arbeitsfläche 5 mm dick ausrollen, dabei die Teigunterseite öfter anheben. Die Oberfläche ebenfalls etwas zuckern, damit die Teigrolle nicht klebt. Sterne ausstechen und mit Glasur bestreichen. Den Backofen auf 180 °C vorheizen, das Kuchenblech mit Backpapier auslegen und die Sterne daraufsetzen.
Auf mittlerer Schiene zehn bis zwölf Minuten backen und auf einem Kuchengitter auskühlen lassen.

Anhang

Übersicht nach Klassenstufen

Hier finden Sie die 5 x 24 Themen nach Klassenstufen sortiert, damit Sie auf einen Blick sehen, welches Thema für Ihre Klasse passt.

Klasse 5/6

Klasse 5–7

Klasse 5–8

Klasse 5–9

Übersicht nach Klassenstufen

Klasse 5–13

Übersicht nach Klassenstufen

Übersicht nach Klassenstufen

Klasse 9–13

Klasse 10–13

Literatur

Berger, Thomas:
Weihnachten Anregungen zum Basteln und Schmücken
Verlag Freies Geistesleben 1990
ISBN 978-3-7725-1106-6

Brachat, Hannes (Hg):
Weihnachtsspuren
NaDe-Verlag 2000
ISBN 978-3-00-006056-4

Bugenhagen-Schulen der Evangelischen Stiftung Alsterdorf (Hg.):
Die Alsterdorfer Kinderbibel, Von Schülerinnen und Schülern der Bugenhagen-Schulen
Alsterdorf Verlag 2007
ISBN 978-3-9810756-2-5

Diem, Walter:
Sterne, Sterne, Weihnachtssterne
aus Papier, Folie und Stroh.
Schritt-für-Schritt-Anleitungen, Vorlagen
Augustus Verlag 1999
ISBN 978-3-8043-0305-8

Dittmar, Jens:
Weihnachten mit Goethe
Aufbau Verlag 2000
ISBN 978-3-351-02906-7

Evangelisches Gesangbuch, Ausgabe für die Nordelbische Evangelisch-Lutherische Kirche, Nr. 26
Verlagsgemeinschaft Friedrich Wittig Verlag, Lutherische Verlagsgesellschaft 1994
ISBN 978-3-8048-4422-3

Eversberg, Gerd (Hg.):
Theodor Storms Weihnachten, Dokumente, Gedichte, Erzählungen
Husum Druck- und Verlagsgesellschaft 1993
ISBN 978-3-88042-652-8

Görtz, Franz Josef und Sarkowicz, Hans (Hg.):
Erich Kästner, Interview mit dem Weihnachtsmann, Kindergeschichten für Erwachsene
Carl Hanser Verlag1998
ISBN 978-3-446-19541-7

Gute Nachricht für Sie, NT 68, Die Berichte, Briefe und Zeugnisse des Neuen Testaments in heutigem Deutsch
Württembergische Bibelanstalt Stuttgart 1967

Irmler, Rudolf:
Lichter der Weihnacht
Brendow-Verlag 1982
ISBN 978-3-87067-181-5

Kaufmann, Gerhard (Hg):
Erzgebirge – Die Sehnsucht nach dem Licht
Spielzeug und Kunsthandwerk aus der Sammlung Martin und dem Altonaer Museum
Hamburg 1992
ISBN 978-3-927637-13-9

Kinau, Rudolf:
Mien Wihnachtsbook
Quickborn-Verlag 1972
ISBN 978-3-87651-009-5

Lindner, Gerd (Hg.):
Krippe und Stern
Ein Werkbuch für die Advents- und Weihnachtszeit,
Gütersloher Verlagshaus 1961

Lentz, Marianne und Vossen, Karla:
Von Äpfeln, Rosen, Sternen
Alter Schmuck am Weihnachtsbaum
Hintergründe und Materialien
Museumspädagogischer Dienst Hamburg,
Christians Druckerei und Verlag 1985

Löcher, Paul:
Wie's einstens war zur Weihnachtszeit
Ein Buch der Erinnerungen
Schwabenverlag 1981
ISBN 978-3-7966-0553-6

Natalis, Gottfried:
Das Weihnachtsbuch der Lieder mit alten und neuen Liedern zum Singen und Spielen
Insel Verlag 1975
ISBN 978-3-458-01857-5

Quellen und Medientipps

Paulsen, Gundel (Hg.):
Schleswig-holsteinisches Weihnachtsbuch:
Geschichten, Gedichte und Bilder aus der Zeit zwischen Advent und Dreikönigsfest
Husum Druck- und Verlagsgesellschaft 1996
ISBN 978-3-88042-786-0

Polt, Gerhard und Müller, Hanns Christian:
Nikolausi
Haffmans Verlag AG 1995
ISBN 978-3-251-00292-4

Robinson, Barbara:
Hilfe, die Herdmanns kommen
Verlag Friedrich Oetinger 1974
ISBN 978-3-7891-1989-7

Scheibner, Hans:
Wer nimmt Oma?
Weihnachtssatiren
Ellert & Richter Verlag 2003
ISBN 978-3-8319-0133-3

Schuldt, Brigitte (Hg.):
Das große Weihnachtsbuch
Rowohlt Taschenbuch Verlag 1996
ISBN 978-3-499-20839-3

Senft, Jochen:
Gospels, Shanties, Folklore
Möseler Verlag 1976
ISBN 978-3-8024-0047-6

Steffensky, Fulbert (Hg.):
Ein seltsamer Freudenmonat
24 Adventsgedichte 24 Adventsgeschichten
Radius-Verlag 2011
ISBN 978-3-87173-924-8

Ufertinger, Volker:
Warum feiern wir Weihnachten?
Deutsche Verlags-Anstalt 2004
ISBN 978-3-421-05845-4

Vossen, Rüdiger:
Weihnachtsbräuche in aller Welt
Hamburgisches Museum für Völkerkunde
Hans Christians Verlag 1985
ISBN 978-3-7672-0915-2

Wiemer, Rudolf Otto:
Nele geht nach Betlehem
Friedrich Wittig Verlag 1987
ISBN 978-3-8048-4336-3

Wolf, Heiner:
Unser fröhlicher Gesell
Ein Liederbuch für alle Tage
Möseler Verlag 1964

Zottmaier, Gerda (Hg.):
Oh freudenreicher Tag
Hundert Advents- und Weihnachtslieder aus alter Zeit
R. Brockhaus Verlag 1999
ISBN 978-3-417-25932-2

Internetlinks

Zu Kapitel 1 – Weihnachtliche Ursprünge
www.bibelkommentare.de
www.bibel-online.net
www.bibelwerk.de
www.die-bibel.de
www.friedenslicht.de/materialien/arbeitshilfen/bibelstellen
www.scoutnet.de/friedenslicht/material/bibelstellen

Zu Kapitel 2 – Weihnachtliche Bräuche
www.anderezeiten.de (Adventskalender für Erwachsene)
www.brauchtum.de
www.brauchtumsseiten.de
www.ekmd.de
www.franken-wiki.de
www.heiligenlegenden.de (Barbaratag)
www.karmeliterorden.de (auch:
www.arendt-art.de (Solidaritätsaktion für Bethlehem, ScherbenEngel))
www.kirche-magdala.de/bischoe.html
www.kirchenweb.at
www.materialserver.filmwerk.de
http://nikolausberg.de
www.nikolaus.nl/krampus/index.htm
www.nikolaus-von-myra.de
www.nuernbergwiki.de
www.rauheshaus.de (Adventskranz)
www.spielzeugmuseum-seiffen.de
(Weihnachtsfiguren aus dem Erzgebirge)
www.weihnachten.de
www.weihnachtsbuero.de
www.weihnachtsmaerkte-in-deutschland.de
www.weihnachtsmarkt-deutschland.de
www.weihnachtsmarkt.net
www.weihnachtsseiten.de
www.weihnachtsstadt.de
www.wichtelmania.com
www.wichteln.at
www.wichteln.de

Zu Kapitel 3 – Weihnachtliche Lieder
www.liederarchiv.de
www.montalegre-do-cercal.com/liederkiste
www.musica.at/weihnachtslieder
www.musicalion.com
www.notendownload.com
www.volksliederarchiv.de
www.volkslieder-songarchiv.de

Zu Kapitel 3 – Weihnachtliche Krippenspiele
www.kinderkirche.de/themen/weihnachten.htm
www.kirchenweb.at/christkind/krippenspiele
www.krippenspiele.eu

Zu Kapitel 3 – Weihnachtliche Texte
www.hinzundkunzt.de
www.web-wolf.de/gedichte

Zu Kapitel 4 – Weihnachtliche Dekorationen
www.bruedergemeinde-bad-boll.de
(Herrnhuter Stern)
www.herrnhuter-sterne.de
www.mathematische-basteleien.de
www.raikas.net

Zu Kapitel 5 – Weihnachtliche Küche
www.alte-apfelsorten.de
www.alte-obstsorten.de
www.boomgarden.de
www.dresdnerstollen.de

Bildnachweis

S. 6 © Hanna Fischer
S. 9 *Eiskristalle* © Judith Tüch/ebene N
S. 9 *Schleife* © MACLEG/Fotolia.com
S. 9 *Sternschnuppe* © Senoldo/Fotolia.com
S. 12 © Judith Tüch/ebene N
S. 25 *Das Jesuskind von Leonardo da Vinci, 1483–1486* © Leonardo da Vinci/Wikimedia.org
S. 26 *Kirchenfenster mit Maria und dem Jesuskind* © CURAphotography/Fotolia.com
S. 26 *Kirchenfenster mit Engeln* © Marco Desscouleurs/Fotolia.com
S. 27 *Der heilige Josef von Guido Reni, 1640–1642* © Guido Reni/Wikimedia.org
S. 27 *Drei Hirten vor dem Stall der Weihnachtskrippe* © Membeth/Wikimedia.org
S. 28 *Weihnachtskapelle in Winterlandschaft* © Kautz/Fotolia.com
S. 37 *ScherbenEngel* © MUSA'ADE – Hilfe und Hoffnung für Bethlehem e.V.
S. 38 *Mauer von Bethlehem* © Christiane Nill/pixelio.de
S. 39 *Geburtskirche in Bethlehem* © RVC5Pogod/Fotolia.com
S. 45 *Theodor Storm 1887* © Wikimedia.org
S. 46 *Weihnachtstransparent* © Dieter Schütz/pixelio.de
S. 48 *Unter dem Adventskranz* © Hanna Fischer
S. 49 *Bescherung* © Hanna Fischer
S. 53 © peppi18/Fotolia.com
S. 55 *Nikolausstiefel* © Ramona Heim/Fotolia.com
S. 55 *Tannenbaum* © PRILL Mediendesign/Fotolia.com
S. 57 © Hanna Fischer
S. 59 *Traditioneller Adventskranz nach J. H. Wichern* © Rauhes Haus, Hamburg/Wikimedia.com
S. 60 *Selbst einen Adventskranz zu binden, ist nicht so schwer, wie man denkt* © Klaus-Peter Adler/Fotolia.com
S. 62 *Heilige Barbara* © Dieter Schütz/pixelio.de
S. 64 © cmfotoworks/Fotolia.com
S. 67 *Sternsinger heute* © Hanna Fischer
S. 68 *Buchmalerei des Erzengels Israfil eines irakischen Malers, 1280* © Wikimedia.org
S. 68 *Gemälde „Lied der Engel" von William-Adolphe* Bouguereau, 1881 © Wikimedia.org
S. 69 © lye/Fotolia.com
S. 70 *Weihnachtliche Stickerei von früher* © Hanna Fischer
S. 71 *Heutiger Geschenkestapel unterm Weihnachtsbaum* © ArTo/Fotolia.com
S. 77 *Frankfurter Weihnachtsmarkt auf dem Römerberg* © Makrodepecher/pixelio.de
S. 80 *Bringt der Nikolaus dieses Jahr Mandarinen und Nüsse oder eine Rute?* © Maria P./Fotolia.com
S. 81 *Aus Holz geschnitzte Krippenfiguren* © Jeff Weese/Wikimedia.org
S. 81 *Die Straße der Krippenbauer in Neapel* © Inga Deventer
S. 82 *Weihnachtskarten* © Hanna Fischer
S. 83 *Miniatur-Kurrendesänger aus dem Erzgebirge* © Hanna Fischer
S. 85 *Nussknacker* © Hanna Fischer
S. 85 *Weihnachtsengel* © Hanna Fischer
S. 89 *Eine weitere Erscheinungsform des Weihnachtsmanns* © sk_design/Fotolia.com
S. 90 © Hanna Fischer
S. 92 *In den bitterkalten Nächten kann sich Raureif bilden* © Alexandar Iotzov/Fotolia.com
S. 93 *Engel* © Aamon/Fotolia.com
S. 93 *Holz* © Judith Tüch/ebene N
S. 98 *Bach-Denkmal vor der Thomaskirche in Leipzig* © Wikipedia-ce/Wikimedia.org
S. 105 © Ferrari/Fotolia.com
S. 107 © auris/Fotolia.com
S. 112 *Osterhasi oder Nikolausi?* © S. Hofschlaeger/Pixelio.de
S. 117 © Irochka/Fotolia.com
S. 123 © Glassseeker/Fotolia.com
S. 125 *Papierkugel* © Judith Tüch/ebene N
S. 125 *Punkte* © Judith Tüch/ebene N
S. 125 *Stern* © Judith Tüch/ebene N
S. 127 © Hanna Fischer
S. 128 © Hanna Fischer
S. 130 © Hanna Fischer
S. 131 © Hanna Fischer
S. 132 © Hanna Fischer
S. 133 © olga meier-sander/pixelio.de
S. 134 © Hanna Fischer
S. 135 © Hanna Fischer
S. 137 © Hanna Fischer
S. 138 © Hanna Fischer
S. 139 © Hanna Fischer
S. 141 © Hanna Fischer
S. 143 © Hanna Fischer
S. 144 © Hanna Fischer
S. 145 © Hanna Fischer
S. 148 © Hanna Fischer
S. 150 © Hanna Fischer
S. 151 © Hanna Fischer
S. 152 © Hanna Fischer
S. 153 © Hanna Fischer
S. 154 © Hanna Fischer
S. 155 © Hanna Fischer
S. 156 © Hanna Fischer
S. 157 © Inga Deventer
S. 158 © Hanna Fischer
S. 159 © Hanna Fischer
S. 160 © Nürnberger Zeitung/Roland Fengler
S. 161 *Herz* © Barbara Pheby/Fotolia.com
S. 161 *Schneeflocke* © Sandra Zuerlein/Fotolia.com
S. 161 *Zimt und Sternanis* © Klaus-Peter Adler/Fotolia.com
S. 163 © Hanna Fischer
S. 164 © Alexander Klink/Wikimedia.org
S. 165 © Aira/pixelio.de
S. 166 © Michaela Schmidt-Meier/pixelio.de
S. 167 *Dattelpalme* © krise/pixelio.de
S. 167 *getrocknete Datteln* © Birgit Weiss/pixelio.de
S. 168 © Birgit Brandlhuber/Fotolia.com
S. 169 © olga meier-sander/pixelio.de
S. 170 © womue/Fotolia.com
S. 171 © GAP artwork/Fotolia.com
S. 172 © Hanna Fischer
S. 173 *Eine Ingwer-Knolle* © Norman Chan/Fotolia.com
S. 174 *Kokosmakronen* © Jessica/Wikimedia.org
S. 175 © euthymia/Fotolia.com
S. 179 *Muskatnuss* © Elena Schweitzer/Fotolia.com
S. 179 *Kokosnuss* © Alx/Fotolia.com
S. 180 *Erdnuss* © Christian Jung/Fotolia.com
S. 180 *Mandel* © Alexander Yakovlev/Fotolia.com
S. 181 © Hanna Fischer
S. 182 © Hanna Fischer
S. 183 © hjschneider/Fotolia.com
S. 184 © Schwäbin/Wikimedia.org
S. 185 © Barbara Eckholdt/pixelio.de
S. 186 © S. Thomas/pixelio.de
S. 187 © sigrid rossmann/pixelio.de
S. 188 © ExQuisine/Fotolia.com
S. 189 © Aintschie/Fotolia.com
S. 190 © Hanna Fischer
S. 191 *aufgeschlagenes Buch* © Judith Tüch/ebene N